U0458103

MAP OF CHINESE
ART VILLAGE CONSTRUCTION

中国艺术乡建地图

渠岩　屈行甫

编著

上海三联书店

项目名称：满江红乡村艺术区 东经108°95'44" 北纬34°05'29"
项目所在地：陕西省西安市长安区满江红村
项目概况：满江红艺术区在西安美术学院公共艺术系的支持下，以"文化下乡与艺术扶贫"为主题的集科研、乡村教育、旅游扶贫为一体的文化项目。项目内容包括乡村公益图书馆与书店、艺术家与考古学家工作室、原生态艺术民宿、原生态艺术民宿、乡村文化培训与艺术公共教育中心的改造建设，中国九大美术学院乡建公共艺术实践基地与国际公共艺术创作营的举办，以及艺术乡村的配套产业开发等。

项目名称：石节子美术馆 东经105°88'63"北纬34°88'48"
项目所在地：甘肃省天水市秦安区叶堡镇石节子村
项目概况：石节子美术馆建立在黄土地上的美术馆，是一所以展示、研究、收藏、村民生活与艺术作品为主体的社区综合艺术博物馆(2007年始)。它包整个自然村庄的山坡、田园、植被、树木、院落、家禽、农具、日用品构成，它们都是美术馆里的展品。石节子美术馆每年不定期地举办不同类型的艺术活动，村民与艺术介入艺术免分享艺术，村民与艺术家的交流带来了月月风响的嫁接，给村民创造机会走出村庄，培养农民艺术家。

项目名称：白马花田的乡创故事 东经107°92'54"北纬31°44'69"
项目所在地：四川省达州市宣汉县白马镇毕城村
项目概况：白马花田营造社(2015年始)通过花田创客、花田课堂、花田智能和花田研学等多种花田营造计划的开展，以及大巴山国际木本节、白马论坛国际乡村创客大会和白马山森林音乐节等主题活动的组织，导入外部资源，充分发挥人才连接、教育连接和文化连接的连接能力；通过艺术赋能、设计赋能、科技赋能，充分激活在地村民和驻村创客的创意活力；组建行业协会、社会企业和集体合作社等不同的公益组织，最终实现利益共生，生态共生与微益共生。

项目名称：柳荫计划 东经106°60'65"北纬29°95'60"
项目所在地：重庆市北碚区柳荫镇
项目概况：柳荫计划始于2018年，是由四川美术学院主办，四川美术学院艺术与乡村研究院统筹校内外联合多方社会力量共同开发的艺术实践项目。在校地及社备多方资源协同努力下，"柳荫计划"打造"农+旅+艺+学"融的中国乡村建设的模式，从"原生性、实验性、在地性、共生性、互参性"为六大原则，从"艺术介入、乡村美育、景观营建、话语重塑"四条路径渐次展开。

项目名称：中山古镇田野计划 东经106°32'75"北纬28°83'88"
项目所在地：重庆市江津区中山古镇
项目概况：2015年，四川美术学院曾令香副教授对四川美术学院14级本科生以中山古镇为举行田野创作的初始地，对当地现场空间进行观察与分析，以"一根线""身份互换"进行练习，远用当地随处可见的材料在自己感兴趣的空间里做一组线，经过练习，大家很快就融入空间中进行在地创作，创作出《流动美术馆》《绳》《微茶馆》等。

项目名称：羊磴艺术合作社 东经106°97'05"北纬28°71'59"
项目所在地：贵州省遵义市桐梓县羊磴镇
项目概况：羊磴艺术合作社"不是美观，不是体验生活，不是社会意义上的乡村建设，不是文化公益和艺术建设，不是当代艺术下乡，不预设目标和计划"(2012年始)。它强调"艺术协商"下的"各取所需"，作为一个探索独立的艺术工作方法的试验场，尝试从艺术还原为一种"形式化的生活"，并重新放纵到具体的现场和空间中，试图在对日常经验进行即时和表达的"闲言闲语"，"逻辑艺术和生活的连续性"。

项目名称：茅贡计划 东经108°86'72"北纬26°14'13"
项目所在地：贵州省黔东南州黎平县茅贡镇
项目概况："茅贡计划"是2015年转绿至2017年，旨在以"乡镇建设"代替"乡村建设"，以"空间生产""文化生产"产生生产"为实施步骤，通过合理规划和发展村基集体经济，严格控制开发资本规模，保护好村寨的自然生态和社区文脉，以及与当地乡土文化的承载与传承，在此基础上重塑乡村的艺术形式，促动传统村落、生态博物馆、创意乡村和公共艺术价值叠加，带动当地文化和经济发展。

项目名称：东河古镇田野计划 东经100°21'22"北纬26°92'58"
项目所在地：四川省阿坝州松潘县东河古镇
项目概况：由四川美术学院副教授李香和学生共同构成的团队在东河古镇进行两次创作(2016、2017年)，通过田野现象法对地景进行观察、分析，并结合在地植物展开一系列在地创作，如《东巴家园》(一根凳绑花雨高》《人像的漂浮行李箱》《图》括及》等，在对现场空间、材料、牲群、人、场所等较大方面地了解后，最终通过以艺术创作，构成为人人都可以参与的项目，引发公众思考商业、基游业以侵古镇的现状。

项目名称：洪江国际艺术村 东经107°77'97"北纬25°36'94"
项目所在地：贵州省黔南州基波县朝阳镇洪江村
项目概况：洪江艺术村计划是由李向阳2017年发起的在地乡建项目，主要包括两个方面：一是老房修复与移活，以激活乡村闲置资源，发现艺术的增值价值，旗帜鲜明的文明态态，留住乡愁记忆，助力乡村发展为宗旨，历时三年的时间，以老屋复活到新屋移活，洪江村已经完成或基本完成正式定式化空间40余座的修缮、改造。二是2020年10月举办洪江论坛，就当代中国艺术介入乡村建设的最新方式和实践进行交流，促进和推动黔南与中国西的艺术乡村建设。

项目名称：景迈山计划 东经100°08'14"北纬22°25'95"
项目所在地：云南省澜沧拉祜族自治县惠民镇景迈山
项目概况：景迈山计划始于2017年，是左坡围队从景迈山古茶林保护管理局合作的项目，主要为景迈山糯岗、景恩、芒景上下寨。艺洪落中国传统村基样式展册策划、建筑与空间设计和集体经济升级转型研究等工作。本项目虽景迈山古茶林申遗工作的分支，展册内容与方式以当地地居为主要受众，同时服务于外来游客。建筑与空间设计包括文化展示中心、游客服务中心、社区教育中心及工作坊等。

项目名称：我的春晚我的村 东经116°23'49"北纬39°54'59"
项目所在地：广东省湛江市徐闻县下洋镇小苏村
项目概况：由2007年开始，当代诗人黄礼孩在自己的家乡小苏村，自发地组织村民举办春晚会，十多年来，小苏春晚从自编自演的一种剧摄自乐，到如今吸引了大量外来观众的增建的关注，期身己的项目以规模的精神帮助，从单一到多元，从地本土涵融合升业，实现了地方性与国际性的对接。给予了村民一种自下而上的精神寄养。黄礼孩作为思考自己行动的诗人，他并不用大城市的社区艺术来要求在小苏村举办的春晚晚会，而是用传统的方式去慢整小苏村的春晚晚会，但显能他在大众文化中切入了现代艺术，是这是一种创新的理解和体会。

项目名称：微型社区实验室 东经110°30'72"北纬20°20'11"
项目所在地：海南省海口市龙华区濂灏新村五瓦村
项目概况：微型社区实验室创办于2019年，是一个由营利组织的社区艺术行动、研究项目及空间计划。关注在全球化背本与公权模制的社区社会控制下的人的困境问题，强调合域域时模型的参与行动，注重艺术作为一个村台众创体制的物内质方式，即由艺术人群同濂灏地本的各种根值中的国和将城起来的生活现场，在这个社区理据发生过程中，产生出转桥性和多重创性的因素，并由此带来多面向发展的可能。

项目名称：乡村艺术地造访计划 东经110°93'04"北纬19°59'44"
项目所在地：海南省文昌市东郊镇桑山村
项目概况：乡村艺术地造访计划是"拆了"旅行社实施的，后者看起形形的自发组织，在2010年正式成立，以群体活动的方式进行，灌通访问者到当地进行体验访问。"拆了"是指均当地搭性相关的物体(包括房屋、日常生活用品、农作物、养植物等)被拆除的意思；"旅行社"是诸达往行访问的方式，使外来访问者与当地村民进行接触，在地理空间中行走，对当地进行研究和讨论的艺术通访计划。

项目名称：许村计划 东经113°67'43"北纬37°14'99"
项目所在地：山西省晋中市和顺县松烟镇许村
项目概况：许村计划将许许村作为艺术的基础点，通过加入新的功能，重塑场地的场所精神，设计出"大槐树下的场院民宿"，使之更符合韩洪沟村老村的新产业诉求，以及新乡民的审美和特种需要。在设计手法上，运用当代性的的对话，这种对话并不是对抗性的，也不是温情的怀旧，而是一种"忘年交"式的共生关系。

项目名称：韩洪沟复兴计划 东经112°35'74"北纬36°47'65"
项目所在地：山西省长治市沁源县沁河镇韩洪村
项目概况：仔细阅读韩洪沟村的基础，通过加入新的功能，重塑场地的场所精神，设计出"大槐树下的场院民宿"，使之更符合韩洪沟村老村的新产业诉求，以及新乡民的审美和特种需要。在设计手法上，运用当代性的的对话，这种对话并不是对抗性的，也不是温情的怀旧，而是一种"忘年交"式的共生关系。

未定 —— 国界
省、自治区、
直辖市界
—— —— 特别行政区界

中国艺术乡建地图

项目名称：北镇乡村摄影行动 东经121°78'34" 北纬41°59'44"
项目所在地：辽宁省锦州市北镇市
项目概况：北镇乡村摄影行动以罗罗圈、石佛村、红石村、大屯等村落为试点，在全市范围内推广摄影进乡村工作，力争达到对村有摄影组织、村村有农民摄影家、村村有影展。村村用自己才表的现象撮影进行自然景观和传统文化元素，留白美景、记录历史、传承文化，潜移默化地提升农民的审美水平和幸福指数，为北镇全城旅游和经济社会发展记录下了无数的璀璨瞬间，成为展示北镇文化旅游发展新风貌的亮丽名片。

项目名称：沂河源艺术田园综合体 东经118°05'66" 北纬36°20'22"
项目所在地：山东省沂源县董家村镇
项目概况：沂河源艺术田园综合体（2017年始）秉承艺术活化乡村的理念，产业富民兴民，发展特色农业、高端艺术、精品集游三大产业，着力于打造艺术与人、与自然共生共融的体验旅游新格局，通过艺术激活乡村，形成和带动地美生态兴兴、组织振兴与文化振兴，确保人民群众的获得感、幸福感持续增强，真正把农村建成人人向往的家园。

项目名称：乡村剧场 东经122°11'38" 北纬37°37'19"
项目所在地：威海市环翠区嵩山街道五家嶂村
项目概况：乡村中的石窝（露天）剧场的前身是一座小型采石坑。建筑师将之设计为一种公共性场域（field），它可以作为广场使用，为当地人提供公共聚会的场所，也可举办音乐节、戏剧节等活动，形成公共交通。这样的处理在单纯美化景观的基础上，增加了文化和产业功能，为此类废弃工业遗存再利用提供了新的解决思路。

项目名称：王家瞳空间计划 东经122°08'70" 北纬37°47'85"
项目所在地：山东省威海市环翠区张村镇王家瞳村
项目概况：设计规划将王家瞳村定位为依托周边自然资源和广播中人文资源的中国传统文化与休闲体验基地。王家瞳的未来业态将围绕亲子休闲体验、国学文化展示，并以"孔子六艺"（礼乐射御书数）和"君子八风"（琴棋书画诗酒花茶）为主要塑造主题。为此，在王家瞳村选取多个建设，根据建筑的改造特点，形成具有王家瞳村独特性格的、具有传播力的空间节点，如始成风美学馆、白石酒吧、琴台、棋园等。

项目名称：崔岗艺术村 东经117°08'13" 北纬31°94'79"
项目所在地：安徽省合肥市庐阳区崔岗村
项目概况：崔岗艺术村建设始于2012年，先后举办"生生不息——艺术与设计展"、"诗意的权力"、崔岗艺术节暨首届高端论坛、崔岗手工市集等系列活动。崔岗村立足"文化创意"产业，在坚持"原生态、原风貌、原住民"的基础之上，着力打造"艺术崔岗"，目前已有57位艺术家入驻，38个艺术工作室进入崔岗。崔岗村已成为安徽当代艺术的重要聚生地和大本营，也是合肥乃至全国知名的乡村文创发展的名片和靓丽基地。

项目名称：乡村别苑 东经114°88'55" 北纬31°64'97"
项目所在地：河南省信阳市新县
项目概况：乡村"别苑"的田园性不仅反映在它地处大别山腹地以及山林之中，也因为它未来的经营内容都将围绕着山林展开，从采茶、制茶等农事体验，到利用周边物产开发出的一系列创意农业产品，再到围绕场地健康产业展开的登山、养生等活动，"别苑"的定位已经不局限于满足居住需求的民宿酒店，而是希望把自身打造成一个小型的田园综合体。

项目名称：梨桥国际艺术计划 东经117°89'57" 北纬31°02'53"
项目所在地：安徽省铜陵市义安区梨桥村
项目概况：梨桥国际艺术计划由生态人文体验区、田园艺术区、生态观光风情区、田园乡村体验区等构成，通过多年的梨桥增加艺术、设计及文化要点，逐步带动整个片区的氛围打造。在此已成功举办两届"中国·铜陵田原艺术季"，秉持"重点发现、持续生长、连片发展、闻名全国"的理念，借助艺术家、建筑师和设计师的创造力和专业品味，通过策划公共艺术创作、精品民宿、稻彩路、湖明艺术花园等一系列活动及场所营造为乡村振兴赋能。

项目名称：乡村童望——莫干山再行动 东经119°99'72" 北纬30°54'27"
项目所在地：浙江湖州市德清县莫莫干山
项目概况：以莫干山为现场，将上海大学上海美术学院的智力资源引发莫干山，在拓展美术院校社会实践的同时，探问艺术如何参与乡村文化振兴（2018年始）。以艺术院校为主导、美术学、社会学、人类学、科学技术等多学科的研究和创作资源，通过在地艺术实践，丰富公共艺术服务产品，并以此为基础凝集理论成果，使艺术的创意力量转化为文化的价值力量，助推自然莫干山向人文莫干山的转化。

项目名称：碧山乡建 东经117°91'25" 北纬29°94'90"
项目所在地：安徽省黟县碧阳镇碧山村
项目概况：碧山乡建开始于2007年，是国内最早的文艺乡建案例之一。碧山持续吸引了全国各地众多艺术家、设计师、知识分子和媒体人的关注，参与空间改造和文化建设。目前由总务董改建而成的碧山书局与广告咖啡馆，由耆山老油厂改建的碧桃酒吧，由供销社构建的大众食堂等系列的工销社等改造项目成为碧山的新名片，吸引了大批游客来访问，同时也带动了村民的恋故民宿的热情以及与相关的古民居和文化保护行动。

项目名称：蔓滩源村田野计划 东经117°81'70" 北纬29°35'87"
项目所在地：江西省上饶市婺源县蔓滩村
项目概况：2018年，四川美术学院曹书香副教授领队深西田野创作社江西蔓滩源村展开了一系列田野创作项目，以社会调查和田野观察的方法，从生产、生活与文化三个视角展开系列调查，分据形成成果，同时展开了在地创作形成关于蔓滩的田野性作方案。这些田野创作是一种真挚的对话方式，与蔓滩地域文化、公共空间、百姓、视觉审美展开的对话，它们在特殊期的乡村现进中透露着一种难得的公共价值与公共精神。

项目名称：徐岙底乡村计划 东经119°91'36" 北纬27°55'95"
项目所在地：浙江省温州市泰顺县筱村镇徐岙底村
项目概况：徐岙底计划于2018年，倒建于乡土文化挖掘工作，内容包括乌衣红土糯影像志编著，搜材童谣的影像记录、清代以来契约文书的收集整理、方志小说的太地创作等，通过"红糯初乌衣"乌衣长城土基层系列的影照、展示徐岙底的建筑改造、民俗记录、文体档案整理、童谣收集、展陈从古至到别的帆以当地村民为主题考之，同时服务于外乡观光客。2019年10月～11月，中国艺术乡村建设展（深圳站）之"徐岙底礼记"展在深圳华侨城展出。

项目名称：屏南乡村艺术季 东经118°53'74" 北纬26°49'92"
项目所在地：福建省南平市屏平区巨口乡
项目概况：一个非艺术机构发起的以保护地方传统文化遗产为出发点的乡村艺术（2018年始）。在乡村创造遗产保护与振兴的共享空间，讨论乡村遗产和乡村艺术。其保护复苏乡村的路径有以下几点：自下而上的乡村保护路径、建立乡村的自主保护意识、跨领域、跨专业合作的创意路径，扩大保护的开放度和通明性；区域性联动的传统聚落保护途径，建立大文化层的传统村落保护新路径；城乡之间的保护路径。

项目名称：向阳乡建 东经118°49'46" 北纬25°26'62"
项目所在地：福建省泉州市南安市向阳乡
项目概况：向阳乡建始于2015年，是由建筑师陈明珍发起的致力于东南地区乡村发展的项目之一，主要长结乡村规划、古村落保护、乡村旅游发展、民宿设计动生、乡村环境治理、合作社组建的咨询及落地实施服务。向阳乡古民居改造，是在保留原有的建筑格局的前提下，修复破损的地方，同时增加的现代居住功能，把传统与现代结合起来，让历史悠久古朴的人文精神得到进一步的提升，并在传承中焕发出新的生命。

项目名称：母亲的院子 东经118°12'68" 北纬25°17'31"
项目所在地：福建省泉州市安溪基金乡镇金谷村店仔厝
项目概况："母亲的院子"是当代艺术家焦兴涛于2019～2021年在老家为母亲创作的作品。他用青石糯制成远山的造型，永久安置在母亲门口旁庭园；把山边的某地都请到家门口来，同时在某地里做一些需求翡翠陪伴母亲，他用在地性的方式为母亲营造了一个恰含深情的"母亲的院子"。

项目名称：溪南乡村公园图书馆 东经116°06'63" 北纬23°33'35"
项目所在地：广东省普宁市梅塘镇溪南古村
项目概况：溪南乡村公园图书馆的改造设计采用嵌干预对艺术介入的原则重塑空间和环境的关系，着力构建人作为行为主体与环境互动时的美妙状态和场情景（2017年始）。溪南乡村公园图书馆作为一个独立的社区公共空间，动员社区内外的力量，共同参与溪南公益教育，让教育的过程扎根到土壤，让儿童的成长与溪南村近700年的历史文化和生活的自然环境相连接。

项目名称：源美术馆 东经113°80'96" 北纬26°49'92"
项目所在地：广东省广州市从化区乐明村
项目概况："源美术馆"不只是一个美术馆，还是一个公益艺术行动项目，也是一个乡村再造公共生活的社会实验（2016年始）。源美术馆与相关公益基金会一起参与探索家乡土自的乡土艺术之路。在过去两次乡村的艺术创作之后，这个项目已经从最初的参与形式的公益艺术行动中台继续第一个持续开放的乡村乡土村美术馆建设阶段，开始规划未来与社区有关联的展览，并看手整理研究当地的民间文化与手工艺，为村民开设手工艺课程。

项目名称：青田行动 东经113°13'19" 北纬22°80'57"
项目所在地：广东省佛山市顺德区杏坛镇青田村
项目概况：青田村旨在接续绵延中断的历史线索与仪作的文明余绪，通过在地的乡村艺践，成为构建乡村礼俗文明的观景（2015年始）。提出"青田范式——中国乡村文明的发生路径"，它植根于青田百年，开始与地方传统技术和时代复数，并形成新的文化价值与社会形态，建之丰富多彩的"乡村共同体"社会，以期使地村式走出困境并有效解决成发问题。在此意义上，青田的乡村建设实践便超越了一般意义上的乡村治理工程，而指向用素养的行动修复乡村的共同体精神。

项目名称：一埔计划 东经113°08'77" 北纬22°83'11"
项目所在地：广东省揭阳市揭隆区龙江镇南玩村
项目概况："一埔计划"是新时期与乡村建设的转型，尝试以"去城市规划与暴力改造"的方式对一埔乡村进行文化重建。利用当代艺术手段，促进我国失落的民俗，再续历史的文脉、链接艺术的，寻找当代中国乡土文化修复和生活重建的主体实践，它是社会、文化伦理和觉"三伦一体"的整体实践。一埔计划的目标在于构建去乡、乡绪、乡里、乡土、乡音、乡知、乡聚等构成的乡村文明共同体，以"乡村雅颂"的创意理念重返乡村生活，回归理想家园。

目录

山重水复：
中国艺术乡建的时代地图

渠　岩

　　进入新世纪，乡村重新回到了整个社会的视野中，在国家层面，乡村振兴也被提高到了从未有过的战略高度。特别是在最近几年，乡村建设已成为社会各界的普遍共识以及市场与经济转型的手段，各级政府一直在鼎力推动。艺术家、社会学家、经济学家、政治学家以及热心乡村建设的公益人士纷纷以各种方式和手段，积极投身到这场如火如荼的热潮中来。乡村建设迎来了一个前所未有的特殊发展时机。地不分东西南北，人不分男女老幼，从东海之滨到黄土高原，从长城内外到海岛乡村，各地乡村建设的具体实践也呈星火燎原之势，乡村建设从来没有像今天这样引起全社会的广泛关注与各阶层的普遍介入。在文化脉络上，今天的乡村建设可以被看作是民国乡村建设运动的延续，但其介入的深度和影响的广度，却早已超越了民国时期的乡建实践。因为当前乡村所面临的危机和出路、机遇和挑战、社会动员和需求等等，都超越了历史上的任何一个时期。作为日益觉醒的"文化自觉"和对后现代思潮的深入反思，乡村建设恰好回应了这个时代亟需面对的困境与话题。

　　在持续 30 年高歌猛进的现代化浪潮推进下，中国城市化建设势如破竹、不可阻挡，城市面貌的提升、经济的迅猛发展、人民生活水平与居住环境的改善和提高等，使几千年时间里形成的地理格局与城乡版图发生了翻天覆地的变化。然而，伴随着现代化的高歌猛进，城市化危机也逐渐显现，以"发展主义"为绝对目标的进化模式遭遇到了史无前例的危机与挑战，环境污染、资源枯竭、生态破坏、乡村凋敝以及由之产生的一系列后遗症也逐渐蔓延开来。

在这场城市化运动中，乡村也受到了前所未有的冲击。在长期形成的城乡二元制度下，乡村遭受歧视与不平等的待遇，人们也以牺牲乡村为代价来成全城市化的发展，并变本加厉地掠夺和摧毁乡村，乡村成为了被牺牲的角色和被污名化的对象。乡村被抽走了大量的资源，过度的榨取加剧了乡村的失血和衰败，以至于根脉断绝。乡村中不但走失了村民，还走失了神性，由此乡村秩序遭到了解体，丧失了赖以存在的乡土伦理道德。村民也变成一个个孤独的个体，成为无家可归的灵魂在城市中流荡，白天竭尽全力地为生活和生存打拼，在夜幕降临时则陷入那魂牵梦绕的乡愁而无法自拔。

"礼失求诸野"，在以城市为现代化风向的发展逐渐放缓之时，我们发现经过大刀阔斧的城镇化运动之后，土地和家园被修整得面目全非，这才意识到乡村和家园的重要，回过头在乡村寻找救治现代性顽疾的药方。当城市遇到发展困境，社会遇到现实危机，以及信仰道德严重缺失时，我们往往又希望在乡村寻找出路与答案。因为在中国乡村和民间社会中，存有丰厚的传统与道德积淀，在乡村能寻找到中华传统中的礼乐文明，能找到长期丢失的民族精神、伦理道德，唯有乡土家园才能安顿灵魂、治愈现代人的病疾。

乡村对中国人意义重大，它不仅是每一个特定村民的家园，也是士大夫的家园。乡村承载着我们民族的文明和精神信仰，它也是每一个中国人心中无法逾越的精神象征和无比神圣的灵魂家园。自古以来，大多数中国人生活在乡村，在文化意义上乡村就是中华民族之根。纵观整个中国历史文化，重点关注的大都是皇权与精英文化，士大夫书写的也多是皇家的历史与精英的故事，民间世代流传的也多是帝王将相和才子佳人的事迹。然而承载着千千万万普通百姓生活的乡村，以及丰富多彩的乡村生活却被熟视无睹，乡村的历史无人书写，百姓的悲喜也少有问津。近代以来的社会改造与反传统，让人们不仅义无反顾地丢弃了乡村，还千方百计地抹黑乡村。今天，乡村所呈现的问题和矛盾也远远超出了任何历史时期。现代化与全球化所累积的历史和现实问题，都一股脑地积聚和叠加在乡村之上，乡村呈现出愈发错综复杂的面相和困境，成为全社会不可回避的话题。乡村在历史的动荡与时代的演变中形成了自己特殊的因果，也在这种循环往复的社会进程中陷入了自身的轮回。

如今，新一轮的乡村建设如狂风暴雨般席卷而来，这种运动式的建设给乡村带来了新的危机与挑战。在这股热度不减的乡村建设洪流中，大多是以权力治理的逻辑与资本运作的游戏为主，而乡村也就成为了权力角逐和资本投入的现场。此外，加上社会各界对乡村建设的主观化认识和片面化理解还停留在现代化"发展主义"逻辑的层面，他们的思路和方式依然局限于精英主义居高临下的身份以及"去主体化"的开发思路、发展主义的方法指导、技术主义的学科实践，从而快速遮蔽了文化维度的乡村世界、丰富多彩的乡土生活以及大多数村民的情感诉求。也就是说，单一的治理模式和粗暴的开发思路给了岌岌可危的乡村最后一击。其实，我们对乡村的认知存在着严重的误区，不是视而不见就是麻木不仁，远远低估了乡村的文明价值。

在错综复杂的乡村面前，艺术家成为了新时代一股积极的乡建力量。"艺术的进程从未中断，只是从历史的观点来看，艺术早已抵达终站，因为它已进入另一个不同的意识层次，那就是哲学层次，由于哲学的认知本质容许进步叙述的存在，这种叙述在理想的状态下可以对艺术做出完备的哲学定义。在这个层次里，艺术的实践也不要奉历史之命，把创作轨道驶向未知的美学境界。在后历史时代里，艺术创作的方向不可计数，没有哪个方向比其他更具特权，至少在历史性上是如此。"[1]进入新世纪，艺术发生了颠覆性的变化，无论是艺术观念还是审美表现都呈现出了全新的表达。艺术家在新的时代转型面前，勇于直面全球化带来的矛盾与问题，显露出积极介入社会的魄力和胆略，在"乡村复兴"理念的倡导以及"文化自觉"意识的感召下，陆续在各地开展具体的乡建实践。乡村在今天的觉醒，是我们力图开出重建乡村与守护传统的各种方案，尽可能地调动各类社会力量，通过积极有效的自我调节机制，达到有序和有效的乡建愿景。

---

[1] （美）亚瑟·丹托，《在艺术终结之后：当代艺术与历史藩篱》，台湾麦田出版社，2004年第一版，第197页。

　　其实，艺术家介入乡村建设已不仅仅是个人行为，还超越了艺术本体的审美范畴，变成一种社会觉醒的行动，一种有效的文化良知与社会责任。我在十多年的乡村建设实践与行动中，也始终在密切关注其他艺术家同仁陆续介入乡村的各类艺术实践活动。

　　"当代艺术还是需要一种精神：一是知识分子的独立性，无论面对社会问题还是美学问题，知识分子都需要清醒的批评意识。中国处于非常复杂的状况，所以更需要知识分子、艺术家有独立思考的精神。二是学术性，要提倡原创性和创造性。三是社会责任感。80年代的理想主义和社会责任感是很强的。社会责任感不是喊口号，也不是在艺术中用社会、政治的表面符号去表达所谓的关注社会，它是真诚的，发自内心的。"[①]艺术家用身体力行的乡村建设行动，取代了以往曲高和寡的单一避世角色，向社会证明了中国知识分子"知行合一"的优良传统，表达了艺术家的社会责任感与道德良知，用积极的践行方式来"融合"乡村，留意外来力量与在地村民的关系，甚至在无法阻挡的发展主义车轮面前也竭尽全力与乡村中各利益攸关方沟通与交流，协商和调动乡村建设的各种积极力量，争取村民的支持和理解，实现人与自然、人与社会、人与世界的"和解"，重建被长期的社会改造所疏离的在地关系，以及在"历史"与"现实"中留存的乡村传统和乡土生活。在具体的乡村建设中，艺术家杜绝和避免"去地方化"的规划设计，积极建构乡土社会和恢复乡村文化的主体性，恢复乡村历史中存在的自治权利，点燃和延续礼俗香火，使凋敝的乡村逐渐苏醒，重建乡村的"情感"共同体。

　　当然，我们也预感到重建乡村的难度和障碍，它是艺术家所选择的最难的一项实践工作。因为今日"一个世界中的乡村"所要面对的复杂局面，也远远超出一个特定的乡村以及主体范畴。艺术家要面对乡村所有的问题，而且这些问题都不是一日形成的，有些甚至是百年积累和造成的困局和难题。今日的乡村已不是费孝通先生早年说的"一方水土"的乡村，而是具备了这个时代丰富的混杂性与不确定性的乡村。"乡村的世界"在时空中兼具"居住"与"流动"的特征。艺术家在乡村有无限的可能和施展的空间，需要在复杂多变的乡村中担负起历史的使命和社会的责任，扮演着链接、沟通、协商的积极角色，甚至有时还要做出有限的妥协。今天的"艺术乡建"已不是一个生僻的词语，也不是一个狭隘的专业概念，它与"美丽乡村"一样，成为这个时代时髦的热词，也逐渐被社会接受并成为基本共识。随之，各类机构和学科建设也积极响应，艺术乡建从最早的个人化实践中的陌生话语，发展到今天成为一门"显学"的热门学科，很多大学都设有乡村建设学院或乡村研究机构，这是我当初做乡建时万万没有料到的，虽让我始料未及，但也在情理之中。

一、沧海桑田：错置的"乡村"与流动的"家园"

"中国乡村的居民都生活在大小不同、形式不同的聚居地：村落（村或庄）、市集（市、集、场等）和城镇（镇）。这些聚居地的外观主要取决于当地的经济条件，尽管社会和政治因素可能也有影响。例如，在可耕地附近有一条河川或溪流，为灌溉和其他方面提供了足够的用水，就为一座村庄的出现和发展创造了物质基础。在一个特定地区的村庄数量，以及大小、组织程度，和个别村庄社区活动的数量，视当地人口密度、地区大小，特别是当地的地理和经济条件的不同而有别，比较大、比较繁荣的村庄，常常显示出'社区'的特点。实际上，村庄是中国乡村社区生活的基本单位，就像家庭是构成中国社会生活的主要单位。"②

中国自古就以农业立国，并延续至今。据文献记载，中国人很早就开始从事农业生产活动，适宜的环境和温和的气候促进了农业的发展，先民们就在这片土地上世代延续地从事农业生活、繁衍生息，建立了乡村家园，也由此催生了乡村的发展与繁荣。中国乡村起源于汉代，发展到宋元时期即形成了完整的村落形态。中国人最早在西北黄土高原一带生活，后慢慢开始绵延至东南地区，这主要是因为西域游牧民族入侵，以及东南沿海地区气候温和土地湿润，适合水稻等农作物生长。随着生产技术的不断发展和改进，形态各异的大批乡

① 高名潞，《艺术不看人脸色》，湖南美术出版社，2014 年第一版，第 131 页。
② 萧公权，《中国乡村：论 19 世纪的帝国控制》，台湾联经出版公司，2014 年第一版，第 12 页。

村聚落逐渐出现，形成了以汉民族为主、各少数民族色彩纷呈的乡村自然景观。经过历史不断的孕育和长期的演变，中国产生了独特的乡村文化，中华文化也通过村落这一载体，给后人留下了极为值得骄傲的文化遗产。

回顾中国传统乡村的形成和演变，它呈现出了自己特有的线索和脉络，无论是朝代更替对乡村形态和组织结构产生的一些影响，还是不可抗拒的自然灾难使乡村发生了巨大改变，但乡村自身的治愈功能还是非常强大，它会在短暂的阵痛后迅速恢复自身的活力。同样，中国乡村的精神特征和价值体系也并没有随着时代变迁而有很大的改变，即便历经沧桑也会浴火重生。中国人很早就以血缘家族为基本单位和特征形成了乡村聚落，建立了乡土家园、田园生活、道德伦理、经济模式、民艺手工、家族香火、信仰祭祀等完整的乡村文化形态与多彩的乡村生活。乡村在中国文化与百姓生活中的重要性是不言而喻的。在今天，乡村仍然承载着中国人的生产生活和伦理信仰。乡村也是中国传统文化的源头，蕴藏着不同时期的信息和历史演变的密码，具有重要的文化价值。乡村是民族之根和民族之魂，只有在乡村中才能深切体验《易经》所建构的阴阳五行的奇妙世界，经验天人同构和天人感应的世界。乡村建构了一个完整的文明体系，乡村中的人事与天地之气相通、人与日夜四时同运、人世间的悲欢离合与生离死别，它们都是自然阴阳世界的转化，从而使人生的灵魂追问与乡村的现实生活连为一体。

然而，由于中国辽阔的疆域以及丰富的地理跨度形成了乡村形态的巨大差异性。"十里不同风，百里不同俗，千里不同情"，加上历史背景的不同也就呈现出千姿百态的乡村样貌和特征。北方的乡村从历史上和地理上可分为两部分：一是由中原的农业文明形成的乡村形态，二是由北方的游牧文明构成的乡村特征，这种多元结构造成了北方游牧民族和中原农业文明之间的复杂关系，既相互独立又相互融合。而最能体现这种独立又融合关系的要数东北地区了，东北的北面是呼伦贝尔大草原，南面是辽东地区，这一地区就具备游牧和农耕两种社会形态和生活方式。村落的形成必须以相对集中的居住为前提条件，由于传统社会生产方式落后，以农耕为主的定居生活形态主要受自然地理条件和生态环境等因素的影响。游牧民族以畜牧业为主，农耕则以种植业为生，种植业必须要有相应的降水量作为保证，而草原由于降水量不足而无法定居，因此草原民族的生活形态多呈现为游牧化的特征。既然草原游牧民族的生活不具有典型的村落形态，那我们就把重点放在北方农耕族群定居的村落上。在中国历史的早期，中原农耕文明是先进生产力的代表，先人由此定居并产生了很多村落，还逐步向周围推移和扩散。北方乡村与城镇的关系呈中心向外辐射的状态，基于单一线性的距离关系，从一个城镇往外走，越远就越荒凉，经济也相对落后。以汉民族为主要族群的居住地区大约在长城以南和黄河以东，以及黄河周围包括陕西、甘肃一带。其村落建筑形态带有比较鲜明的地域特征，无论是西面靠黄河一带开掘的窑洞，还是太行山脉中建造的民居，多根据地理地形依山而建。而山东、河北地区的平原乡村，由于缺少天然屏障，村落大多都比较紧凑，这也是当地村民对居住安全的考虑，同时也和生活习惯有关，包括乡民之间的沟通与交通之便以及安全与防御的考虑。村庄都是以聚居型为主要特征，很少有离群索居的院落和农户，一般是以家庭和家族为单位自然散落开来，或紧邻而居，或鳞次栉比，呈现出丰富多姿的聚落形态。有些村落小到只有几户或十几户，也有的村落大到有上百户甚至几百户，其地形地貌非常复杂，既有平原丘陵，也有高山盆地，村落的营造和形成也是千姿百态。建筑材料也是因地取材，或由砖石土坯砌成，或开挖窑洞成屋，从营造方式能看出先民的生存智慧。村庄的规模大小，一般会取决于自然条件和交通条件。自然条件包括气候、河流和土壤，风调雨顺自然条件好的地方，自然会吸引更多的移民迁徙到此地落户并繁衍生息。有些地区土地肥沃，就会吸引更多的乡民前来耕种，交通便利的地区也会由于交流方便而使乡民蜂拥而至。宋代以后，南北乡村随着历史的变迁和社会的改变而呈现出完全不同的乡村文化。游牧民族凭借武力大规模侵入中原劫掠，对中原地区农耕住民造成了很大的破坏。为了躲避草原人的入侵，大规模的居民开始迁徙。

从地理上划分，秦岭淮河一线以南均为南方。长江流域是中国人口最密集、经济最繁荣的地区，沿江的重要城市有重庆、武汉、南京、上海。以广东、福建为代表的南方在历史上就与北方差异很大，其具有海疆与陆疆并存的地理特征，且远离中原权力和政治中心。相对于北方乡村紧密围合的居住方式，南方乡村居住得就相对松散，这也和南北地理条件有很大关系。南方的山地较多，河流也较多，不适合集中建房子，南方人也认为没有必要挤在一个地方居住，可选择的空间比较大。南宋灭亡以后，更多的中原人为了逃避战乱，继续南迁，大批移民迁移到福建、广西和广东地区，最远到海南岛。移民到两广和福建的中原人获得了休养生息的机会，建立了大批的村落家园，并延续至今。今天在这些地区还能看到很多传统村落的遗存，传统民俗也保存得相对完好，天、地、人、神系统完整。这些南方的村落最早延续了中原汉族古民居的建筑风貌，而后慢慢地形成了各地域鲜明的特色。

改革开放后，南方除了山区经济较为落后，总体经济相对发达，人口密度也较大。以珠江三角洲和岭南地区为例，城乡之间的距离较为紧密，相互依存程度也较高，形成了城中有村、村中围城的景观与格局。珠江三角洲的热带特征还反映在河流水系发达，与长江三角洲不同，其地貌水文表现为多汊道的良好水网，且深水河道众多；气候上热量和日照辐射充足；植被生长旺盛，种类众多，动物繁生，对农业生产非常有利，对经济发展也影响很大。佛山是岭南地区经济最为繁荣的城市之一，但乡村被经济发展吞噬得也最为严重，为此付出了惨痛的代价。佛山的版图包括禅城、南海和顺德，改革开放以来的 30 年城乡版图发生了天翻地覆的变化，其中三分之一的乡村已经荡然无存，从地图上完全消失，或变成城区，或成为工厂，三分之一的乡村半城半乡，虽保有原乡村的行政建制，可以通过地标找到该村，但原有的乡村形态已经面目全非，传统渔耕生产方式也无影无踪。有些乡村就是城镇，这些村子比北方的县城还繁华。有三分之一尚存的乡村一般都在相对偏远的地区，或者被大片的水田包围，这些水田也就是我们常说的国家基本农田，因为开发成本较高，或者根本不允许开发，这样的乡村才基本可以幸免于难。

以广东岭南地区的乡村为例，有大批祠堂，许多乡村存留有香火延续。

村民的自主意识也比北方强很多，乡村自治传统保留至今，传统文化保留得相对比较完整。今天，还有一个经济现象也能看出传统依然在起着积极的作用——南方市场经济比北方成熟和发达，这个不争的事实。以珠江三角洲和长江三角洲为例，我们总是习惯从地理学的角度分析，东部沿海区域比较开放，珠江三角洲湾区借毗邻港澳之便，其实都忽略了一个历史和文化因素——乡村社会中延续和保存完好的传统依旧在起作用。"同乡同业"是乡村社会经济组织最具特点的现象，这种经济组织现象完全不同于西方的市场经济。商业交往离不开诚信系统，而中国民间社会的诚信还是建立在"熟人社会"里，最信任的关系还是由血缘地缘建立起来的，宗族再往外扩大则是"社"维系和扩展的关系纽带。以岭南一带的乡村为例，关帝庙的香火很旺，很多村民每家都祭拜关帝，商店和公司空间往往也供奉关帝像。为何北方的忠义之神关帝到南方变成财神了，这虽和南方重商的环境有关，但这种转换最重要的原因是经商活动离不开诚信，而诚信系统则是依靠我们传统文化中形成的敬畏和约束系统建立的。北方有些地区经济相对落后的背后原因，还是传统垮塌以及诚信系统破坏，没人敢去投资做生意。我们总是喋喋不休地抱怨人的问题，其实背后还是传统在起作用，这也是我们思考乡村、重建乡村的核心问题，我们到底要建设乡村的什么，是建筑还是经济，是物质景观还是道德秩序。

乡村建设运动最早起于 20 世纪二三十年代兴起的社会改造运动。由于受到西方现代化的全面冲击、日本侵略和频繁的自然灾害，国家处在内忧外患和天灾人祸的多重打击中，中国社会危机愈发严重，传统文化根基岌岌可危，乡村经济全面垮塌，农民生活苦不堪言。"中国社会是以乡村为基础，并以乡村为主体的。所有文化多半是从乡村而来，又为乡村而设——法制、礼俗、工商业等莫不如是。"[1]以梁漱溟为代表的一批怀揣救国理想的民国知识分子，在民族危难面前挺身而出，他们在西方文化全面入侵的困境之中，强烈地感

---

[1] 梁漱溟，《乡村建设理论》，上海人民出版社，2006 年版，第 10 页。

受到中国现代化所面临的深层危机，以乡村危机为出发的"忧患意识"使得他们纷纷投身乡村，身体力行地参与到乡村建设运动当中，期待改良现状，期待乡村复苏和社会发展进步。这场前所未有的乡村建设运动在社会上激起了巨大的反响，涉及思想、政治、经济、文化等多重维度，是知识分子、教育家、学成归国的精英学者对乡村建设倾情介入和努力奉献的结果。民族文化也在觉醒中促成了乡村建设的思想。正如这些知识分子所言："现在关心国事者，以国事之不强，由于农业之不振，使坐此不救，则覆亡厄运，必迫在眉睫，于是救济声浪，弥漫全国；救济事业，应运勃兴，或从平民教育入手，或从农村经济入手或从乡村自卫入手，其入手处虽有异同，而目的在共谋农村之救济与复兴。"[①]

现在看来，民国时的乡村建设运动涉猎之广，介入之深是前所未有的。据 1934 年的统计，各地从事乡村建设的团体有六百多个，和乡村建设有关的实验基地有一千多处，这些乡建团体在平民教育、改良农业品种、改善农村生活，以及农村卫生和农民健康的提高等方面都作出了积极的贡献。那个时代的知识分子大多以"改造"思路和举措来达到拯救乡村的目的。因为西方文化的强势威逼及其形势所促成的激进运动，导致了中国传统社会儒家礼俗的惟危。所以，乡村建设的前辈们大声疾呼，主张全面接受并改造西方先进文化，同时也要保持中国传统儒家文化。这些知识分子还倡导中国乡村要建立社会自组织，以有效解决农民的生活和教育问题。梁漱溟、晏阳初、陶行知等知识分子和教育家，也积极倡导有觉悟和情怀的知识分子开启民智，下乡帮助乡村办教育，以期解决广大村民由于长期贫困所导致的教育问题。但是，他们怀揣着一腔理想到头来却无疾而终。梁漱溟先生在乡村建设中遇到了前所未有的"乡村运动，村民不动"之困境。虽然民国乡建先驱者们所遇到的困境与我们今天的历史认识并不完全一致，但也无法摆脱当时的社会困境和文化局限。乡村建设在本质上是社会改造运动，必须关注当时的政治

---

① 乡村工作讨论会编，《乡村建设实验》第一集，中华书局，1934 年版，第 2 页。

制度与文化习俗之间的复杂关系，才能对民国乡村诸多社会问题做出基本判断。需要说明的是，一味秉持现代性的思维努力去"改造农民"的思路，是一种将农村和农民放置于压迫性的结构之中，并冠以"贫弱""落后"的帽子来"天然化"地将他们归属到乡建行动的治理技术中。它略去了对乡村社会、政治及经济问题的整体思考和把握，仅是沉迷于进步主义的神话来认定"乡村"因不适应现代化发展才导致陷入贫弱的处境。而这样的思路几乎囊括了知识分子所有的认知局限——他们接受西方文化的启蒙精神，坚信中国乡村是"有问题的乡村"，而这也正是近百年来中国知识分子对乡村不断进行"改造"和"治理"的合法性依据。

不论是民国时期以社会改造和文化转型为目的的乡村运动，还是今天以"致富"或"小康"为社会理想的新农村建设，几乎都服务于国家现代化建设与发展的基层治理和经济增长。而且，它还体现了当代乡村治理中的一种隐而不显的结构性思维，即习惯性地在宏观发展规划的地盘和主流意识形态的沉重引力中，重复性地将"乡村"塑造成现代化发展和城镇化推进中帮扶的"对象"，并给乡村建设者和开发者一个冠冕堂皇的理由，以此来充当"介入"乡村的美好姿势。可问题是，他们都共同忽视了"乡村"作为一种文化与社会形态所特有的价值与意义，也同时忽视了乡村中所寄托的历史记忆、文化理想、家国情怀与个人情感。

在后社会主义时代与改革开放的今天，乡村不再停留于"贫穷落后"和"愚昧无知"的定义。相反，今日乡村成了政府、资本高度关注和治理的重点对象。由此一来，过去乡村的问题不但没得到解决，还使乡村的处境处于悖论之中，即：我们只要改造乡村，乡村就消逝得越来越快；只要建设乡村，乡村就会从此无影无踪。

直到今天，我们对乡村还是一知半解。我对乡村最早的感知可追溯到懵懵懂懂的少年时期，"文化大革命"中在城里荒废的学业由山东鲁西南老家的乡村生活填补，乡村极度贫瘠的生活给我上了人生的第一课，乡村的贫困使我刻骨铭心，农民生活的艰苦让我终生难忘。直到2000年后，我又和乡村不期而遇，为了拍摄《乡村三部曲》，我历时五年，走过了华北和西北的几百个乡村，乡村的现实再一次给我强烈的震撼，也让我触目惊心，其破败的现状与凋敝的程度远远超出我的想象。乡村的危机也是民族百年危机的延续，呈现出更加复杂的面向和矛盾。我们总是看到乡村表面的破败和凋敝，其实乡村问题并不是一个物质形态的问题，乡村危机也不是经济层面的危机，乡村深层次的危机则是家园危机，以及建立在血脉家园之上的道德伦理体系的垮塌。所以，乡村建设不应是村落建筑层面的复古修复，也不是简单的经济自救所能解决的。对乡村的思考不能仅停留在物质形态的表层，不能只关注乡村的显性价值，即便是努力留下乡村传统旧貌，解决村民的温饱富足，也远远不够。乡村的文明复兴是确立乡村的主体价值，重新连接传统文化的火种，恢复中国人敬畏的神圣秩序，找回传统文化中能救助道德缺失的伦理价值，来拯救今天已严重失衡失序的社会。作为传统，乡村是中华民族仅存的文化余脉。

所以，在当前的乡村建设实践中，我们必须要触及两个层面：一层是国家和民族的复兴，因为乡村的未来发展会直接影响到民族复兴的成败；另一层的意思可关系到乡村自身的发展及村民或家族的命运。所以，今日的乡村建设首先要肯定乡村的历史文化逻辑和民间社会的主体价值，从乡村传统文脉价值中提升解救当代社会、自然生态和人心危机的普世价值，才能减少乡村建设中的文化失当和伦理失缺之处。在此基础上，进一步反思各路乡建实践中所存在的历史局限、认知误区，以及社会条件及介入方式可能带来的一系列问题。

乡村价值的重估与判断也是乡村建设中亟需解决的一个问题，掌握乡村资源的决策者和参与乡村的建设者都要首先面对这个问题，不同的乡村价值判断和认知决定了乡村未来不同的命运和乡村建设各异的结果。就像人生病了要看病，首先要做出正确的诊断，然后才能根据诊断的结果开出切实可行的治疗方案。乡村积郁了百年的病症和顽疾，如果不问青红皂白就一味下猛药做手术，那可能就会一刀毙命。所以，要把脉找出乡村积劳成疾并奄奄一息的病因，再慢慢调理，舒筋活血，打通任督二脉，使其恢复元气逐渐痊愈。如何把脉找出病因？首先，乡村价值的重新发现是以对现代化危机和发展代价的反思为前提的。其次，在当代社会乡村价值为我们提供了构建文化多样性和现代文化新型样貌的平台。最后，乡村价值中的"人神""人人"与"人物"的关系，是牵制和净化现代性精神中"人本"意识形态所蕴藏着的自我中心主义和个人主义"瘟疫"的解药。

1. 重构乡村价值的"标准"应在"文化多样性"与"社会共生性"的前提下，尊重乡村"在地"的特殊价值和历史传统。

2. 重构乡村价值的"目的"在于重建地方社会在世界之中的文化自信和文化自觉。

3. 中国乡村包含以下价值与意义：

（1）村落风水与堪舆格局

（2）文化教育与耕读传统

（3）诸神系统与民间信仰

（4）道德礼俗与伦理秩序

（5）家族秩序与香火传承

（6）生态永续与自然循环

（7）生产营生与经济模式

（8）手艺乡造与民俗工艺

（9）生活样式与家园理想

乡村如何保持健康成长和良性发展，这是需要社会各方力量的长期思考和持续实践来解决的问题。介入团体要与当地政府和各方主体有效沟通、协商，因为当地政府的决策和政策与乡村良性和健康的发展紧密相关，并且乡村很多资源都掌握在基层政府手中，如果一个乡建团体对乡村的关注没有切实可行的计划和长远打算，仅有短期目标以及单一经济模式，或只依靠外部力量而并没有有效调动内生力，那么这个地区的乡村在未来发展中的命运将会变得不可预测，前景也不容乐观。

二、逐鹿乡村：权力与资本的"桑巴舞"

"从传统文化资源尤其是农耕文明之中汲取养料，由于它维系着中国人哲学、宗教、伦理乃至生活方式的方方面面，自然成为我们当下进行地方重塑至要的利基点和逻辑起点。诚然也是我们接续传统、承前启后、继往开来的利基点和逻辑起点。从辩证唯物主义和历史唯物主义的观点来看，历史文脉的回溯远不止于对过去传统价值理念简单的、孤立的、线性的表达，而是立足当下经济全球化文化多元化背景下对传统文化的缅怀和致敬；同时也是对传统文化创造性转换和面向未来的创新性发展的思维动能所在。"[①]

乡村既是中华文明信仰的承载者，又是近代革命被治理的目标。长期以来，在受现代化影响的知识精英群体以及坚定不移唯物论信仰和无神论教条的视野中，乡村始终是以"落后"和"欠发展"的形象和处境被社会认知的，"发展主义"唯一的标准和尺度就是"效率"。"三农"与"新农村"建设也同样在坚定不移的现代性发展主义逻辑话语下，简单地套用"欠发展"的进步论话语概括中国乡村的百年危机和现实困境，并将其复杂的历史原因省略，还由此推论出谁不"发展"，谁就是"落后"，无知与不合时宜就会惨遭时代的淘汰，且终将会被排斥到权力、资源及话语系统之外。这些看似能自圆其说的理由，即是乡村在现代化进程中总会被放到"改造"和"开发"位置和处境的充分理由。但在后社会主义时代，乡村所面临的机遇与"讨伐"不再停留于落后、封建和愚昧的修辞之中，而成为改革者、建设者与理想者高度关注的开发对象、建设对象与知识对象。换句话说，乡村已不再是工业革命的敌人，相反它转而成为后工业时代的"宠儿"——稀缺可贵的自然、历史和文化资源使其成为市场、知识界和国族建设中高度关注的核心对象。

总之，今天的乡建与民国的乡建相比较，虽然时代发生了翻天覆地的变化，治理与改造手段花样翻新，但从文化属性上确是一脉相承——依然是民

---

① 徐明松，《地方重塑语境下的乡村振兴以及艺术乡建》，《上海艺术评论》，2021 年 9 月 26 日。

族危机意识下的"改造"思路和举措，是早期精英赋予和界定"问题化乡村"意识的现代翻版，也是民国时代精神的总体投射，由此给了乡建知识分子大刀阔斧地改造乡村的合法化依据。

一、"改造话语"中的治理术

在各方推动的乡村建设中，首当其冲的就是围绕在"发展主义"的政策下，国家治理者、基层行政管理者和各种专家组织全力使用"乡村文化—自然资源"以利于招商引资、促进地方经济发展和树立各级政绩形象，这一切几乎都难以摆脱权力及治理在其间的掌控和影响。各方权力的一致联手，形成了当今乡建中的各级行政目标和合法性依据与合理化方案。可问题是，此种不顾地方历史开放性和文化多样性的治理方式，回避了乡村百年来淤积的矛盾和错综复杂的问题，几乎省略了"乡村世界"的精神价值、伦理秩序、审美传统和情感诉求。如此一来，它根本无法从乡村的历史、村民的自觉、自然的秩序及民间的香火信仰等方面整体性地考虑乡村的天、地、人、神系统所建构出的复杂而变化的多重关系。

此外，针对乡村治理的单一诉求造成了急火攻心般的政绩期望，以及当下乡村建设的技术主义模式和乡村治理的工程学格局，这一过程还暴露出各级基层治理模式的局限和盲目，以及当代科学发展所带来的技术主义危机。可以说，一些地方政府主导的"美丽乡村"计划及各种政绩工程，显现出了过度的权力意志，其所追慕的经济发展动机也极为单一，不但无视乡村生活的文化尊严，也严重漠视乡村生态的整体性和地方文化的多样性。以技术治理术为主导的"美丽乡村"建设，以暴力美学抹杀了乡村的历史性格和家园的诗意美感。除了看到乡建中出现的一以贯之的急功近利外，仍然看不到乡村社会的整体复苏迹象，以及为乡村长远考虑并切实可行的救助措施，反而使本来质朴和生动的乡村变成千篇一律和粗制滥造的"新农村"。特别是那些匆匆建设起来的"克隆"乡村，可以说阻断了乡村生命过程中的差异性与丰富性，尤其是淹没了当地人构建的生活世界的智慧与习惯。与此同时，在"新农村建设"和"美丽乡村"目标的催生下，景观再造的方式在乡村大行其道，无论是政府完成的"美容术"工程，还是使乡村迅速改变面貌的"化妆术"，都难以摆脱对乡村粗暴治理和暴力干预的惯性模式。许多"美丽乡村"建设改造工程，由于规划设计单位和个人接受的是西方城市建设和设计教育，他们盲目照搬城市，将城市的景观设计和装修风格简单地移植到乡村中来，将千百年来成长和滋润的乡土家园野蛮地覆盖，将时间和岁月积累、注入的痕迹粗暴地铲除，这是对乡村历史风貌和自然景观的严重破坏。不仅如此，他们对自然和生态的破坏更是触目惊心，将富有变化的乡村风貌推平建成城市规模的大广场和大花园；将婉转优美的乡村小路盲目扩建成超宽的过度硬化的路面，使乡村的土地无法呼吸，雨水无法自然渗透，造成水土流失，更过分的是为了拓宽道路，砍树改道、削山填河，强行移植外地树种花草，不仅造成资源浪费，而且增加了维护成本。村内村外文化墙绘泛滥成灾，有的村庄全部被墙绘漫画涂抹，村民晚上受到惊吓不敢外出，两场雨水过后墙绘就被冲刷得乱七八糟，惨不忍睹，村民怨声载道，苦不堪言。有的村子还刻意强调政治挂帅，满村满墙涂上各类政治标语和红色图案，与温馨舒适的理想家园背道而驰。我看到河北邢台的一个村子，请了县城的广告公司帮助美化，他们将这个靠近太行山的质朴小山村，硬生生地涂抹成拉美风格小镇，成为光怪陆离的彩色乡村。我还担任过广东省佛山市顺德区龙江镇的乡村振兴顾问，几次负责审阅许多设计规划公司提交的乡村改造方案，有些实在令人啼笑皆非，大多是将历史传统乡村改造成城市花园和商业景观小区，将河流池塘装扮得万紫千红，将质朴的农舍祖屋装扮得灯红酒绿，老榕树上布满了彩灯。更令我瞠目结舌的方案是将蜿蜒曲折的一条小河打上城市舞台灯光制造出雾气的干冰效果，似乎小河里随时能蹦出"妖魔鬼怪"。

二、"发展话语"下的生意经

"发展主义"逻辑推动的乡村建设，还具体表现在将知识的有用性退化到实用功能的层面，从而使乡村建设的核心目标锁定在单一经济发展的泉眼中无法自拔。这或许是自霍布斯以来的人观堕落——上帝死后，人类一落千丈地成为资本的造物，似乎物质生存成为全人类幸福的唯一指标。然而，在世俗化甚至是恶俗化的消费时代，"被问题化"的乡村又该如何自我解救？这无疑是乡建实践者所要面对的迫切问题。同样，乡村也成为了市场经济发展中的一块诱人的"绿色蛋糕"。乡村因其稀缺可贵的自然环境、悠久的历史资源，成为资本符号、经济话语等一系列现代化的发展主题所关注的目标。连同被媒体和商家鼓捣的生态食品和悠闲养生的良好环境，都使那个曾被视为低矮积弱的乡村，摇身一变迅速成为城市度假经济链上最稀缺的消费景观。换言之，今日的乡村不但能满足城市休闲阶层的消费需要，还能满足城市小资群体日渐增长的乡愁情思。于是，便促使许多人一厢情愿地将"乡村"当成从第一产业向第三产业化经济转型的潜在目标或资本围猎争夺的最后市场，乡村成为敏感逐利的商家和流动资本投资的最佳对象。

乡村旅游开发成为今天乡村振兴的制胜法宝，单一的旅游开发模式在乡建中比较普遍并屡试不爽，几乎所有的乡村振兴都奔着旅游经济而去。他们惯用的两种模式：一种是为商业旅游而来的，开发商与承包人在乡村租赁土地独立开发。其中有机农业栽培、乡村休闲度假、养生休闲农场等成为这类开发的标配。还有一种是明目张胆地直接圈地开发地产项目，许多是打着养老地产的旗号，美其名曰为政府和社会未来养老排忧解难，实则多数为地产别墅，为权贵和有闲阶级营造"桃花源"。

即便有许多被当作传统遗产保护下来的村子，同样也遭到不同程度的旅游开发，而其结果也不容乐观。有些村庄被过度开发得面目全非，有些甚至遇到灭顶之灾，乡村风貌、内涵和品质早已荡然无存，乡村传统文化基本被肢解，村落的景观和生活品质全无踪影。乡村大片的土地被占用，有些地方甚至粗暴地将村民赶出家园。一些被旅游开发的乡村，村民的日常生活几乎被商业经营所取代。比如有些乡镇把乡村完全交给商业旅游公司开发，开发后的乡村很少再有原住民，即便有些乡镇刻意召回原有的居民，但也只是让他们作为营销的幌子在村里开店经营，并成为乡村娱乐城中的活体道具。不可思议的是，有人竟认同这样的开发模式，其理由是原住民和当地政府没有资金来保护、维修大量年久失修的民居，故只能依靠商业开发来保护传统村落。可是，大部分村民只能依赖乡村来延续自己的生活，况且乡村是他们天经地义的家园，怎能强行让他们迁出自己的家园并强制改变他们的生活方式呢？再比如，有些被过度开发的乡村完全失控，村中没有有效的管理，把村落变成商场，有的村民看到有利可图，不要别人动手，自己会毫不犹豫地大拆大建，把自家的祖宅老屋无序地扩建成商铺和公寓出租，自己干脆搬到城里变成招租婆，悠哉自在。然而，温馨宁静的家园变成喧嚣的集市商场的同时，很多无法经营且不愿开发的村民饱受困扰，其平静的生活被干扰了。还有，很多乡村并不具备开发旅游的条件却仓促上马搞开发，投入了资金，破坏了生活，到头来并没有达到预期的效果，周末有些人来，平时大部分时间冷冷清清无人问津，商铺门可罗雀。

不是所有的乡村都具备旅游价值而被开发，这些乡村是原住民自己的家园，他们理应在自己的家园里幸福地生活着。可悖谬是，那些没有经过旅游开发的贫困乡村，其处境和前景更加令人担忧。由于长期的污名化和贫穷落后的印象，无助的乡村普遍被动地处在被帮扶、被照料与有待脱贫的尴尬处境中。这无疑会使得他们对生存状态的改变和对丰衣足食的渴望成为首要的幸福指标。可问题是，沿用简单的经济扶贫方式，不仅无法解决长期造成的乡村社会失序与文明坍塌的整体困境，还会造成一边扶贫一边又产生新的贫困的怪现象。也就是说，如果我们不从家园感和尊严感来确证乡村价值和尊重村民的自信与尊严，而仅仅靠简单扶贫或增加村民收入来进行乡村振兴，其收到的效果也会微乎其微，甚至会适得其反。原因在于，有些村民得到钱后或许会有短暂的满足或愉悦，但很快就会毫不犹豫地在城里买房子，离开乡村并抛弃家园。他们的价值观已经被影响和改变，已经不把乡村当自己的家园了。某些企业和开发商也推波助澜，利用一些村民急需摆脱贫困和一夜致富的心态，轻而易举地夺走他们世世代代赖以生存的家园和祖祖辈辈耕种的土地。

我之所以强调乡村文明整体复兴的重要性就在于此，在乡村伦理和道德秩序垮塌的今天，如果没能修复和重建乡村秩序与诚信系统，追逐利益的商业会造成过度开发，淳朴的乡情民风就会立刻荡然无存，坑蒙拐骗的事情就会时有发生。

无论是资本开发的各类旅游小镇，还是将乡村改造成的旅游地，大多程式化和同质化严重，有些打造出的乡村旅游地则更加离谱，将国外的"异乡风情街"及城市的"欢乐大世界"等游乐场所直接移植到乡村。乡村文旅小镇经过几年的持续发烧后，各地陆续传来了一些文旅小镇和乡村旅游地"死亡"的消息。2021 年 4 月份，一篇题为《特色小镇死亡名单》的文章在网络流传，让人大跌眼镜。文中列举了近年来一些地方特色小镇"批量兴起又批量死亡"的案例。这与当前的国家政策导向与资本经济转向有很大的关系，由于城市的地产发展遇到瓶颈，市场空间收缩并转向乡村。我看着这个"死亡"名单心情异常沉重，这当然只是一部分投资很大也影响很广的文旅项目，还有很多乡村旅游开发项目不在其列。这些文旅小镇项目大都远在西南和少数民族地区，其自然遗产和文化遗产很多，风景优美，环境宜人，乡村历史积淀深厚，具备独特的旅游资源，但这些大资本开发的项目破产，原因很多，普遍存在的致命错误都有相同之处：缺少完整严谨的市场调查，项目内容同质化严重，业态单一乏味，缺乏地方特色，仓促上马，粗制滥造，无法摆平和协调与当地村民的利益分配，以及运营混乱，后续资金不足，等等。其不但浪费了巨大的投资，还破坏了自然资源和乡村景观，更重要的是给当地村民带来极大的伤害，这些烂尾的文旅小镇和乡村旅游地，到头来不知由谁来收拾这一地鸡毛。

同样，还有"文化搭台、经济唱戏"成为各级政府在面对乡村发展屡试不爽的灵丹妙药，但从没人追问其中有没有道理，也很少有人怀疑其中的悖论。他们在文化服务于"招商引资"目标的前提下，把文化降低为吸引投资的"敲门砖"和"垫脚石"，带来的结果是各地乡村搜肠刮肚，挖地三尺，不厌其烦地将自己的历史及文化资源翻箱倒柜地拿出来，将这些传统文化涂脂抹粉乔装打扮一番，仓促地推向市场以期招个"金龟婿"卖个好价钱，其中闹出的笑话层出不穷。张冠李戴，西颦东效，假冒伪劣令人啼笑皆非，烂尾工程比比皆是。这不但造成了文化资源的破坏和浪费，还造成了文化与经济的混乱颠倒。现在看来，这种思路和做法造成的恶果逐渐显现，用当地的历史、文化与自然资源招商引资虽然会带来短暂的经济繁荣和市场效益，但是如果没有文化的指引与价值观的确认以及对环境资源的尊重，那么就会带来一系列的恶果，且后患无穷。这种本末倒置的做法甚至会带来文化的破坏、价值观的颠倒、人心与人性的丧失，以及腐败丛生泛滥。

"文化搭台"还会带来许多文化造假项目，许多基层官员根本没有文化生产的能力却"霸王硬上弓"，如果有人打造孙悟空的故乡，就会有人建设猪八戒的故里，完全不顾本地的资源和条件限制，也不尊重自己的历史与文化。乡村本身有重要的文化资源，但他们视而不见，反而粗暴地移植外来的洋景观、假文化，还要期待他们能吸引来更多的企业投资，拉动地区经济增长。我在山西许村的乡建实践中，也会面对基层政府对文化抱有拉动经济的期待和愿望。经过我们坚持不懈的努力，通过艺术的行动保护了乡村文化，促进了乡村整体的复苏和发展，这才将这个习以为常的口号改变和扭转为"经济搭台，文化唱戏，艺术推动乡村复兴"。

我们如何面对今天乡村建设所产生的新问题以及在今天所要肩负的文化使命与社会担当，这才是我们应该继续思考的问题，也是整个社会所要面对的问题。

三、艺术乡建：中国乡村建设的第三条路

"自20世纪以来中国当代艺术日益景观化、精英化、学术化之后，部分艺术家转向了以乡村为主体的在地性创作。乡村艺术'爆发式'增长大致可以归于四重背景因素。其一，在艺术本体层面，美术馆里的作品似乎越来越苍白无力、远离生活，走向极端哲学化。艺术亟待更有力度的、更能介入社会的新实验。对于封闭在大学教室和艺术家工作室的艺术生和艺术家来说，全然不同于城市社会结构的乡村为它们提供了无限丰富的原生态素材和广袤

的实验空间。其二、在社会现实层面，城市化的高速发展造成了精神上的价值真空以及越来越无法忽视的农村和城市的环境问题，人们寄希望于这片'桃花源'挖掘新的价值趋向给现存问题提供新思路。其三，在官方层面，中国地方政府对于开发本地区资源拥有积极的热情，旅游资源不甚突出的地区能否借助当代艺术的聚焦获得差异化的优势，继而赢得外界的关注成为部分官员思考的选项之一。"[①]

1912 年，蔡元培在《对于新教育意见》中第一次将审美提高到前所未有的高度，认为审美可成为文化建设和道德拯救的根本之道，并将其确立为培养人才的重要手段。同样，德国哲学家席勒也认为审美在社会秩序建构中非常重要。作为感性与理性结合的审美意识，可以给人类提供无限的可能性，只有审美趣味才能给人类带来和谐，只有审美交流才能统一社会。可见，在中西方人文主义者眼中，人首先是一个"符号"性的动物，人类世界也首先是一个语言的世界，而不是一个单纯的物理世界。在此意义上，乡村复兴和乡村建设的方式，绝不能以纯理性或者冰冷的"技术唯物主义"为主导和方向，而应以诚恳的态度和温暖的方式融合乡村，化解被长期的社会改造和反传统破坏的乡村伦理系统，达到人与人的和解；应以尊重乡村主体性为前提，并以"艺术"的方式来实现乡村人伦与鬼神世界的沟通。由此可见，艺术家推动的"艺术乡建"明显不同于基层政府推动下的"社会治理"和商业资本推动的"经济开发"，这是完全不同的两种乡村建设思路和方法。一方面，艺术乡建不同于大刀阔斧的乡村改造和简单粗暴的社会治理；另一方面，它的初衷不是仅仅满足温饱或发财致富这类单一经济目的和愿景，相反，它是在尊重乡村在地传统及村民诉求的基础上，用情感融入和多主体互动的温和方式，使乡村社会整体复苏，以修复乡村完整的天、地、人、神世界。

艺术介入乡村的几种形态：

1. 艺术园区：艺术家作为主体的生活与创作地

---

① 高名潞，《中国当代艺术史》，上海大学出版社，2021 年第一版，第 474 页。

2. 创作基地：把乡村作为创作语境的个人化表达

3. 写生基地：为画家和美术学院的师生提供的采风基地

4. 建筑规划：建筑规划师在乡村的实验项目

5. 美丽乡村：各级基层政府推动的乡村治理

6. 整理国故：乡村民艺抢救与非遗保护

7. 乡村文创：文艺青年与乡愁聚居地

8. 艺术乡建：中国乡村复兴的文明路径

　　艺术介入社会的源头可追溯到 20 世纪 70 年代，从博伊斯的"社会雕塑"到波瑞奥德的"关系美学"，都是强调艺术家在介入社会的具体实践中身体力行地投入到日常生活的建构中来。从 2000 年开始，中国艺术家在时代转型的机遇下，开始对当代艺术重新思考，无论是对艺术自身本体语言困境的超越，还是对"西方人眼中的东方想象"后殖民处境的心存不满和警觉，他们纷纷对中国当代艺术现状进行批评和质疑，少数艺术家开始做出有针对性的反应和实际行动，寻找和重新定位中国当代艺术主体意识便成为了这个时代迫在眉睫的事情。

　　当代艺术介入社会的行为已超出"表征"的意涵，既不同于传统艺术的审美习惯，也不是经典艺术的视觉体验，更不受既定艺术空间的约束与羁绊。艺术介入乡村实践，是冲破其既定的边界并拓展出艺术无限可能的世界，是一种在普世与地方间创造的与乡村历史、地方生态、权力系统和礼俗社会不断发生关系和互动的场所。另外，艺术介入社会及艺术家参与乡建之道，也有其自身的文化传统和历史脉络。从民国知识分子提出的"乡村建设"，到博伊斯倡导的"社会雕塑"，都是艺术家介入社会和走向乡村的精神指引、文化脉络和思想资源。"介入性艺术对现代艺术审美自律的反叛，揭示了介入性艺术的审美转向，该转向呈现为艺术的伦理学转向介入性艺术由于其强烈的社会面向，使艺术回归到社会，回归到日常生活之中。"[①]当代艺术家必

---

① （法）尼古拉斯·伯瑞奥德，《关系美学》，黄建宏译，金城出版社，2013 年，第 5 页。

须具备社会批判与文化反思能力，所以这些参与到乡村建设中的当代艺术家，都有着比较敏感的社会批判、文化自觉、生命体验与社会建构能力，他们通过"身体力行"的方式来融入乡村，以实现乡村共同体中人与自然、人与社会、人与世界关系的和解。在此意义上，艺术介入乡村就是一种带有"情势"的有效行动，它通过共同创造的参与力和情动力，来将失序社会和破损关系加以积极整合和有效转化。

此外，艺术家不但提出问题，还要解决问题，要具有社会建构能力，也就是说必须具备在时代的困境中有效解决乡村问题和建构社会信任的能耐。尤其是面对多年来各地基层政府所秉承的"文化搭台，经济唱戏"的单一发展论调中将"文化"当成招商引资的招牌和垫脚石，当成吸引资本下乡的一块诱饵，一旦吸引来资本，"文化"便立马被抛弃，寿终正寝的这一问题。所以，怀揣文化理想的艺术家定会反思且批评这些权威和资本的乡建模式，尤其是以"改造"和"发展"的名义来介入乡村的建设方式。所以，我在具体的乡村实践中一再修正地方政府的这一误区，并提出"经济搭台，文化唱戏，艺术推动乡村复兴"全新的乡村复兴与乡建理念。艺术乡建所强调的是，通过艺术家在地进行的互动与活化，使乡村在现代社会中得以复活，并强调艺术的人文启蒙作用，修复已经被长期的社会改造所消解的人性与生活。

艺术可以在人与人之间建立文化传输的纽带，起到社会关系调和剂的作用，形成一种围绕"友爱"建立的人人关系。也就是说，"艺术"不但能使人与人之间长期的紧张关系得到和解，还可以达成由于长期的反传统造成的人神关系疏离后的链接，以此来实现乡村人伦与鬼神世界的沟通。总之，艺术可以在乡村中建立一个更加开放的自由平台，一种有益于不同主体自我更新的互动实践。"从艺术与社会关系而言，它们建构了全新的艺术与社会的关系，他们强调让艺术介入日常生活，消除艺术与生活的边界，从而否定现代艺术的审美自律性。艺术不再以一种乌托邦的姿态凌驾于生活之上，而是自我消除其神秘性和独立性，与生活打成一片。艺术的价值不在于康德式的'无功利审美'而在于是否具有一定的社会效力。这就意味着，艺术由审美的艺术变成了伦理的艺术。在这个意义上，介入性艺术是'艺术反映现实生活'这一传统艺术——社会观的变革。"①"关系美学突出了介入性艺术'修复断裂的社会纽带''链接人际交往'的社会功能。"②

"百年乡建"与"当代艺术"是中国艺术乡建话语体系中两条较为清晰的线索。中国艺术乡建热潮既是百年乡村建设运动的历史延续，也是当代艺术在社会语境下的行动策略。艺术家们或从"城市的处境出发，追溯到与城市现象紧密相连的乡村问题……从文化和艺术的角度介入了目前在各地兴起的乡村建设运动"③，或因对"中国当代艺术后殖民现象的反思和批判……不满足于中国当代艺术被资本所裹挟，反其道从乡村开始来做"④，努力开辟实验性的本土当代艺术实践。"艺术"与"乡建"在特殊的历史情境下互为工具、场域与目标，博弈平衡，交织叠合。

艺术乡建与近代以来乡村改造的根本不同在于，它不再把乡村当作被现代化否定的对象，而是肯定乡村传统优秀的文化价值，并使之与当今时代和生活相衔接。总之，艺术乡建有着自身的文化理想，绝不能完全依赖政治权力和资本能力。避免由"建设"和"开发"所引来的威权关系对乡村进一步的掌控，艺术乡建不能重蹈"文化精英主义"和"技术唯物主义"的覆辙。作为另类治理方式，艺术乡建与生命政治的建制逻辑具备家族相似性，它们都以提高、改善和优化生命质量及共同体活力为其手段，来达成政治和社会治理的目标。艺术乡建是以反对以往乡村治理的面目，甚至是以一种"反治理"的面目，潜移默化地达到其社会治理的目的。艺术乡建应该以尊重乡村文化为前提，并始终坚守在乡村建设中的"主体间性"，始终强调村民的参与和互动，调动他们参与家园建设的积极性。在此意义上，艺术家的乡村实践应设身处地地介入到当地社会的文化脉络和具体语境中，使乡村社会达到整体

① 周彦华，《艺术的介入——介入性艺术的审美意义生成机制》，中国社会科学出版社，2017年10月第一版，第35页。
② （法）尼古拉斯·伯瑞奥德，《关系美学》，黄建宏译，金城出版社，2013年，第3页。
③ 张颖，《中国艺术乡建二十年：本土化问题与方法论困境》，《民族艺术》，2021年第5期。
④ 同上。

复苏与重建。

如果说"乡村建设"已通过不同的话语力量，成为当代乡村无法规避的生存法则，那么，除了用批判的方式来认清"乡建"的真身与局限外，我们还应积极地在看似难以扭转的局势和冒险的实践中，探讨一种带有情感互动与触动色彩的"乡建之道"。我的艺术乡建实践也比较倾向于深嵌于地方社会之观念系统、行为习惯、情感模式和日常实践中，是一种"互为主体型"的"多声部"乡建实践。这样的乡建之道才是遵循一种对乡土秩序、传统文脉及文化主体进行"礼拜"的心态，而非"治理"或"教导"的心态。其次，这种"互为主体型"的艺术式乡建，看重的是文化建构中人人交往及合作过程中的集体智慧与公共能量。最后，它还时刻在不同主体开放性的对话与协商中，不断地在当地人的生活感受和生存处境中调整与共同生长。

实际上，理想的艺术乡建之道若面对复杂和异质的社会现实，总是会显得捉襟见肘。对此，我仅能依据的是这十几年在山西许村和广东青田的乡村建设过程中，通过长期实践和持续积累所总结出的乡建经验和个人感受。可以说，我选择长期扎根在乡村，是从开始无意为之的艺术实践渐渐到有意为之的文化选择。无疑，这种选择除了是对乡村日渐加深的危机所怀有的使命感之外，还离不开自己对乡村社会及地方性知识由浅及深的理解。

我在多年乡村建设的具体实践中，时刻注意与当地不同主体探讨与交流，在关注乡村与现实的矛盾关系中进行文化反思。正是基于这些来自乡村土地上的行走、探讨、思考与其带来的感受，我在广东青田提出了一个处在实验和风险中的"青田范式"以及经验体系。"青田范式"是以地方性知识为主线，而展开入驻地方世界的九条关系性脉搏，这其中包括青田依稀可见和有迹可循的村落历史、宗族家庭、道德礼俗、民俗节庆、信仰系统以及生产生活等关系维度，而其中的每一项都得依赖当地人具体的生命实践及开放性的探索来拓展。

不论是乡建实践中的艺术工作者、知识分子还是地方精英，我们都需要积极地参与到乡村社会正在发生着的公共活动和日常交往中来，尊重隐藏在他们生活逻辑中的文化道理和伦理美学。就此，我所倡导的"多主体"艺术乡建实践才能在多变和复杂的乡村建设中进行持续的对话与交流，在动态的协商过程中调整自己的行动策略，只有这样，才不会剥夺乡村地方主体在世界中的适应性与能动性。

在十多年的乡建工作中，经常会有人问我几个问题，一是你的经验是否可以复制？答案是没有一个放之四海而皆准的乡建模式。无论是北方的许村，还是南方的青田，一山一水，一南一北，一阴一阳，存有巨大的文化差异和不同的民俗民风，所以从方法上是无法复制的，但从理念上又是可以借鉴的。我之所以总结出"青田范式"，就是向社会提出可以借鉴的理念和思路，因为乡建必须触动乡村的核心问题和链接历史文脉。中国疆域辽阔，民族众多，每个乡村面临的问题千差万别，但文明的历史却一脉相承，面临的危机也大同小异，有相同的困境，也有不同的问题。我只是通过"青田范式"提醒乡建工作者，乡村有这么多重要的价值，有"显性"看得见的价值，也有"隐性"看不见的价值，我们只看到和关注了看得见的价值，比如村落的物质遗产、建筑民居、生产生活等等，这些东西看得见抓得着，改造起来见效果。而看不见的乡村价值往往更重要，比如乡村信仰、伦理秩序、家族家风等等，虽然这些东西看不见抓不着，但这些重要的"隐性价值"却影响着"显性价值"。我把这些完整的乡村价值都呈现出来，这是一个完整的乡村价值系统，如果一个系统出问题了，就要系统性地解决，只解决一个或两个技术性的问题，根本不能触发完整的乡村文明复兴。还有，问得最多的一个问题就是我能持续做多久？这个问题有点尴尬，不是我没有信心，而可能是提问者在怀疑我的信心，我总是很淡定地回答，我真的不知道能做多久，这不是我可以左右和把握的，主动权不在我们手里。艺术家一没权，二没钱，其实掌握的资源很少，但艺术家有立场和态度，有信心和毅力。在乡村工作是艺术家选择的最难的一件事，他们要面对和触动的社会关系和相关主体很多，一方面艺术家不但要输出观念，传递善意，创造美感，另一方面还要做多个主体关系的协调人，通过协商的方式敦促大家往前走，该妥协的妥协，该退让的退让，如果艺术家遇到不可逾越的障碍，触碰了自己的底线，那就会毫不犹豫地撤出。所以，但凡我努力做好每一天，都会积极地做最大的努力，但也做好了随时撤退的准备，既不会向权力妥协，也不会向资本低头。做乡建很难成功，就算我做失败了，留给后人也是宝贵的经验，虽然看起来很悲壮，但人类的思想史就是这么推动的。所以，"艺术乡建"才能在今日乡村建设中成为一支不可忽视的重要力量，并在长期不懈的乡村在地实践中，艰难探索切实可行的乡村文明复兴之路。

四、互融共构：艺术乡建中的学科跨界

艺术乡建作为一门跨学科领域的现象和介入社会的实践，不可避免地会遇到跨学科所带来的研究壁垒和实践障碍。社会雕塑（博伊斯）、关系美学（伯瑞奥德）、乡村营造和社会参与艺术研究的复合学科融合，对艺术乡建和艺术介入社会实践的有序发展具有重要的意义。我提出在艺术乡建"多主体在地实践"中采用"互融共构"的基本学科框架，并强调掌握好多重社会主体平衡和不断地进行多方对话，是判断艺术复兴乡村价值的题中之义。

艺术家在乡村建设的具体实践中，大都会面临不同程度的学科困境。在介入乡村的艺术实践和设计项目中，它们大多还是西方话语的中国翻版，或城市话语的乡村翻版，不但不能解决乡村长期积累的现实问题，也无法突破艺术中的审美机制，因为原有的艺术审美方式已经无法承载乡村建设这一复杂命题与历史使命。

出现以上困境的原因，是由于传统的艺术与设计教育单一学科的认知局限与学科知识的障碍盲点，这是艺术与设计的学科局限与缺失。所以艺术家靠单一审美观念和手段已不能适应乡村丰富多彩的文明共同体建构，也无法把握和解决乡村复杂多变与长期积累的现实问题。由于特定场域艺术在乡村复兴背景下的社会生态转变，正将艺术研究的视野不可避免地拓展到社会科学，具体到历史学、地理学、人类学和社会学等众多领域中。

由于各自学科论的局限，往往导致新生的社会性现象被片面地解读，而

得出局限性的结论。作为当下流行的艺术乡村建设，其局限性更广泛地涉及随艺术而出现的其他学科领域，例如乡村艺术旅游、乡村创意景观规划和乡村复兴机制中的企业家精神等众多跨学科领域，其根本问题体现在传统艺术讨论缺乏社会性、关系性和地理性的时空动态思维。同时，另一方面也包含了设计师介入乡村实践的方法论的误区，所以，在这一背景下，乡村实践与设计不但需要多学科与跨学科的交叉与实践，还要建构一套新的乡土伦理观念与设计认知系统和行动机制，以体现艺术学科视角下对社会介入中的艺术本体讨论，和社会科学视角下看待艺术作为新一轮跨学科建设的探索。

　　"介入性艺术是指艺术家介入特定的社会现场，与现场展开批判性对话的艺术，它将艺术的触角深入社会领域，取代抗议、游行等激进的政治运动，成为链接人际交往、修复断裂的社会纽带、激发对话、增进认同的社会与艺术综合体，是对现代主义审美自律性的否定，同时也预示了当代艺术的伦理转向。"[①]艺术乡建作为具有社会实践性、关系性和事件性的"关系艺术"形态，其原有艺术体系和审美价值必须要做出改变和调整，将复兴乡村的核心价值作为其终极目的，所以，艺术乡建不能忽略乡村复兴使命的伦理性的设想，更不能轻视对村民福祉的诉求。将艺术乡村实践带入关系美学理论，以关系性和事件性来赋予艺术作为媒介和由此产生的乡建实践，对在地性艺术乡建的作用提供了更丰富和深入的探索。如何掌握好多主体多平衡和不断地进行多方对话是最重要的部分，也是衡量和检验艺术复兴效能的核心。换言之，艺术乡村建设没有万能模式，只有因地制宜，对症下药。所以，艺术乡建是多边艺术场域资源和多主体关系之间的互融共构。

　　艺术乡村建设及地域复兴项目，在复杂多变的在地实践中采用多学科与跨学科互涉的方法论，离不开流动性、互动性和基于不同立场角度的关系性。采用与吸收相关社会学科视角，对于构建新的乡建艺术理论有可贵的借鉴价值，

---

① 周彦华，《艺术的介入——介入性艺术的审美意义生成机制》，中国社会科学出版社，2017年 10 月第一版，第 196 页。

相关社会学科领域也会助力艺术复兴乡村诸多理论贡献、学术成果以及方法借鉴等。尤其是要打破"艺术中的乡村"（外生性）的认识局限并扩展到"乡村中的艺术"（内生性）和"艺术促进复兴乡村"（新内生性）的全局视野。简而言之，在乡村复兴的语境下，艺术介入乡村必须搭建在地人群发生的时空关系，以及通过艺术的力量，使孤立和凋敝的乡村达到复兴的目的。

五、南北行走：艺术乡建实践的经验和反思

世纪交替，千年更始。随着我国"社会主义新农村建设""乡村振兴战略"在政策面对发展议题的持续转换，以及美丽乡村、生态宜居、文旅融合、非遗保护、精准扶贫等具体要求在人民生活中的不断落实，由艺术家推动的"艺术乡建"行动成为 21 世纪开头二十年中国乡村建设事业和社会文化生活中的重头戏。

中国艺术家的乡建实践波澜壮阔，呈星火燎原之势，遍及大江南北，从黄河到长江，从陆地到海岛，无论深度和广度都超越了任何一个时期。艺术家走进乡村，不是去寻找田园牧歌，也不是去寄托无尽的乡愁，而是通过行动去链接传统的文脉，通过艺术促动乡村的复苏，使乡村在现代社会中重新复活。让艺术与乡村之间建立真正的关联，激活不断地被社会改造破坏的乡村肌体，使艺术具有文化与生活的修复功能。艺术家可以给乡村带来新的文化理念、生活意识与审美样式，并强调艺术在乡村中的人文启蒙作用，重新燃起中华传统文明的星火，修复已经坏败的人心与人性。

艺术乡建也区别于以往的传统艺术，它不是用绘画的手段和技法在乡村发挥，也不是在乡村创作出自我表现的审美作品，更不会将自己在工作室创作出的作品强行推广到乡村。不能仅仅靠手艺改变乡村，手艺只是一种表达手段，这种手段一定要服从相应的理念和方法，如果没有寻找到符合乡村的复兴理念和有益方法，那就是破坏。这里的艺术是一种社会行动，艺术家也是一个促进乡村诸多关系的"媒人"角色，是思想的传播者和理念的践行者。通过观念与行动，让艺术成为让乡村苏醒和恢复人的生命感觉的有效方法和

途径。所以，艺术家必须警惕介入乡村行动的几种倾向：

1. 艺术表演——脱离乡村文化与村民诉求的美学表演

一些艺术家在介入乡建的过程中，直接将他们在城市中未能轻易实现的艺术理想和作品挪至乡村，将乡村作为完成自己艺术理想的一块可肆意表演的"飞地"，使乡村成为艺术家自我创作的现场，其作品的实质还是西方美术馆和城市艺术区的系统，甚至让村民配合他们的想法，使村民任其摆布。这是许多艺术家在乡村的新玩法和新表演，他们只是置换了一个自我表演的舞台而已。当然，这不是说乡村就不可以出现艺术表演，我们只是批评那些以个人意志为主导，脱离在地传统文脉与人心的艺术表现方式。

2. 审美再造——通常在"美化"的治理模式中践行

乡村中审美再造的手段是配合"美丽乡村"工程的化妆术，它通常是千篇一律的同质化与不区分的审美化治理，它最大的弊病是与地方传统严重脱嵌，但有时也会被地方传统变向性地转换。当然，乡村社会需要可供他们模仿的不同文化，需要他山之石来丰富自己的地方谱系，以实现传统的自我更新，但不分青红皂白简单嫁接，太过"山寨化"地挪用村民未必能接受的"美"，从而丢失了乡村中原有的文化力量。

3. 符号经济——依旧是"文化搭台、经济唱戏"的逻辑

我们或许会发现乡建中的许多"文化"是被刻意表述出来的，而与在地的日常生活和微妙的噪音脱节，它们是图像、书本和规划中的"文化"。也就是说，乡建中的"文化"被不同动机的主体反复添加、修正并注入意义，也正是在这般的操作中，"文化"的工具论面向被无限放大。在这种惯性的作用下，乡村文化自觉或不自觉地被消费，甚至被"市场"和"经济"消费。

中国乡村众多，南北文化区别很大，加上经济发展的不平衡，使得乡村面临的问题更加复杂，这里既有系统性的相似性，又有地域性的差异性。艺术家主动或被动，有意或无意走进乡村，大都没有做好充分的准备，不论从思想观念上还是从知识技术层面上，他们大都面临着理解的障碍、认知的局限和学科的壁垒。有些艺术家不是对乡村充满了田园牧歌般的美好想象，就

是对乡村带有"贫穷落后"和"有问题乡村"等先入为主的偏见，或者秉持居高临下的精英主义姿态来"拯救乡村"，这些都会在乡村严酷的现实面前碰得头破血流，继而又会转向失望并举步维艰。所以艺术家必须提醒自己对常识的挑战、对现代制度的发问、对日常生活的介入，并时刻反思原有的知识体系。艺术家介入乡村必须吸收和借鉴相关社会学科的方法。法国社会学家莫斯的"礼物社会"为艺术家打开了一把与社会关系之间交往的钥匙，以及熟悉乡村社会、制度、情感、习俗、仪式、想象和符号的路径。莫斯重视共同体天地人神、物我群己之间的伦理关系、神人关系、节庆、祭奠、婚丧嫁娶、结盟以及代际传承之事，强调的是一种社会的整体呈现以及"回礼／回报的义务"，警示艺术家在乡村不是索取，而是回馈与奉献，强调礼物"赠予"的纯粹性，即不求接受者"回报"的赠予。

艺术家介入乡村，进入一个"他者"的世界，必须要尊重乡村和村民。村民才是乡村的主人，这是没有任何疑问的，只有村民才有权决定他们的生活和未来的发展，艺术家绝不能越俎代庖。艺术家首先要是一个谦虚的学徒，学习他们的地方性知识，学习乡村的历史和习俗，了解他们的生活智慧以及与神灵沟通的方式，甚至他们的禁忌。同时，乡村也需要外部力量适当介入，人往往有其受困于自身的局限和困境，长期在一个地方生活就会麻木和产生惰性，正如医生也不能给自己看病一样。这样反而需要外来者的眼光，帮助当地人发现其自身被忽视的乡村价值和生活的魅力。所以，艺术家也不能让渡自己的主体性，最好的态度和立场是"互为他者"，否则艺术介入乡村这个命题就不会存在。

每一个乡村就是一个陌生的世界，一个错综复杂的现场，一个完整的文明系统。当艺术家初涉陌生的乡村场域，艺术原有的方法论和经验已不具参考借鉴价值，艺术家必须做出身份的调整和观念的转向，不能只关注艺术自身，而是通过艺术链接、融合和激活乡村世界。同时，艺术家的知识构成不能只围绕艺术史，还需要包括社会史与文化史，敢于面对各种挑战，抱有突破自己局限的决心。另外，艺术家并不是再现或宣称某种社会或政治的议题，而是企图创造出不可预知的关系——非惯例性的社会关系，因此还需要具有无畏的勇气和担当，以期给乡村带来具体的变化。

2007 年，被称为中国"艺术乡建"的元年，艺术乡建从北方第一个"许村计划"（山西）和南方第一个"碧山计划"（安徽）正式拉开帷幕，至今已经持续了 15 个年头，从当初艺术家的个体行动参与乡村实践，到今天国家层面主导全社会推动的乡村振兴，艺术乡建正如火如荼地进行着。除了社会各方角色介入的乡村建设团队之外，艺术家依据自身的优势和良好的表现，在介入乡村建设中获得了乡村和社会广泛的认同和积极的评价，已然成为各地很受欢迎的乡建选择。在此，我收录了二十一世纪中国最具代表性的 33 个艺术乡建典型案例，这些案例的发起者大多为个人，其中艺术家、策展人、诗人、建筑与规划师、商人、热心乡建的公益人士、教育工作者和文化产业实践者占了多数，也有一些相关的社会组织及团体。他们满怀对乡村的热爱与社会责任，以在地性和参与性的介入方式为理念，以尊重乡村历史文脉为基础，在不同的地域展开了乡村建设实践，激发了当地村民的文化自觉，使艺术与乡村交融互动，并通过这些个体与集体实践方法与路径复兴长期凋敝的乡村。

本书以地理学的概念作为艺术乡建案例的梳理，再以时间的先后呈现乡建的发展线索。中国南北差异很大，无论是历史、政治、文化与经济，都存在着很大的不同，乡村同样也不例外，乡村建设也会受此影响和制约，我们以长江为南北分界做出分类。北方乡建的发起者以艺术家、摄影师和建筑师为主。我于 2000 年开始深入乡村拍摄《乡村三部曲》，从 2007 年开始做山西许村艺术乡建——"许村计划"，这是我在北方发起的第一个艺术乡建项目，经过许村村民、基层政府和艺术家持续不懈的努力，共同创造了一个整合众多资源与共享合作的持续性计划。这对长期缺乏公共文化聚合的乡村而言是非常难得且重要的，许村村民与来自世界各地的艺术家、文化学者、志愿者等一起分享个人及社会议题，给太行山下的小山村带来了微妙与和谐的变化。

六、中国北方艺术乡建实践与案例

"许村计划"是中国艺术家深入乡村的"多主体"联动与"在地"实践，

是当代艺术介入社会的生动个案。艺术家力图通过身体力行的方式来揭露一系列"打造"和"开发"的野蛮与荒谬，消解"去地方化"的同质设计，呈现威权与机器结盟时代构筑社会和恢复文化主体性的多种可能。因此，当艺术领域与社会文化结构整合，乡村营造及文化资源的分配将被重新构建，许村也由之发生了可喜的变化。

1."许村宣言"："多主体"关系中的协商与策略；

2."许村论坛"：地方知识的跨界再生产；

3."魂兮归来"：重构当代地方社会的宗教礼俗 vs 现代化的"传统复兴"；

4."新乡村"的家园理想：乡村现代化进程的"第三条路"vs 复古论、还原论、隔绝论；

5."实践"始终是一个需要不断尝试、反思和对话的过程。

"许村国际艺术节"的生命活力得益于外部文化资源与当地文化历史和发展逻辑的成功嫁接，它印证了全球化时代世界与地方共生的可能。而此种共生关系之所以是可持续的，恰恰在于它是在节庆和游戏中完成的。"许村国际艺术节"是经过多年的实践与耕耘，已经深深嵌入地方文化与乡村生活之中，许村村民已将"许村艺术节"当作自己的节日。许村的魅力在于许村村民与外来者等不同主体之间共同建构了一个乡村情感共同体，并尝试在不同公众与思想传统之间、世界与乡土之间、城市与乡村之间，建立起相互理解的桥梁。

"石节子美术馆"是艺术家靳勒于 2008 年在自己的家乡甘肃石节子村发起的项目。他既是一个艺术家，又是土生土长的石节子人，他靠着自身顽强的生命力和激情，从这缺水贫瘠的黄土沟走出去，并成长为一名艺术家及西北师范大学的教师。2008 年靳勒创立石节子美术馆，这是植入黄土地上的美术馆，也是国内第一个乡村美术馆，是以展示、研究、收藏村民生活与艺术作品为主体的村庄综合艺术博物馆，其宗旨是尝试通过艺术的方式改变村庄。靳勒凭借着一己之力，常年奔走于北京和石节子之间，调动自己所有的艺术和人脉资源，为自己家乡复兴竭尽全力。

"崔岗艺术村"是设计师谢泽于 2012 年在安徽合肥发现并发起的，经过多年的努力建设，崔岗现已成为合肥重要的艺术聚居区和文化地标，在各方力量的推动下，并逐渐发展成为合肥乃至全国知名的乡村文创发展的名片和重要基地。崔岗村成为了安徽当代艺术的重要发生地和大本营，并获得了"乡村文化创新标兵""中宣部文化乡村示范点""安徽特色文旅街区""美好乡建模范艺术村"等多个称号。崔岗艺术村推动了周边的景区和道路建设，并迅速带动了合肥西北郊的乡村建设新高潮。

"白马花田营造社"由北京大学艺术学院向勇教授等联合发起，在四川宣汉白马镇开展，通过乡村振兴相关公益营造与产业实践，以文化创意赋能乡村振兴的方式激活乡村经济。白马乡创团队以"文化连接、创意赋能、价值共生"为理念，关注"人—文—地—景—产"的乡村核心要素，践行"创造—创意—创新—创业—创生"等五元共生的乡创模式，注重公益性与商业性相结合、社会效益与经济效益相统一的实践原则，为实现乡村的可持续发展和全面振兴进行有益探索与范式构建。

"满江红乡村艺术区"是由艺术家、西安美术学院公共艺术系副教授王风华发起的项目，以"文化下乡与艺术扶贫"为主题，集科研、乡村教育、旅游扶贫为一体。该项目得到西安美术学院和学术界的肯定与支持，计划建设成乡村公益图书馆与书店、艺术家与考古学家工作室、乡村美术馆、原生态艺术民宿、乡村文化培训与艺术公共教育中心、中国九大美术学院乡建公共艺术实践基地与国际公共艺术创作营等区域。

"乡村别苑""王家疃村空间计划""韩洪沟乡村复兴计划""乡村剧场"均是由中央美术学院建筑学院教授何崴推动和主持设计的。其中，"乡村别苑"定位于小型的田园综合体，未来的经营内容都将围绕着山林展开，从采茶、制茶等农事体验，到利用周边物产开发的一系列创意农业产品，再到围绕绿色健康产业所组织的登山、养生等活动。"王家疃村空间计划"作为里口山区域"美丽乡村"项目的一个重要组成部分，其定位为：依托周边自然资源和广福寺人文资源的中国传统文化与休闲体验村落。村庄未来业态将围绕亲子休闲体验、国学文化展开，并以"孔子六艺"（礼乐射御书数）和"君子八雅"（琴棋书画诗酒花茶）为主要经营主题。"韩洪沟复兴计划"由大槐树下的场院和造币局民宿两个项目构成，项目设计团队在仔细阅读场地文脉 context 的基础上，通过加入新的功能，重塑场地的场所精神，使之更符合韩洪沟老村的新产业诉求，以及新乡民的审美和精神需要。"乡村剧场"是将旧的采石场改造为公共性的露天剧场，为当地人提供公共集会的场所，也可举办音乐节、戏剧节等活动，形成公共交流，并在单纯美化景观的基础上，增加了文化和产业功能，为此类废弃工业遗存提供了新的解决思路。

"沂河源艺术田园综合体"为慈善家董方军发起的"公益和慈善实体化"试点项目，秉承着艺术活化乡村理念，产业富民兴民，发展特色农业、高端艺术、精品旅游三大产业，着力打造艺术与人、与自然共生共融的体验旅游新格局。用艺术手段实现"生产美、生活美、生态美"的"三美"同步，打造"处处皆艺术，人人都幸福"的艺术田园、幸福乡村；以公益心态投资，以商业手法运作，采取"公益基金 + 专业公司 + 合作社 + 农户"模式，突强化项目的自身造血功能，确保人民群众的获得感、幸福感持续增强，真正把农村建成人人向往的家园。"北镇乡村摄影行动"是辽宁北镇市摄影家协会发起和创办的，在全国首开先河的"摄影进乡村"项目。项目团队组织指导村民用手机拍摄自己身边的人和事，讲述身边故事，留住美景、记录历史、传承文化，让摄影真正融入百姓生活、融入乡村振兴，潜移默化地提升农民的审美水平和幸福指数，成为展示北镇文化旅游发展新风貌的亮丽名片。

"柳荫计划"是四川美术学院发起的，以"原生性、开放性、实验性、在地性、共生性、互参性"为六大原则，从"艺术介入、乡村美育、景观营建、话语重塑"四条脉络渐次展开。一是以"当代艺术"之实验性促动沉睡的乡村，从中国乡土社会中寻求中国当代艺术发展新的可能；二是以"乡村美育"重启乡村活力，激活乡村空间，凸显乡村价值，提升村民生活幸福度；三是以乡村"文化景观"的保护、传承、修复与改建，延续乡土文脉；四是以"话语重塑"为行动指南,以"村社艺术"重构一个深植中华传统同时链接世界的概念体系。

七、中国南方艺术乡建实践与案例

中国南北无论从地理还是文化都差异很大,南方由于文化、地理和经济的优势,气候也相对温和舒适,经济相对发达,市场繁荣,乡建项目比北方多出一倍。南方最早的艺术乡建项目当属"碧山计划",2007年开始,由左靖等人发起了一系列针对碧山村的乡村建设活动,是国内最早的文艺乡建案例之一。碧山陆续吸引了全国各地众多艺术家、设计师、知识分子和媒体人的关注,参与空间改造和文化共建,举办了碧山丰年庆、黟县国际摄影节等活动,出版了《碧山》系列的杂志书,意在服务社区、塑造地域印记和连接城乡,往乡村导入城市资源,向城市输出乡村价值。

"我的春晚我的村"由诗人黄礼孩发起并组织。小苏村的春晚已经坚持了十三年,成为了一个小传统。作为思考加行动型的诗人黄礼孩,他并不要求自己用大城市的纯艺术来做老家的春节晚会,但显然他在大众文化中加入了现代艺术,这也使得他对传统的理解有了新的体会。

"海岛乡村艺术计划"由艺术家翁奋于2007年发起并组织。当时位于海南文昌市东郊镇泰山村周边的部分地区将被建设为国家商业卫星发射中心,和由此开始的整个乡村地区和城镇将被规划建设成为一个卫星城。当地的土地将被政府与开发商征用,大量村民房屋将被拆除,计划由此带动乡村城镇化建设。当地村民也将转化为城市社区居民,他们的身份被转化后将要面对的生存与发展问题已经发生了根本性的改变。有感于此,家乡在泰山村的翁奋与艺术家们一起开展了一系列的海岛乡村活动。

"羊磴艺术合作社"由艺术家焦兴涛发起,它强调"艺术协商"之下的"各取所需",尝试将艺术还原为一种"形式化的生活",并重新投放到具体的现场和空间中,试图在对日常经验进行即时表达的"贴身肉搏"中"重建艺术和生活的连续性"。羊磴艺术合作社一直在尝试避开各种既定的价值体系与美学标准、模式化的实施手段和路径、文化精英的居高临下和"介入"的强制性，试图面对日常本身而不是应答既定的美学体系。

"青田计划"是由艺术家渠岩发起，广东工业大学艺术与设计学院乡建团队落地青田的项目，与顺德杏坛镇政府、青田村村民以及榕树头村居保育公益基金会几方合作，开启了青田乡村建设的实践。青田乡村建设实践高度肯定乡村历史的文化逻辑与民间社会的主体价值，试图从乡村文脉价值中找出解决当代社会、生态与人心危机的有效方法。基于对青田村长期、深入的调查研究，渠岩提出了中国乡村文明复兴的新路径——"青田范式"。这一范式在尊重青田地方性知识的基础上，从乡村的历史、政治、经济、信仰、礼俗、教育、环境、农作、民艺、审美等角度梳理出了九条地方性经验，力求处理好"人与灵魂""人与圣贤"等九大关系，从而形成一个完整的文明体系，形成新的文化价值与社会形态，建立起中国的乡村共同体社会和令村民们引以为傲的精神家园。

"茅贡计划"是左靖工作室等发起的乡镇建设项目。该项目的真正用意在于通过合理规划、发展集体经济，严格控制不良资本进村，保护好村寨的自然生态、社区文脉，以及乡土文化的传承和延续。在此基础上，希望实现传统村落、生态博物馆、创意乡村和公共艺术的价值叠加。其首先的步骤是空间生产，用物理空间来承载相应的文化内容；其次是文化生产，围绕当地文化进行组织和创作；再次是产品生产，通过农产品和手工艺品带动当地经济发展。

"向阳乡建"是由建筑师张明珍和东南乡建团队发起的。该项目中向阳古厝的改造，是在保留原有建筑格局的前提下，修复破损，同时增加舒适的现代居住功能，将其改造成民宿，通过坑头村这个平台传播，促进当地的旅游业发展。把传统与现代结合起来，让历史悠久的古厝人文精神得到进一步的提升，并在传承中焕发出新的生命。

"中山古镇田野计划"是艺术家曾令香发起并主持的一个乡村艺术计划。他与四川美术学院的学生以重庆中山古镇为田野创作的初始地，对当地现场空间进行仔细的观察与分析，以"一根线"（运用当地唾手可得的材料在自己感兴趣的空间里做一根线。）"身份互换"进行练习。经过练习，大家很快就融入空间中进行在地创作，如作品《流动美术馆》《缘》《微茶馆》等。

"源美术馆"是艺术家陈晓阳和银坎保共同发起的在地实践项目。源美术馆坐落于乐明村的山野村落之间，周围遍布溪流稻田竹林，在绿芽乡村妇女发展基金会的多年扶助下，村里的妇女们开始参与生态种植、经营社区厨房、开发生态农产品加工、参与自然教育导赏服务等活动，从价值理念到日常行动都展现出不一样的活力。可以说，"源美术馆"不只是一个美术馆，而是一个公益艺术行动项目，也是一个在乡村再造公共文化生活的社会实验。源美术馆是以公益艺术行动的方式，与相关公益基金会一起参与探索乡土自然与文化艺术之源的工作。

"景迈山计划"是左靖团队与云南省澜沧县景迈山古茶林保护管理局自2016年下半年达成合作，为景迈山糯岗、翁基、芒景上下寨、芒洪等中国传统村落进行展陈策划、建筑与空间设计和集体经济升级转型研究等的工作。本项目系属景迈山古茶林申遗工作的分支。展陈内容与方式以当地居民为主要受众，同时服务于外来游客。建筑与空间设计包括文化展示中心、游客服务中心、社区教育中心及工作站等。

"洪江国际艺术计划"是由艺术家李向明等发起的位于贵州荔波县洪江村的项目。通过发动艺术家认购的方式（逐步有三十多位艺术家分别认购）进入修缮。艺术家们又提出了"老房移活"的理念，发动十几位艺术家参与，成功"移活"老房十套，并进行了合理的现代性融合改造，构成了一道文化新村的风景，引来观光学习的各地人流走进洪江。洪江村的老房修复与移活激活了乡村闲置资源，发现了荒屋废墟的价值，在推崇生态文明理念的同时，留住了乡愁记忆，助力乡村发展。

"束河古镇田野计划"是艺术家曾令香发起组织的田野艺术创作活动，通过田野观察法对束河古镇当地场所进行观察、分析，并结合在地性物质开展一系列的在地创作，如《东巴家园》《一粮架的繁华商品》《入侵的漂亮行李箱》《"圆"练习》等，对现场空间、材料、社群、人、场所传统文化、问题等较全面地了解后，获取在地创作的重要基础和契机。最终通过艺术创作，转化为人人都可以感知的艺术作品，启发公众思考商业、旅游业入侵古镇的现状。

"溪南乡村公益图书馆"由溪南公益理事会、独立教育实践者姜小竹、建筑师詹涛和艺术家周钦珊共同营建。该项目在广东普宁市梅塘镇溪南古村内，其中的改造设计遵循微干预和艺术介入的原则重塑空间和环境的关系，着力构建人作为行为主体与环境互动时的美好状态和情景。溪南乡村公益图书馆借助外来力量发起，运作过程注重本地单位和机构的支持，发展培养当地人作为全职工作人员，其成为一个平台连接过去与未来，回观村庄的历史文化，走进大自然和书本，让教育回归生活。

"徐岙底项目"启动于2018年，是由泰顺县人民政府与墟里共同签约的，墟里、左靖团队成员陆续入驻徐岙底古村落，开展了乡土文化挖掘和再生工作，包括乌衣红糖等非遗考现、筱村童谣的影像记录、清代以来契约文书的收集整理、方志小说的在地创作等等。2019年，"红地起乌衣——红糖主题展"正式开幕，展陈从内容到形式都以当地村民为主要受众，同时服务于外来观光客。展览的核心内容是乌衣红糖文化和老建筑改造。

"犁桥国际艺术计划"位于铜陵市义安区以北的犁桥村。总策划梁克刚带领团队以及邀请来的艺术界、设计界、文化界的朋友，带着公益之心以艺术赋能乡村振兴。艺术介入下的犁桥由明塘文化艺术村、古韵犁桥、生态人文体验区、田原艺术区、生态观光民宿区、水乡渔家体验区等组成。从2018年至今已成功举办两届"中国·铜陵田原艺术季"，通过戏剧、音乐、公共艺术创作、网红建筑、装置与雕塑、美术馆、稻剧场等依次呈现，以其独特形式迅速在全国文化艺术界传开，打响了"犁桥艺术村"和"田原艺术季"的品牌。

"乡村重塑——莫干山再行动"是以莫干山为现场，将上海大学上海美术学院的智力资源引进莫干山，在拓展美术院校社会实践的同时，探讨艺术如何参与乡村文化振兴。以艺术院校为纽带，连接艺术学、人类学、科学技术等多学科的研究和创作资源，通过在地艺术实践，丰富公共艺术服务产品，并以此为基础展开理论研究，使艺术的创意力量转化为文化的价值力量，助推自然莫干山向人文莫干山的转变。同时，通过"文创赋能与乡村振兴"论坛，将文创和文旅产业的专家聚到一起，献计献策，助力莫干山文化经济发展，形成更加丰富的文化生态。

"延平乡村艺术季"是由一个非艺术机构——上海阮仪三城市遗产保护基金会发起的以保护地方传统文化遗产为出发点的乡村艺术季。经过连续三年三届艺术季的举行，有近60位艺术家和一些艺术院校、艺术团体来到巨口乡驻地创造，在4个村落留下近100部作品作常年的展出。艺术季的初衷是在乡村创造遗产保护与振兴的共享空间，其主要途径和方法有：自下而上的乡村保护路径，建立村落的自主保护意识；跨领域跨专业合作的创意路径，扩大保护的开放度和透明性；区域性联动的传统聚落保护路径，建立大文化区的传统村落保护群落；城乡互动的保护路径。

"婺源漳村田野计划"是艺术家曾令香带领西南田野创作社展开的系列田野创作项目。该项目从漳村的生产、生活与文化三个视角展开系列调查，分组形成详尽调研报告，并在调研报告的基础上，开展了在地创作形成系列针对漳村的田野创作方案。这些田野创作是一种真挚的对话方式，是与漳村地域文化、公共空间、百姓、视觉审美展开的对话。在转型期的这一乡村现场中，田野创作透露着一种思辨的公共价值与公共精神。

"微型社区实验室"是由艺术家翁奋、张淼和唐浩多共同发起的一个非营利性质的社区艺术行动、研究项目及空间计划，即由艺术家、居民共同调动起来的各种盘根错节的因素所构建起来的生活现场。在这个社区现场发生过程中，产生出特殊性和多重偶然性的因素，并由此带来多面向发展的可能。目的是促成"艺术生活"的发生，并围绕其理念展开一系列研究与实践行动。项目致力于推动居民个体，积极进入到拥有"主体性"的生活中；使艺术真正参与到连接人和形成人与人的链接中，以建构"资本"和"父权"之外的一种新的生活美学。

"母亲的院子"是艺术家陈文令为自己的母亲在老家福建泉州市安溪县

金谷镇金谷村店仔尾奉献爱心和孝心的作品。他看到老母亲眼花了，看不清远山。于是陈文令用青石雕刻成远山的造型，永久安置在母亲门口做围墙。让母亲每天看着为她造的母爱之山。他用在地性的方式为母亲营造了一个饱含深情的"母亲的院子"，回报慈母的抚养之恩，回报家乡的培育之情。

"一埠家园复兴计划"是渠岩在广东继"青田计划"之后又开始的一个乡建实践。"一埠计划"是新时期乡村建设的转型，并尝试以"去城市规划与暴力改造"的方式对一埠乡村进行文化重建。利用当代艺术手段，找回失落的民俗，再续历史的文脉，链接艺术的活力，让古老文明焕发出新的生机，使一埠的自然环境恢复其原有的灵气。所以，一埠乡建实则是一场基于当代中国乡土文化修复和生活重建的多主体实践，它是社会、文化与感知觉"三位一体"的整体实践。不论是作为政府决策者、乡建工作者、知识分子还是地方精英，都需要积极地渗入到当地人的文化知识体系之中，尊重乡土文明和历史文脉，重视地方人表达情感的媒介，以及与陌生世界建立沟通的渴望，即对"人神""人人"以及"人物"的沟通与想象，只有基于"多主体"联动的在地实践，才不会剥夺或取消地方主体在时空、话语和资本层面上的自主性。

由于我们工作的有限，在资料整理和编辑出版的过程，又涌现出了很多艺术乡建的优秀案例。虽距疫情开始至今，已近两年，没能做到完整地收录不断出现的实践案例，但通过阅读此书，相信读者仍可由一斑而窥全豹。同时，我们也会持续关注艺术乡建新的实践案例。

上半部：
北方艺术乡建地图

未定 国界

省、自治区、
直辖市界

特别行政区界

北京 ★

黄河

渤海

黄河

黄海

长江

东海

南海

① ② ③ ④ ⑤ ⑥ ⑦ ⑧ ⑨ ⑩ ⑪ ⑫

许村计划

项目名称：许村计划

发起时间：2007 年

项目地点：山西省晋中市和顺县松烟镇许村

发起人：渠岩

许村计划——艺术推动乡村文明复兴

渠 岩

2007 年开始的"许村乡建计划"是新时期中国最早的艺术乡建实践之一，是中国艺术家深入乡村"多主体"联动的"在地"实践，是当代艺术介入社会的生动个案。艺术家力图通过身体力行的方式积极介入乡村实践，来彰显城镇化建设对乡村的粗暴干预和裹挟，消解"去地方化"的同质设计，呈现威权与机器结盟时代构筑社会和恢复文化主体性的多种可能。

"许村计划"以"艺术推动村落复兴"的方式修复乡村中遭到破坏的文化传统和生态系统，恢复被长期的社会改造摧毁的人与人、人与神、人与自然的神圣关系。用乡村原有的资源，而不是去破坏它来创造一个新乡村。"许村计划"始于"许村宣言"和"许村论坛"，包括乡村物质形态（村落与民居建筑）、许村村落基础设施等村容村貌的改造，与非物质遗产（民艺与民俗）的修复与保护、艺术植入乡村行动（许村国际艺术公社、许村乡村艺术节）、乡村启蒙与乡村助学计划和许村经济自救方案（农家乐及民宿经营、许村农场及农副产品加工）。通过恢复乡村精神与主体价值（寻找信仰＋信仰重建、祖灵的居所），以艺术推动乡村复兴，建构乡村信仰与文明主体价值，来实现通往"新乡村家园"的目标。

"许村计划"所要解决的不只是一个简单的修复建筑和物质形态的问题，它既不是发展话语下的新农村建设，也不是灾难话语下的物质遗产抢救。表象之下的实际问题是历史进程中的中国当代社会的深层危机。许村有它自身的规律和逻辑，也会以它自身的方式苏醒。

在艺术推动乡村复兴的许村实践中，艺术家将成为有理念的"行动者"和有行动的"思考者"。早在20世纪60年代，法国社会学家阿兰·图海纳就发展了"行动社会学"。根据这一理论，社会学家不再是社会生活的外在的旁观者，而是社会运动的积极参与者。只有通过能动的干预手段，介入社会生活，社会学家才能形成关于行动者本身的感受与知识。我们往往习惯把对社会的理想和希望，完全寄托于权力和政府，忽略了社会民间力量和非政府组织的有效作用，也轻视了每一个个体的良知与责任，没有人真正地实践知识分子身体力行的美德渊源。知识分子在社会现实中，要单纯而坚强，秉承着真诚的意旨去行事。必须在逆境中，在内心点燃真理与智慧之光，去照亮周围的偏见与固执，必须屏蔽我们心中长期积聚已久的精神污垢，自私、麻痹、虚假、冷漠与事不关己的消极属性。我们已经对一些看似不正常的行为和境遇习以为常，这些看似不正常的东西，在万般无奈之中，也已经成为我们日常生活的有效组成部分。

博伊斯，这个用行动影响社会并有效干预现实的艺术家，他用艺术创新的社会行动，促进社会文明复兴，并使艺术成为重构社会信仰的最佳方法和有效途径。他也是将勤于思、敏于行两者合一的艺术家。在20世纪60年代，当大多数艺术家还执着于确立个人风格的时候，博伊斯却用充满了人类关怀的全新的观念和形式——仪式与偶发事件来创作艺术。他的艺术作品《七千棵橡树》，就是用行动表演的方式呈现给世界的，从博伊斯开始，西方艺术将从自身的形式主义重新转向关注政治、关注社会。博伊斯还抹去了艺术与社会、艺术与生活的界线，将其与生活相关的物质全部纳入自己的艺术之中。从而使六七十年代的德国艺术远离传统的架上绘画，具有了典型的后现代特征，进入了全新的后现代时期。博伊斯通过其艺术所呈现的人类关怀，使得他成为西方艺术从现代主义向后现代主义过渡的关键人物。

良知是判断一个人存在的价值和意义，以及来自自己心灵深处的思考和判断的能力。就是孟子所说的"不虑而知"，王阳明所说的"不假外求"，是生而知之，而且是"被圣灵充满"的优良之知。如果要重新唤醒我们沉睡和麻木的良知，那我们就要回到生命的原点，回到被我们久已忘却的真实。从良心出发，从细微的小事做起。就像哈维尔尊崇捷克第一任总统马萨里克提出的"做小事"一样，哈维尔把它视为一生的座右铭。哈维尔不仅精辟地解释了人为什么被迫生活在虚伪的意识形态之中，他也在现实的行动中，为人类精神的幻灭和道德的沦落寻找到了一个严厉答案。并把哲学恢复到一种生活本身的实践之中，一种身体力行的行动中，一种能被我们感知得到的榜样中。就像帕托切克曾经写道："一个人若不愿意献身于令他的生命具有意义的东西，那么他就便不值得活着。"中国古人也有云，我们不能因事小而不为。

我之所以会被许村所吸引，是因为长期被乡村的危机所困惑，也在为新农村建设的误区所担忧。我们来到许村，就是要汇集强烈的热忱和不可逃避的责任。一定要回到被自己疏离的土地，回到被时代抛弃的家园。政治家有责任去唤醒沉睡的社会，艺术家也不能装聋作哑，也不应该理所当然地在画室里悠闲地创作，更不应该像娱乐明星那样，在各种展览的酒会里和富豪的沙龙里杯盏交错。艺术家必须有现实关怀，并勇于面对社会现实。艺术家不但要发出自己真实的声音，并且要身体力行地去行动。

当今，艺术家不应当仅仅停留在提出问题的层面，更重要的是应当积极参与和寻找社会问题的解决途径。把文化思考和与文明的建构落实在我们的日常生活中，落实在我们的艺术实践中，这就是形态样式的建构，把我们从高度工具化的社会中解放出来，从缺乏人性关怀的桎梏中挣脱出来，把新生活的文明样式建构起来，用艺术的方式和手段重建文明的基础，把造成人类危机的根源消解。

　　艺术自身在不断发展，它已打破一切障碍，直接进入生活现实，成为生命体验、生活意识的表达方式。艺术也是让乡村苏醒和恢复生命感觉的有效途径。艺术要表现的是我们在追问和坚守乡村终极意义过程中的精神状态。艺术也是体验人们在寻找乡村中神性和人性过程中的心路历程。"许村计划"并非只是一个艺术推动乡村复兴的实验，同样也是探讨中国乡村在当代社会巨变的时空中所承受的震荡和出路，首次尝试和确立了"艺术推动村落复兴与乡村修复"的理论与实践，也揭示了艺术家与当地政府、基层乡村干部，以及村民之间复杂和积极的互动关系，更为重要的是借此揭示出中国现代社会变迁中一部分真实面貌。也是艺术介入社会的理论与实践。这种艺术社会学的研究方法与实践，是从一个边缘性的乡村问题来反映社会机制的运作，和展示社会结构的变迁，以取得在急功近利的新农村建设中的纠偏和调整的一种有效的尝试和方法。我用艺术介入乡村的实验和方法，使许村成为在中国乡村探讨艺术的现场，许村作为国际艺术村具有鲜明的中国特色与风格，吸引了国际社会的目光和艺术家的参与。我们创办的国际艺术节与艺术家驻村计划，以及举办的 "许村论坛"活动，就是要将许村作为一个鲜活的文化平台，在许村这个文化现场，讨论中国百年乡村遇到的问题与出路。

　　我们选择当代最活跃的世界艺术家在中国腹地古老的村落进行交流创作，能得到意想不到的惊喜和碰撞，艺术的特点就是吸取不同文化的养料进行互动交流。各国艺术家带着自身的文化背景来到中国山西，在太行山这个古村落里，真正感受到中国人鲜活的历史标本与延续的生活状态，体验到中华民族传承下来的民俗生态传统和生活方式。以期在新的文化氛围里获取灵感达成新的融合和超越。国际当代艺术家的影响是超越地域和国界的，世界各国的艺术家能来山西创作，并促进对变化中的中国与国际的交流与碰撞、通过观察来理解，也能为本地区带来深远的影响和积极的意义。中国本土艺术家驻村生活和创作，也获得了从传统重新出发的机会和现场，在不断受到全球化影响和外来文化冲击的今天，中国的艺术家也意识到了"中国性"建构的核心价值和本土意义，只有通过不懈的尝试和努力，才能回到自身的文化语境和现实场景中。只有把中国当代艺术与断裂的传统在新的社会情境中连接，才能真正彰显"中国性"建构的本土价值和意义，同时传统也汇聚了新的能量与聚变。本土艺术家在这里通过和西方艺术家的交流，也可以直接获取不同文化背景中新鲜独特的审美和文化体验，促进艺术家人际交流与文化认同，进而激发艺术家潜在的创新意识和创造能力，促进在不同文化背景下新话语空间中的有机的对话与探讨。相比大城市的当代艺术资源，将传统村落建成艺术村可以满足艺术家交流的需要，我们把这个模式运用在许村，趁着许村非常凉爽的夏季，我们做了艺术家驻村计划和艺术节，都很受艺术家欢迎。国际艺术家到许村来，他们感觉到这才是中国，在他们眼里，北京和上海都已经不是中国了，而是"山寨的香港""山寨的东京"。而中国当代艺术家来到许村，他们才能真正在当代的中国语境下建构"中国现场"。当地村民也说，建立艺术村之后，村里的文明程度进步了二十年，原来小孩儿见了外国人就跑，现在都能主动跟外国人说话了。

艺术可以通过情感重新建立人和乡村的关系，建立人和人的关系。很多人问艺术能干什么，做一个艺术村，或者美化乡村？我们想用艺术推进村落复兴的方式，修复乡村遭到破坏的文化传统和生态系统。虽然这条道路会非常漫长，也可能会有很多挫败。但是启蒙、教育和扶贫是相辅相成的，必须同步进行。村民一旦有钱，他们自己就会把老房子拆了。我们教导村民守住他们的家，把他们的每一个房子登记在册，做大量的分析，用一个艺术家的艺术身份帮助他们修复老房子。现在乡村建筑同质化特别严重，如果没有引导，村民会按城市的标准去建筑乡村。在中国传统文化里，乡村才是家，乡村是人一生要依托的地方，而城市是战场。当前一些地方的政府，对文化保护的态度非常极端，一种是达到文物（级别）的才可能保护下来，保护下来就是为了经济目的——圈钱，把农民赶走，类似周庄、宏村、乌镇、平遥……变成了旅游村；另一种是没有达到文物级别的村落建筑，就得全部拆掉。西方有部分学者认为中国的文化是通过"精神"传承的——因为地上文物几乎已经没有了。

但老宅的价值不仅在于它的文物价值，也在于它的文明价值。建筑不仅仅是物质形态，它是家族香火延续的空间、也是传承祖先灵性和神性的殿堂。乡村有一套完整的乡村文明秩序，包括祖屋宅院、家庙祠堂、戏台广场、寺庙神龛。村民用这些承载他们的信仰，约束他们的行为，这是体现他们生命价值的家园。我们在许村做民宿改造，非常受村民欢迎。通过这几年的言传身教，村民渐渐意识到村落的价值所在，我在北京买了一些被扔掉的老家具，把它们拉回去送给村民。关于信仰的重建，我们也在进行。比如今年清明我们进行了一个祭祖的活动，让村民去找自己的家谱，然后帮助他们设计当代的祠堂。当地政府也慢慢从不了解到了解，再到支持，目前保持着一种良性的互动，但这仍然需要一个非常漫长的过程。

王南溟在《许村计划：渠岩的社会实践》一文中这样写道："抽象表现主义绘画，在评论家罗森伯格那里被以另一个角度加以命名，即'行动绘画'，这是在画布上的行动，罗森伯格很好地对抽象表现主义加以前卫理论背景下——艺术与生活彼此不分——的发挥，当然罗森伯格的这种行动所指还是绘画内部的创造力呈现。而另一种行动艺术真正在前卫艺术领域得以展开，那是抽象表现主义将整个现代艺术导向终结之后。博伊斯的《七千棵橡树》就是一例，这是一种对行动的重新理解和对艺术的再次定义，一个社会实践足以成为艺术本身，而不再仅仅将艺术诉之于架上绘画。至此，前卫艺术把社会现场作为'画布'，并在社会现场的画布上行动。渠岩的许村新农村项目就是这样的行动艺术的再继续。行动艺术结合了社会批判和建构的双重要求，艺术史价值就是这样引发的，人类的行为史价值也是这样引发的。
许村是太行山中的一个古村落，渠岩的许村计划当然有一个反对的对
象，就是华西村式的社会主义新农村样板，继而他反对要把所有的农
村都改造成华西村的兵营式乡村居屋建筑。"针对许村的历史和地
貌——一个可以追溯到春秋战国时期的古村落，一个在明朝的时候挖
的一口老井，成为后来电影《老井》的主要拍摄地。2008 年，许村又
因拍摄《大山的儿子》，而建了一个拍摄基地。当然现状是，现在古
村落的原住民建筑大多比较残破，这些建筑有倒塌的危险，如果任其
倒塌，那古村落的原貌就会消失，所以加固原来的建筑物，保留古村
落是许村计划的重点问题，另外还有从 1950 年代到 1990 年代逐步累
积起来的，并到现在已经闲置的公共建筑，比如废弃不用的学校和乡
政府楼和公共活动中心等建筑物的再利用。所以许村计划的核心是"原
住村落与建筑规划"，《许村宣言》明确了许村的人文和物状的再生
方案。如宣言中所列的几项：1. 积极的而非消极的；2. 生命的而非
停滞的；3. 地域的而非舶来的；4. 当代的。

　　"许村计划"是多主体的实践项目，是艺术家、建筑师规划、社
会学家、人类学家、农村问题研究专家、许村村民、新乡贤以及基层
政府通力合作的互动过程，艺术家的率先介入使得"许村计划"得以
启动。在艺术家参与社会实践的问题上，艺术本体论者总会在其中设
置种种障碍，比如宣称这不是艺术，或者直接说这种事应该由其他专
业的人去做，甚至说这是艺术工具化，但是"许村计划"恰恰反过来
证明了，艺术代表了活力，许村因行动艺术而被激活。或者我们现在
可以倒过来说，理解不了"许村计划"也就理解不了博伊斯的《七千
棵像树》，因为正是他们的行动才改变了艺术的道路。或者"许村计划"
已经可以用来证明，艺术家的行为比其他学科的专家更领先，而且艺
术家的情感式介入能够召唤更多的公众热情与社会参与。从细节上来
说，我们像创作作品一样地在许村做着每一件公共事务，比如带头在

许村捡垃圾，发展到村民一起捡垃圾，使一个脏、乱、差的乡村变得干净起来。我们还将旧影视基地修复改造成艺术空间，保留建筑外观，内部改建成现代活动场所，以及艺术酒吧和艺术中心，成为了许村的新的文化广场。这种将原有建筑物的内部重新改造当然最直接引发了许村很多闲置失修的公共建房如何使用的思考，比如废弃的学校和无人居住的村民住房的再利用问题。而艺术所包含的各种文化因素当然是古村落注入新文化的最佳方式，

2011年夏天的许村国际艺术节像是对这个进行式中的乡村改造计划的一次联动，中外艺术家的驻留项目和展览开幕，论坛上的专题演讲和建筑、规划和人文社科学者的介入，使许村成为了在各种学科交叉维度下的乡村社会实践，所以它的内容远远大于一般的艺术活动。

希望有一个全新的而且革了以前所有的命的方式，在乌托邦政治的社会改造运动中一直出现，"砸烂一个旧世界，创造一个新世界"的口号就是这样一种社会改造运动的指南，但这种社会改造运动是以抹杀差异并与集权政治合而为一的政治目标，整体性的社会形象工程是这种运动的结果，它牺牲了区域的可生长点和区域中的共识原则，并且以这种形象工程来操控民众的趣味，也让民众成为这种趣味的牺牲品。许村计划走的却是相反的路径，它恰恰是因地制宜地通过文化的注入同时保留了原生态的历史性，就我们现在已经看到的雏形，它是不再用来作为一个样板而只是用来证明它在当地这样做不失为一种有效的实践，尽管它并不轰轰烈烈。以此阐释我的行动艺术的风格，凡事从小做起，将它做成一种人与社会之间的意义系统，这样的一种方式已经改变了我们惯常的思维模式，即一定要有一个遍地开花的成果，并且一定要用一个模式去套在所有的地方。许村计划的意义更多地在于它找到了更适合许村这个古村落的规划，尽管现在许村计划还是一个开头，但它足以让我们再次讨论一下我的行动艺术，同时也可以用来讨论一下今天的艺术家已经走到了什么阶段，并到底对艺术史

提供了什么样的启示——我是"85新潮"的艺术家，从事绘画和装置，2005年以后转向摄影，用镜头针对社会问题，像《权力空间》《信仰空间》《生命空间》等系列作品，这些摄影主要为考察山西乡村而拍摄的。在2008年我在北京墙美术馆的个展："人间——渠岩的三组图片"就是这样的一个主题展，"人间"的个展之后，我以这几年的山西考察和镜头中所聚集的社会问题为基础，集中到了山西和顺县的许村进行具体的社会实践，这些社会实践包括从乡村建设的讨论到如何建设新的乡村。所以2011年12月31日，我在上海大学美术学院99创意中心的"许村计划——渠岩的社会实践"展览就是通过图片、影像和活动记录，对我在许村的三年乡村改造计划及其成果的一次展示。许村计划区别于一般的在乡村的文化名流聚会、走马观花式的乡村风情记录，甚至区别于一般的乡村田野调查，而是用行动本身与许村进行互动式建构，即如何用许村的原有资源而不是去破坏它来创造一个新农村。

人和世界之间首先是非利益的情感判断，在这个基础上才能谈艺术。也可以说艺术其实和物质没有关系，它不是一个物化的东西。艺术或者说审美是元政治的，它对于政治或者对于乡村来讲的一种价值，是我们在这里改变了人的非利益的情感判断，即在没有利益的情况下，他知道怎么选择，对每一个事物他有一个正确的情感选择，我觉得做好这件事情要比建立一个简单的政治更重要，乡村的改造或者说艺术、文化对于社会的改造，在当今中国可能是我们非常好的一个武器，也几近是一个最根本的社会改造方法。

获得荣誉：

1.2014 年"许村计划"入围由美国最具权威的《公共艺术批评》杂志举办和评选的"第二届国际公共艺术奖"。

2.2012 年 12 月"许村计划"参加上海大学美术学院 99 创意中心展览。

3. 2013 年 5 月"许村计划"参加山西大学美术学院展览馆展览。

4.2013 年 11 月"许村计划"受邀参加中华人民共和国文化部和北京市政府举办的"首届北京国际摄影双年展"，在中华世纪坛美术馆展览。

5.2014 年 3 月"许村计划"参加巴西圣保罗当代美术馆举办的《2000 年以后的中国当代艺术》展览。

6.2015 年 5 月"许村计划"受邀参加 2015 威尼斯国际艺术双年展平行展。

7.2015 年 5 月在北京元典美术馆举办"乡建中国—许村、碧山"乡建展。

8.2015 年 9 月"许村：艺术乡建的中国现场"受邀参加 2015 上海城市空间艺术季。

9.2019 年 3 月"从许村到青田"参加在北京中华世纪坛展出的中国艺术乡村建设展。

一、许村规划和民居修复

山西是中华民族的重要发源地，文化遗产和文化遗存丰富浩瀚，小小的许村的历史价值，的确无法在"文物保护"的话语中得到承认。中国的村庄如此之多，不可能每一个村庄都会受到平遥和周庄一样的待遇和保护，也不是只有平遥和周庄才值得保护和修复。当我进入许

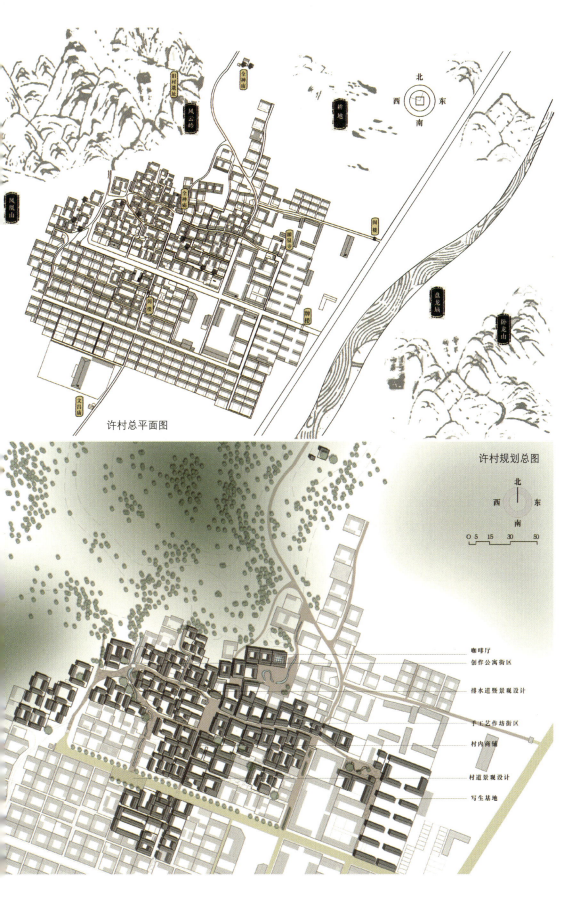

许村总平面图

许村规划总图

北
西　　东
南

O 5　15　30　50

咖啡厅
创作公寓街区
排水道暨景观设计
手工艺作坊街区
村内商铺
村道景观设计
写生基地

凤凰山
凤云岭
田村遗址
耪地
盘龙城
卧龙山
金神庙
金神庙
浦贝寺
阁楼
阁楼
阁楼
文昌庙

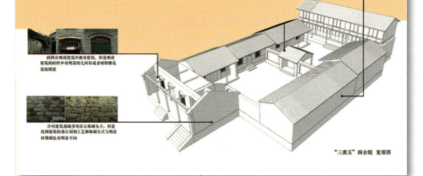

"许村救助计划"海报

村时，虽然感受到了它悠久的历史和文明价值，但像全国大部分普普通通的村庄一样，许村也没有完整地梳理过自己村落的历史。

不容置疑，许村是一个有着 2000 年以上历史的古村，但看其单体建筑并不具有文物保护级别的珍贵性和特殊性，但保留住了村庄建筑历史线索的完整性。从集中于老村的明代建筑、清代建筑、民国建筑，到在老村东南方向的 50 年代后社会主义样式的建筑；从传统的"三裹五""五福临门""前商后住"的四合院，再到今天农民们新盖的院落。由于历史变迁，许多建筑都同时具有几个时代的特征，拥有历史各个时期的印记，在今天的继续使用，显示了鲜活的生命力。

传统的建筑中，运用了当地漂亮的红砂岩作为建筑材料，形成了丰富的堆砌手法。而除了村落建筑形态上的历史价值，许村的传统民俗活动尚保留完好。在传统节庆、祭祀和婚丧嫁娶等活动中，许村的村民有耍狮子、舞龙灯、踩高跷、唱顶缸、唱晋戏等传统表演，还有剪纸、泥塑、木雕和木刻版画等手工艺传承。在传统信仰中，以对土地神的祭拜最为突出。在传统的院落中，每家每户都在进门的影壁处供有土地神龛，在"文化大革命"中，也唯独土地庙没有遭到破坏。

深圳建筑设计研究总院的总建筑师、中国建筑大师孟建民以及他的研究生团队，成立了许村规划研究项目小组，希望通过梳理许村的历史，来探索许村未来的规划方向。孟建民带领他的研究生甘树基、王寅，通过查阅县志、档案材料和老人的口述，细细地还原了村庄的历史。许村的历史最早可追溯到春秋战国时期。明朝初年，于、杨、范、王四家大姓迁至山下，在许村挖出了太行山区至今最深的老井。因此，全村最早的聚落形态是围绕老井而展开，直到今天老井依旧是主要的水源。许村最早的村落形态是凤凰形，以古井和全神庙为中心，形成了"南文昌、北后土、中全身"的村落轴线；而在东西向上，则形成了以商贸车马道路为横轴的"明清商业街"。建国后许村成为乡镇所在地，在村子的东南方新建了人民公社、粮仓、小学等中心建筑；

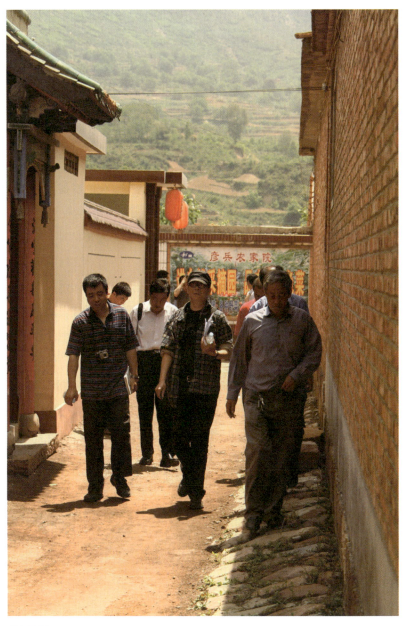

考察民居

渠岩与台湾大学的志愿者讨论修复民居

随着人口快速增长，1980 年代后村庄扩建，逐渐破坏了原有的凤凰形村落。

在调研、规划的基础上，开始修复物质形态的乡村家园，修复被长期的社会改造运动和乡村凋敝后被毁坏的乡村民居。这个计划是一个漫长的过程，不能一蹴而就。在 2013 年第二届许村国际艺术节期间，我们提出了乡村修复与民宿改造的"许村救助计划"，由台湾大学的师生向村民提供"农家乐"和民居改造装修的免费咨询与设计。其目的是建设村民诗意栖居的家，想要真正尊重乡村感情与精神，尊重原有村落与民居的地域性、差异性与个体性，以及将新生活中对人的尊重与照顾的舒适感考虑其中，并确保安全、采光通风、环境卫生及排泄废物的科学管理与回收，既尊重村民所期望的生活，又能考虑到每个元素的差异化与个别性的有效保留，将个人的自由、乡村的多样性与邻里生活的沟通相互链接，让村民有尊严地生活在自己的家园里。

許村國際藝術公社

二、许村国际艺术公社

每个人都有自由分享社区文化生活，享受艺术，
感受科技进步益处的权力。

——《世界人权宣言》第 27 条，1948 年

　　许村国际艺术公社是中国艺术乡村建设在许村实施的公共艺术项目，是 2010 年在中国传统文化的腹地——山西的古村落建立的国际当代艺术创作基地。我们成立许村国际艺术村的目的是：能为来自世界各地的艺术家在中国传统文化的腹地带来惊喜和启发，激发创作者与中国乡村社会的深层交流，又能为当地居民带来新的世界观和生活方式。同时也期待将国际的当代艺术理念深耕于中国传统文化的土壤中，以及和当地社群共同创造生态、艺术与社会的对话现场，提供给艺术家一个社会与人文关怀相结合的创作空间。

　　许村国际艺术公社全部由具有民族特色的老建筑改造而成。包括创作中心、展示中心、艺术家工作室、艺术图书馆、新媒体中心、陶艺工作坊、山西民间艺术研究基地以及艺术家休息的乡村酒吧与餐馆等。艺术公社完全被美丽的太行山环抱，由传统建筑改造成的当代艺术空间，被誉为中国乡村版的"798"。

　　许村国际艺术公社也积极邀请当地的艺术爱好者、村民与团体参与创作过程，从而增进艺术与当地村民的彼此理解与交流，让鲜活生动的艺术创意在古老的村落生根开花，并为这座古老的山村以及和顺地区注入新鲜的文化活力。艺术公社将定期举行各种国际艺术创作活动、国际艺术家驻村创作计划、青年艺术家扶植计划。以艺术村的形式提供跨国及多元化的艺术合作平台，促进各国艺术家之间的艺术交

渠岩和村民一起修复许村

修复改造中

修复后的许村

国际艺术公社

许村会议中心

许村会议中心内部效果

流与创作，促进跨文化跨领域的对话，促进本地区的文化知名度与文明的提升，传达人与自然、人与艺术之间的无限可能性的艺术实践。

　　许村艺术公社植入在乡村的公共空间里，它的重要意义并不是艺术本身，而是乡村与艺术之间的关系开始建立，从这时开始，艺术即潜移默化地影响着普通村民，影响着他们的生活和行为。艺术家的确不是简单地着眼于自我的艺术创作，艺术不是仅仅被限制在艺术史和艺术审美的情趣之中，而是一个艺术实践行为，或者是一个社会运动。我们要从更严峻的社会现实中来看待艺术，并重新审视艺术，当代艺术之所以区别于传统艺术以及主流的意识形态艺术，是因为它具有文化启蒙和公民教育，以及社会干预和预警的意义。"许村计划"就是

许村艺术广场

许村艺术家工作室

艺术家公寓

艺术资料室

将社会环境作为艺术参与的文本，这个计划不会像以往的艺术经验，以视觉形式出现在我们习以为常的传统艺术环境当中，也不是艺术风格史的再现。它具有决策力和行动力，形成社会价值以及供大家讨论的话题。

　　我们策划和设计改造的首期艺术机构，都是由几乎被闲置和废弃的公共建筑改造而成，既保留了传统建筑的外观，又重新改造和调整了内部空间与设施，让它既保留了传统建筑的原貌，又具有现代生活的使用功能，在老房子的形态里，我们同样能过上现代化的舒适生活。改造好之后很多村民就非常惊奇，他们熟悉的老房子怎么能做得这么有意思，这也给他们一个对自己的老房子重新审视的机会和思考。许村国际艺术公社大都由旧影视基地和传统老屋改建。这栋建筑有当地传统的走廊入口，中心庭院还有后院。重建计划围绕中心庭院布局房间，并用材料、光等要素定义并呈现现代生活的景象。建筑在关怀环境，联系呈现各历史时期架构的同时，还希望带来全新的当代生活，通过尊重建筑大环境和谨慎地使用当地建筑元素，满足生活功能，挑战限制，定义出具备新意义和更多活力的全新空间。中式的乡村建筑坚持不懈地用被时光浸润的青砖强调着自己的观点，绝不苍白。你可以从这份直接中看到它的中式乡村梦想，也可以看到它对中式乡村梦想的执着。

　　许村不仅有艺术家，还有世世代代在此生活的农民，他们与来自世界各地的艺术家一起，给太行山下的小山村带来了微妙与和谐的碰撞。往昔的古老山村经过时代岁月的浸染，成为了中外文明相结合并独具特色的国际艺术村，惬意的生活在此时倾注，都市的喧嚣在这里沉寂。简朴的农舍散发出艺术与灵气。社会的浮躁无法干扰许村的宁静，而在宁静中许村又不失艺术焕发的活力，这种重新焕发的乡村精神在时代中穿梭，许村不但成就了在地艺术家的人生瞬间，也使这个古老的乡村在新的时空中浴火重生。

　　一个艺术家在乡村的空间可以很好地思考，也可以身在自然中反思我们所习以为常的生活环境与挑战。在一个新的环境和空间里，可以认真地从认识自身的环境开始，感受到艺术家深处创作本源和地域的重要性，也应根据创作环境的改变而阶段性地调整节奏，在寻找问题和解决问题的行动交替中坚持自己的脉络和思路。艺术不再是孤芳自赏，与日常生活相互区隔，而是逐渐融入现实与空间，介入现实问题的讨论与互动的公共行为，成为实现社会和解、多元、开放的群体精神与公共社会的推进。由于地理和心理上的距离，使当代艺术与偏远地区乡村的环境和周围的社区形成一种对望和相容的关系。艺术家试图重新解读人与自然、人与乡村、人与当地村民的关系，当代艺术强调的理念也是要和现实生活接近，将艺术活动拓展到更广阔的领域。

我们想创造一个整合众多资源与共享合作的持续性计划，也试图激发每个成员以及更多的参与者来支持更进一步的创作和交流。把艺术家存在于社会中高度的附加价值激发出来，让艺术家的工作根植于日常生活与社会感受，在这个乡村的大舞台，让观众认识到艺术的力量被植入文化历史的脉络和环境中的作用。这对长期缺乏公共文化聚合的乡村非常重要，让村民关注艺术的社群体验与分享。艺术领域也会因文化社会结构整合，社区营造及文化资源的分配有重新构建的趋势，但艺术社区建构也要充分考虑社区空间与社会实践的冲突，还可以和来自不同文化背景的人分享个人及社会议题。艺术与生活是极具挑战性的结合，艺术家还可以在乡村驻地找到能相互合作的工作伙伴，有彼此相互认同的信念和愿景。

三、"中国乡村运动与新农村建设"许村论坛

2012 年 8 月 11—14 日，"中国乡村运动与新农村建设"许村论坛开幕。我想在许村这个现场继续向社会发出声音，在许村这个生动的现实平台上，讨论"中国乡村运动与新农村建设"这个深刻而沉重的话题。经过不断的交流和沟通，当地政府非常支持这个论坛。我们准备邀请乡村运动和乡村建设，以及规划和建筑方面的专家和学者，

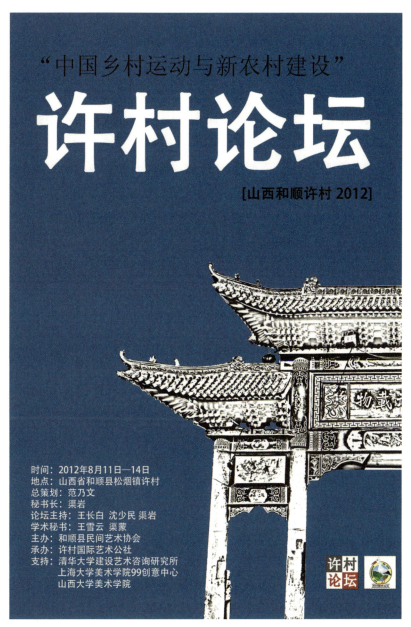

"中国乡村运动与新农村建设"

许村论坛

[山西和顺许村 2012]

时间：2012年8月11日—14日
地点：山西省和顺县松烟镇许村
总策划：范乃文
秘书长：渠岩
论坛主持：王长白 沈少民 渠岩
学术秘书：王雪云 渠蒙
主办：和顺县民间艺术协会
承办：许村国际艺术公社
支持：清华大学建设艺术咨询研究所
　　　上海大学美术学院99创意中心
　　　山西大学美术学院

许村论坛招贴

有研究农村问题的学者、建筑与规划专业的专家，有建筑规划学院和艺术设计学院的院长教授、主管文化的政府官员、联合国教科文组织全球文化遗产保护委员会的咨询专家，想让他们亲临许村，共同探讨中国乡村运动和新农村建设的学术话题。同时，我们还邀请了中国乡村运动的先驱梁漱溟先生之孙梁钦东先生，以表达我们对这位民国先贤的敬意。

参加论坛的专家学者都带着自己的思考来到许村现场，和顺县委和县政府主要领导都亲临许村，参加了这个论坛的开幕式，孙永胜书记和马海军县长都发表了热情洋溢的致词，代表东道主真诚地欢迎大家来到和顺，来到许村。

论坛分为以下五个主题：一、变革时代的乡村——反思与期许；二、变革时代的乡村——美学与诗情；三、变革时代的乡村——建设与规划；四、国际视野下的乡村；五、艺术语境中的乡村。

"反思与期许"探讨的是今天的新农村建设出现的问题，对于在政府大力推动和主导下的城镇化速度和问题提出质疑和深层思考。"美学与诗情"从艺术家对中国传统乡村的眷恋展开，分析当今城乡建设中审美与人性关怀的双重缺失。"建设与规划"这部分的发言，则是由城市和乡村规划的建筑师们主持，他们根据自己多年在城乡规划中的成败得失展开讨论，他们通过自己的亲身经历，分析了建筑规划师的局限与问题，但他们议论最多的是在现实中的无奈与困惑。"国际视野下的乡村"是由来自海外的华人专家学者主持，他们站在中西文化比较的角度，谈到乡村危机中国外的乡村复兴经验，以及对中国乡村建设的建议与期望。张玮来自瑞士，是著名的《苏黎世邮报》的记者和专栏作家，从她长期在西方生活的经验中认为，乡村的衰败不仅仅是中国的问题，而且是全球化的问题，是工业化冲击下的溃败，但中国的问题又非常特殊，它不但经历了工业化的冲击，又面临了疾风暴雨式的城镇化改造带来的危机。

　　"艺术语境中的乡村"主要是我和王长百，以及沈少民对许村经验的整理与分析，探讨许村实验和这个时代的关系与意义。王长百的思考显然更深更远，他善于从繁杂的社会现实中挖掘与历史传统的关系，并通过严谨的治学方法和态度，指出今日乡村真正危机的根源。他认为：如果一味地让乡村去适应城市，我们面对乡村的困境，总想用城市的方式去解决，其结果，不是去发展乡村，而是乡村被取代。例如，一些地区一窝蜂地发展乡村旅游，实际是使乡村成为城市的休闲设施，而产业化的现代农业则使乡村成为农产品的工厂。乡村作为一种文明体系、一种具有独立价值取向的社会形态则被渐渐取代。王长百通过长期在许村考察乡村社会的变迁，以及通过对许村的实际研究来探寻信仰的意义，找寻中国人的信仰价值所在，以便从中重新寻找人生意义的根脉，并发掘出中国的"香火文明"。中国社会科学院农村发展研究所、中国农村社会问题研究中心秘书长李人庆先生指出：中国虽然已经强大，但我们的发展方式并没有得到世界认同。中国也不是一个领导性的大国。所以，我们要找到自己的文化自信，而中国文化重建的根在乡村，乡村若要得以重建，必须有它的核心理念以及价值体系。只有如此，乡村才能复兴，才能够具有它的魅力。

　　参加论坛的国际民间艺术组织（IOV）全球副主席陈平女士，来到许村非常兴奋和感动，她住在许村老街一个老太太生活的院子里，各种不知名的野花盛开，开在石板上的花如刺绣般精致，让人不忍离去。站在这个院子里，陈平不由地想起一首古诗："人间四月芳菲尽，山寺桃花始盛开。长恨春归无觅处，不知转入此中来。"陈平在论坛的发言声情并茂很有感染力："我作为一个长期在国际机构工作的华人，我的心灵非常安宁，因为我来自一个农耕大国，来自一个14亿人口的农业大国，我的文化是一种真正的乡村文化。虽然我们的城市越来越像纽约和巴黎，但我们永远不能变成美国和法国，如果那样我们就不是中国人了。我一边在感受中国经济的强大带给海外华人的自豪，但同时也在担心，我们的后人怎么看待我们的国家，怎么感受几千年的文明。一个人在无知的状态下犯错误是可以原谅的，但一个民族在非常清醒的时候犯可怕的错误，那就是罪过。让我们一起把自己的经验和智慧都凝聚在一起，共同来促进民族的复兴。"

民国乡建先驱梁漱溟嫡孙梁钦东留学美国，现在做规划设计，他的发言从自己的祖父梁漱溟20世纪30年代做的乡村运动，谈到了今天许村的乡村建设："艺术家在许村做的事情，我觉得从精神上可能跟上个世纪30年代，与我们前辈的精神是相通的，这点特别值得尊重。我因为有幸生在这样的家庭，过去也多多少少读了我祖父的书，他有一本书叫《乡村建设理论》，他那个时候的一些做法。所以我想也许一方面我在这两者之间，就是今年渠岩老师做的和当年梁先生他们做的看看有哪些不同。我提出来一些也许说我们下一代应该怎么努力……"

批评家王南溟的发言保持了一贯的睿智和犀利，他从审美心理的深层入手，剖析今日中国社会发展与城市化建设中的盲目与肤浅，透过他的视线使我们看到，在这城乡价值观颠倒与转换的过程中呈现出的诡异景观和荒诞的现实。他的发言《城市的乡村美学与乡村的城市美学》说出了今天左右城乡建设的诸多怪象："我以许村为例，联系到城市和农村之间如何借用它们各自的系统，以及这些系统和它们之间关系的互动展开讨论。整个社会建筑领域，实验建筑开始了'农村美学化'，这些'农村美学化'背后的实质就是，这样可能更容易进入西方的东方主义系统里。这些建筑师不是在挑战一种后现代的建筑应该如何做，建筑如何跟上社会的发展，城市与乡镇之间如何建立起他们恰当的位置，诸如此类的社会问题都不考虑了。考虑的只是用这样一种建筑方式，能够造一个城市中的农村美学。反过来，当华西村成为另一个样板以后，全国各地的农村都在以这样一种榜样来建设所谓的新农村。这种新农村就朝着城市化的方向

论坛现场

发展，这是第二次伤害了农村。第一次伤害是大量征地，为了城市
的农村化。而华西村这样一种模式使得农村把城市美学带到农村来，
这是第二次对农村造成伤害。"

独立艺术家和学院派的规划师、建筑师似乎形成了各自的思考与
观点，这源于他们各自不同的领域和系统，学院派认为艺术家太理想
主义，艺术乡建不可能走得太远，未来会怎么样？许村有没有延续的
可能？许村有没有向全社会推广复制的可能性？王南溟的总结性发言
回答了以上的问题，不管许村以后如何，能不能继续做下去，行动总
比空喊口号重要，许村就是明天就停止了，许村会以在实践中获得的
经验为后人做乡建提供参考和借鉴，这就是许村的意义，思想史就是
通过这样一个个环节构建和推动的。"我们可以倒过来重新假设，对
结果的过于依赖，放弃的行动本身，我们有必要把思维回溯到程序的
过程。过程当中是否能引起我们的话题对社会实践的思考。渠岩的思

参加许村论坛的全体代表

想来源于梁漱溟，他有一个如何打造新农村的思想，但是未能实现，因为条件有限。那么渠岩是在梁漱溟的基础上，应该说是往前走了一步。所以我们一开始讨论学术问题和论坛时，我们可能要换一个思维方式，我们不能光纠缠是不是能实现一个东西，而是说我们在什么层面上面来讨论这样一种问题，这才是我们专家首先要关心的问题。就是说我们不能放弃我们的行为这样一个过程，而一味地纠结于我们的结果会怎么样。否则的话我们任何的研究、任何的新的思想都会变得没有价值。"

来自台湾大学建筑与城乡研究所的所长张圣琳教授也赶到许村，台大城乡所在乡村营造和社区建设方面积累了丰富的经验和案例："我们来到许村，我们要开始和加入这个行动的时候，我定义的许村论坛是：我看到的是这样，我们是一群跨领域的疯狂的试验的伙伴，大家为了理想才不约而同地来到许村。我们有艺术家，有研究者，有村民，有城市人，我们来自四面八方。我们要同样地心系许村，不论何时何处，我们要耐心地把许村的梦做出来。对我来说，会做梦的人很多，可是，有多少人能把梦做出来啊。我们是一群除了会做梦，也会把梦做出来的人。要把梦做出来还要有耐心，因为要把梦做出来有太多太多的事情要去做，那我如何定义许村呢？以我一个从台湾来的学者的角度，许村是一个当前艺术家试验与实践的基地，许村是非常重要的，因为当前的中国需要透过艺术的这种形式来诉求，来冲击这个社会的结构。许村作为一个乡村，它是农，我们在谈新农村建设，可是，对我来说它不是一个建设，也不是一个技术，它是一种态度，它是一个信念，它是一种用生命去陪伴的春夏秋冬，它是一种但为君故沉吟至今的信念。"张圣琳的发言赢得了大家的掌声，也触动了参加许村实验的艺术家的内心，我们流下了泪水以及坚定了我们通过对许村的实际研究来探寻信仰的意义，找寻中国人的信仰价值所在，以便从中重新寻找人生意义的根脉的信念。我走上前去拥抱了她，她的理解和支持使许多年社会上对我们的误解、质疑和刁难在此时都烟消云散了。

许村论坛对我们很重要，集合了社会的智慧，明确了我们下一步的方向和任务。和顺县政府的网站上，也作为县里的重要活动作了报道和介绍。但主要大篇幅地报道了县委书记孙永胜和县长马海军的讲话，关于会议的内容和各位专家学者的讲话就都没有了。当地媒体对会议形式主义的报道，他们还是习惯了官方会议的报道方式，我认为应该把这次会议专家学者有价值的发言报道出来，因为当地乡镇一级的干部无法听到这些重要学者的发言。我们没有只顾这些专家和学者开会发言，也不想撇开许村的乡亲们来讨论许村的未来。我们邀请了许村的村干部和部分村民参加会议和讨论，他们也都很踊跃地发言，他们也愿意告诉这些城里的专家学者，他们想要什么样的家园，什么样的生活以及什么样的乡村。

四、许村国际艺术节

"一次东西方的对话" 2011 第一届许村国际艺术节

一次东西方的对话

渠 岩

中国城市化进程的迅猛发展，是以牺牲乡村为代价进行的。许多拥抱大都市离开家乡的中国人，对破败的农村几乎都没有任何眷恋之情。他们毫不珍惜自己的家园。这种乡村城市化的风气还在迅猛蔓延。要么是简单地移植西方异国小镇，要么是直接将乡村消灭变成城市。即使中国城市化率达到70%，但依然有5亿农民留在农村，中国的农村和农民将长期存在，因此农村问题就是中国问题。

因为乡村文化也是中华民族寄托的重要载体，这些构成了中国民族整体的家园感与归属感。城市化能抹去乡村原有的记忆吗？如何应对这种野蛮的城市化发展？开展保护中国古村落则是统筹城乡发展的重要课题，是传承历史文化的生活样板，也是"新农村建设"的重要窗口。

"创造新文化，救活古村落。"当年梁漱溟先生的乡村建设理论与实践是试图将知识分子融入到农村，带动农村的积极举措和运动，由于历史的局限而无法实施。今天的乡村所面临的问题和危险则更加严重，甚至到了生死存亡的紧要关头。正如梁漱溟所说："若要复兴中国文化并使之成为世界文化，一是需要保存和建设中国传统的理性为核心的文化，二是要充分借用西方的科学技术和团体组织来补充中国的不足，而这些只能从乡村做起。"

在山西和顺地区的许村风景秀美，夏季气候宜人，民风淳朴，历史遗存丰富鲜活，保留了从明清时期到现代完整的历史线索的建筑和民俗生态。古村里还有庙宇、戏台、古牌坊等，但有一半已经遭到了破坏，消失了，如果不果断加以保护和修复，许村将逐渐变成中国千万个毫无个性、毫无美感、毫无时代特征的不伦不类的功能性建筑和村镇。

我们将许村作为一个抢救古村落的典型，来实施一系列的保护和再造计划。不但对历史遗存有抢救措施，重要的是要在古村落里创造一种新的文化形态和再生机制。来激活已经濒临消失的文化遗存和村落民居。切实可行地找出一种既能提高农民生活水平和改善居住环境，又保护了传统村落民居及历史遗存的最佳途径。

我们这次首先邀请最具当代活力的国际艺术家来到许村，在中国太行腹地古老的村落进行交流创作，一方面能真正感受到中国人鲜活历史延续的标本，体验到中华民族传承下来的民俗生态传统和生活方式；另一方面让不同文化在此相遇和交流，形成新的文化融合和艺术超越。我们也邀请对传统文化有保护责任和热情的专家学者，在许村现场做研究与讨论。

这是中国第一家在传统文化腹地——山西的古村落建立的国际当代艺术创作基地，开创了传统文化与当代艺术交流与对话的先例，希望能得到全社会的更多关注与认可，这也是我们实行有效地保护、整理和再造古村落的一条全新的思路和措施，希望能在新农村建设以及城市化的新一轮的开发热潮中，避免对中国传统文化的再度伤害并且实施对民俗传统有效的保护。

2011 年 7 月

2011 第一届许村国际艺术节全体艺术家

时间：2011 年 7 月 18 日—2011 年 8 月 2 日

地点：山西省晋中市和顺县松烟镇许村

主办：许村国际艺术公社

总策划：渠　岩

艺术委员会委员：范乃文　王南溟　方　海　孟建民

　　　　　　　　高鑫玺　王纪平　冯琦明

驻村艺术家：

Darcy Bradley William （男，美国）

Dickson Donald Rodney （男，美国）

Jason Phillip Wing（男，澳大利亚）

Jumaad（女，澳大利亚）

Ohern Thomas Eric（男，澳大利亚）

Robert James Oconnor（男，澳大利亚）

Siri Kollandsrud（女，丹麦）

Paul Huxley（男，英国）

Yang Yingsheng（男，英国）

Kim Se-jin（女，韩国）

Jose de Leon（男，西班牙）

臧新明（男，日本）

洪缇婕（女，中国台湾）

蔡谷谷（女，中国香港）

曹西冷（男，中国）

程晓光（男，中国）

柴小刚（男，中国）

刘亚明（男，中国）

刘　瑾（男，中国）

王长百（男，中国）

乡村研究小组：

孟建民建筑研究所

支持单位：

山西大学美术学院

广东工业大学艺术与设计学院

深圳市建筑设计研究总院

2011 第一届许村国际艺术节开幕

英国艺术家 Paul Huxley 代表艺术家讲话

开幕式上和顺民乐队演出

澳大利亚艺术家 Robert James Oconnor 在开幕式上即兴表演

艺术家在考察许村周边古村落

参观太行大峡谷

英国艺术家 Paul Huxley

西班牙艺术家
Jose de Leon

澳大利亚艺术家 Ohern Thomas Eric

英国华裔艺术家杨迎生在和村民互动

美国艺术家 Dickson Donald Rodney 在给村民画肖像

等待参观艺术家作品汇报展览的村民

艺术家驻村创作汇报展布展

关于《许村宣言》的来龙去脉

2011 年 7 月 18 日,首届许村国际艺术节和艺术家驻村仪式在许村顺利开幕,艺术节虽准备仓促但开局圆满。开幕式第二天,艺术家和村民都还沉浸在狂欢的喜悦之中,我激动难耐并思考再三,决定要凝聚艺术家的智慧和力量唤起社会对古村落和乡村的关注,为抢救传统文化做些实际的举措。在艺术节上向全社会发出《许村宣言》,我的倡议马上得到了全体艺术家和建筑师的响应。不能把这个来之不易的艺术节,仅仅搞成村民与艺术家的狂欢和庆典,也不能仅是一帮画画的在这里耍着开心玩着高兴的艺术聚会,我们相互鼓励,中国艺术乡村建设运动从此开始并掀开历史的一页,这也是千载难逢的时代机遇。第二天,我将连夜起草的《许村宣言》和大家沟通和交流,立即得到了来自世界各地的艺术家响应。

渠 岩

许村宣言

在 2011 首届中国许村国际艺术节开幕之际,参加艺术节的各国艺术家、文化学者、建筑师、城市规划专家共同倡议,宣布以抢救和保护古村落为宗旨的《许村宣言》,旨在唤起全社会对古村落保护和抢救。具体倡议如下:

呼吁地方政府和有关部门专门成立古村落的保护机构,把对有价值的古村落的抢救和保护提到议事日程。

一、停止以任何理由和任何借口破坏古村落的行为。

渠岩在宣读《许村宣言》

二、对古村落做详细的普查工作，建立古村落档案。

三、全面和系统地对现有古村落各个时期的建筑登记在册，提出具体的保护方案。

呼吁全社会注意当前中国新农村建设产生的问题，政策的主观化、简单化、"一刀切"的急功近利的工作方式，造成了文化与历史价值的古村落迅速消失，造成传统文脉与生活方式断裂，希望全社会行动起来，为抢救我们的民族家园贡献出自己的每一份力量。

2011 中国许村国际艺术节全体艺术家

2011 年 7 月 20 日

"魂兮归来" 2013 第二届许村国际艺术节

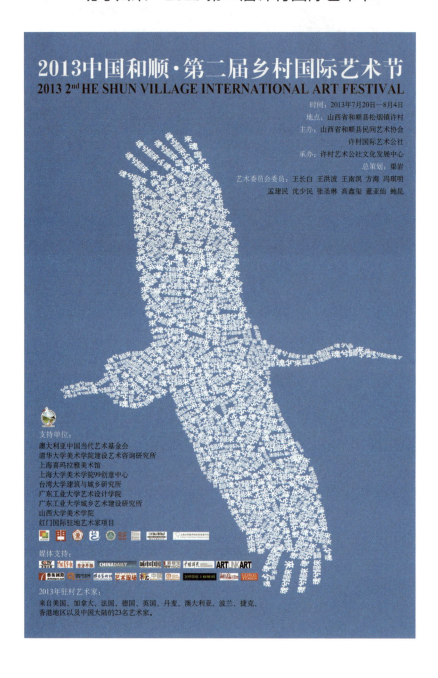

魂兮归来

渠 岩

　　许村乡村国际艺术节是在许村国际艺术公社举办的两年一度的艺术盛事，也是和顺县的艺术盛会和文化建设的重要品牌，2011 年首届许村乡村国际艺术节成功举办，和顺受到全社会的广泛关注并获得赞誉，许村也被世人所知并成为国际知名的艺术村。

　　在 2011 年首届许村乡村国际艺术节上，许村驻村艺术家向全社会发起了"创造新文化，救活古村落"的许村宣言，在社会上引起极大反响。2012 年的许村论坛延续了许村宣言的精神，继续向社会发出声音，为保护中国的传统文化，为当前的新农村建设作出积极的贡献，许村国际艺术公社也正日益被世人所知并走向世界。

　　今年的许村乡村国际艺术节除了继续邀请国际国内艺术家来许村创作的常规项目以外，艺术节期间的活动将比去年更为丰富多彩，将邀请国际和国内的文化及艺术团体和艺术基金会、乡村建设的专家学者、电影人、摄影家和文化研究者到许村交流和展示，集结更加多元的思想力量和智慧资源，并带来各地和各国的乡村和艺术发展经验与研究成果，积极推进和顺的文化建设，推进中国乡村建设良性互动与发展。

　　本届艺术节的主题为"魂兮归来"，取自屈原的诗作，寓意为召唤中华民族优秀之魂魄，乡村是中国文化传统精神和文明形态仅存的现场和家园，为了在乡村重新燃起我们民族不息的香火和维护神圣的家族尊严，艺术追寻乡村理想则是呼唤民族神性与人性回归，以及现代健康文明的社会生活。以此完成中华民族之复兴。

本届艺术节由当代艺术家、许村国际艺术公社发起人渠岩担任总策划，将继续为和顺、为社会、为世界奉献出一场"城乡建设互哺""中外艺术互动"的精彩演出。

2013 第二届许村国际艺术节全体艺术家与志愿者

时间：2013 年 7 月 20 日—2013 年 8 月 4 日

地点：山西省晋中市和顺县松烟镇许村

主办：山西省和顺县民间艺术协会

承办：许村国际艺术公社

总策划：渠　岩

艺术委员会委员：范乃文　王南溟　鲍　昆　方　海

　　　　　　　　孟建民　高鑫玺　张圣琳　王洪波

　　　　　　　　冯琦明

驻村艺术家：

Andrew Davis（男，美国）

Dagmara Genda（女，波兰）

Greg Hardy（男，加拿大）

Ingrid Skovgaard（女，丹麦）

Kate Downie（女，美国）

Luke Sciberras（男，澳大利亚）

Peter Kastner（男，德国）

Siri Kollandsrud（女，挪威）

LLND（夫妇，法国）

Rodney Dickson（男，美国）

Sophie Cape（女，澳大利亚）

Dan Gajdosova（女，捷克）

Dagmara Genda（女，英国）

崔金哲（女，中国）

黎明海（男，中国香港）

李一凡（男，中国）

梁　越（男，中国）

彭景跃（男，中国）

任小颖（男，中国）

武大明（男，中国）

邢俊勤（男，中国）

周颖超（男，中国）

张　丹（女，中国）

支持单位：

清华大学美术学院建设艺术咨询研究所

上海喜马拉雅美术馆

上海大学美术学院 99 创意中心

台湾大学建筑与城乡研究所

广东工业大学艺术设计学院

广东工业大学城乡艺术建设研究所

山西大学美术学院红门国际驻地艺术家项目

2013 第二届许村国际艺术节开幕

渠岩代表艺术家致词

国际艺术家们在开幕式上

艺术家交流活动

范乃文社长主持驻村艺术机构挂牌仪式

许村艺术节钢琴音乐会

法国艺术家
LLND 夫妇

波兰艺术家
Dagmara Genda

华裔旅加艺术家崔金哲

艺术家为村民画的肖像

艺术家为许村酒吧建梅画的肖像

从许村酒吧看艺术广场

艺术节中的许村

许村农副产品

文创产品

许村儿童在给
英国艺术家
Dagmara Genda 画像

许村助学活动启动

儿童踊跃报名

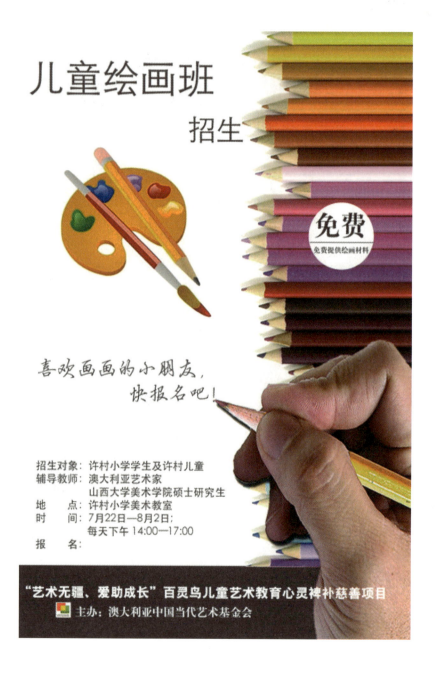

儿童绘画班
招生

免费
免费提供绘画材料

喜欢画画的小朋友，
快报名吧！

招生对象：许村小学学生及许村儿童
辅导教师：澳大利亚艺术家
　　　　　山西大学美术学院硕士研究生
地　　点：许村小学美术教室
时　　间：7月22日—8月2日；
　　　　　每天下午 14:00—17:00
报　　名：

"艺术无疆、爱助成长"百灵鸟儿童艺术教育心灵裨补慈善项目
主办：澳大利亚中国当代艺术基金会

澳大利亚艺术家辅导儿童绘画

儿童钢琴班
招生

免费

你想弹钢琴吗？小朋友，
可以试试呀！

招生对象：许村小学学生及许村儿童
辅导教师：王若瀛 上海少年钢琴家
　　　　　2012年日本大阪"第29届亚洲国际音乐节"获最佳新人奖
地　　点：许村艺术公社艺术教室
时　　间：7月22日—8月2日：
报　　名：

"艺术无疆、爱助成长"百灵鸟儿童艺术教育心灵裨补慈善项目

主办：澳大利亚中国当代艺术基金会

钢琴教学

少年钢琴教学志愿者

英语教学

加拿大艺术家在辅导儿童英语

英语教学志愿者团队

"乡绘许村" 2015 第三届许村国际艺术节

"乡绘许村"——2015 中国和顺·第三届乡村国际艺术节
"Depict Our Meeting in Xucun"—2015 The 3rd HE SHUN INTERNATIONAL VILLAGE ART

时间：2015 年 8 月 2 日—8 月 10 日　　Date: August 2nd – August 10th, 2015
地点：山西省和顺县松烟镇许村　　Venue: Xucun, Songyan Town, Heshun County, Shanxi Province
主办：天凯集团　　Organizer: Tian Kai Group
承办：天凯集团鑫源国际旅游公司　　Co-organizer: Tian Kai Group, Xin Yuan International Travel Company
执委会主任：马玉禄　　Chief of Executive Committee: Ma Yulu
总策划：渠岩　　Chef Curator: Qu Yan
艺术委员会委员：王南溟 方海 孟建民 王长百　　Committee members: Wang Nanming, Fang Hai, Meng Jianmin,
高鑫玺 冯琦明 左靖 张圣琳 李一凡　　Wang Changbai, Gao Xinxi, Feng Qiming, Zuo Jing, Zhang Shenglin, Li Yifan

"乡绘"许村：在乡村展开的一幅美丽画卷

渠 岩

乡村是中国人的精神家园，它构成了中华民族整体的归属感。每个人对乡村都有着浪漫的想象，诗意的乡村成为我们梦中的家园。人与自然天人合一般的亲密相处，人与土地唇齿相依的生存状态，一曲曲与四季朝夕相伴的田园牧歌，都已定格成为我们对乡村回忆的优美画面，也成为中国人灵魂皈依的精神家园。

"行人无限秋风思，隔水青山似故乡。"唐朝诗人戴叔伦真切地道出了漂泊者怀有的乡思之情，诗人行走在孤寂的路上，突然发现远处的青山竟有些像故乡那座朝夕相伴的青山。看到异乡的青山感觉无比亲切和欢喜，就像"无限秋风思"般遇到了离散多年的亲人。诗人便认定，对岸的那片山水，就是日夜思念的家园，就是魂牵梦萦的故乡。蓦然回首，我们仿佛走在通往太行山深处的小路上，清漳河对岸的凤凰岭时隐时现，仿佛有一种无形的力量在召唤，梦想中的家园越来越清晰地展现在我们的眼前，其实我们心中都有一个故乡，一个蕴藏在内心深处，日夜思念的精神家园。

今天，我们从来没有过如此惶恐不安，梦想的家园原来是如此遥不可及。在急促发展的城镇化面前，许多农村家庭主动或被迫迁徙了家园。大都名存实亡或空洞无物，精神已无家可归，灵魂无法安放。所以，乡村在此时已成记忆，家园在今天也更加宝贵，我们也必须更加爱惜和呵护。

我们绝不是回到那种"结庐在人境，而无车马喧"的恬淡境界，也不是仅仅停留于缅怀古代士大夫的闲情逸致与乡野村夫的质朴单纯。而应该回归到根植于我们民族的文化和历史中，回到承载我们民族信仰与灵魂的精神家园中。乡村就是家园，我们的理想就是守住故乡、留住家园。让我们民族的文化基因在乡村延续，让许村的儿童唱着欢快的民谣，也让这歌声在大地和田野中回荡，让他们的理想随歌声迎接美好的未来。

2015 第三届许村国际艺术节全体艺术家

第三届和顺乡村国际艺术节即将在许村拉开帷幕，我们以"乡绘许村"为主题，来自世界各地的艺术家将与许村村民一起，描绘许村，美化家园。"乡绘许村"是艺术的盛宴，也是家园的皈依。艺术家在许村的家园里，艺术家为家园而绘，为生活而画。用艺术重新塑造我们的生活空间和精神家园。

时间：2015 年 8 月 2 日—2015 年 8 月 10 日
地点：山西省晋中市和顺县松烟镇许村
主办：山西省和顺县民间艺术协会
承办：许村国际艺术公社
总策划：渠 岩
艺术委员会委员：范乃文　王南溟　方　海　孟建民
　　　　　　　　　王纪平　高鑫玺　冯琦明

驻村艺术家：
Gérard Laux（男，法国）

Mário Belém（男，法国）

Marc Beaufrere（男，法国）

Stinkfish（男，哥伦比亚）

Tinho/Walter Nomura（男，巴西）

Régis Bodinier（男，法国）

Alejandro Santafé（男，葡萄牙）

Brian Michael Reed（男，美国）

Denise Keele-Bedford（女，澳大利亚）

Dan Gajdosova（女，捷克）

苍 鑫（男，中国）

陈　瑞（男，中国）

陈宇飞（男，中国）

马力蛟（男，中国）

牛　蓉（女，中国）

任宏伟（男，中国）

吴　强（男，中国）

庄卫美（女，中国）

张　黎（女，中国）

支持单位：

广东工业大学艺术与设计学院

广东工业大学城乡艺术建设研究所

台湾大学建筑与城乡研究所

山西大学美术学院

上海喜马拉雅美术馆

村民们在迎接艺术家的到来

2015 第三届许村国际艺术节开幕

村民们在艺术节开幕现场

许村村民演出自己创作的节目

国际艺术家合作作品《牛郎织女图》

村民在自家门口欣赏壁画

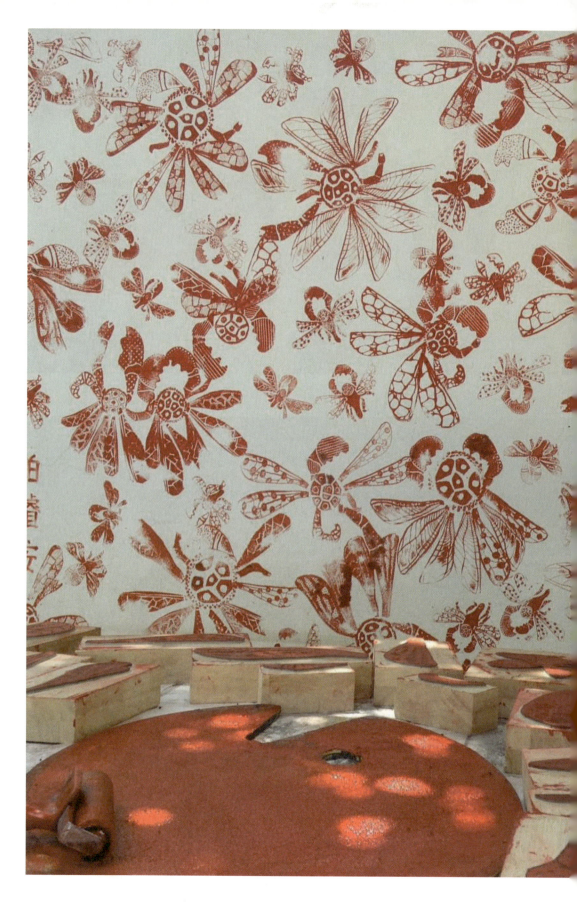

《蝴蝶飞舞》美国艺术家 Brian Michael Reed

《浣衣图》中国艺术家文那

《串珠》澳大利亚艺术家 Denise Keele-Bedford

澳大利亚艺术家 Denise Keele-Bedford 带领许村儿童创作装置作品

村民拿出自己创作的工艺品在手工集市上交流

艺术家们也创作了艺术草帽拍卖，捐赠给助学计划

澳大利亚艺术家 Denise Keele-Bedford 在辅导孩子们

美国艺术家 Brian Michael Reed 在辅导教学

少年钢琴教师王若瀛给孩子们上钢琴课

捷克少年志愿者阿黛拉在辅导钢琴

许村儿童在闭幕式上汇报演出

中国 艺术乡建 地图

"神圣的家" 2017 第四届许村国际艺术节

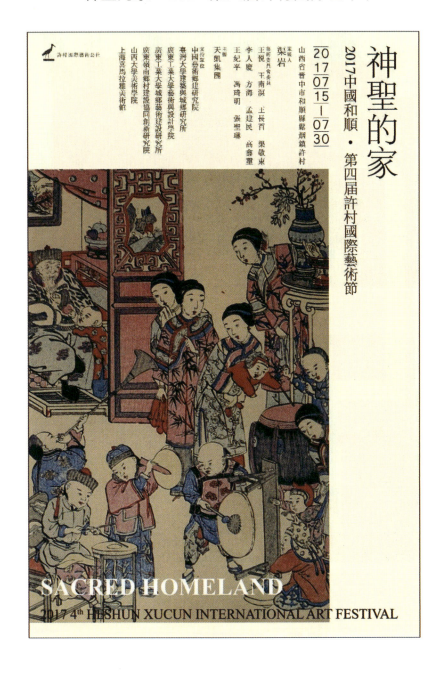

"神圣的家"回到中国人的理想家园

渠 岩

"古之欲明明德于天下者；先治其国；欲治其国者，
先齐其家；欲齐其家者，先修其身；欲修其身者，先正其
心；……心正而后身修，身修而后家齐，家齐而后国治，国
治而后天下平。"

简称为"正心、修身、齐家、治国平天下"。

——《四书五经·大学》篇

2017 年第四届许村艺术节则以"神圣的家"为主题。
来表述在乡村中也是中华民族最为核心的价值体系。"家"
在中国传统文化中有着重要的地位，也是传统社会中最基
本的社会单元，家族是家庭的扩大，国家则是家族的延伸。
"家庭—家族—国家"的这种"家国同构"的传统，是中
国社会政治模式与儒家文化赖以存在的社会渊源。

一、"家的温暖"：唤醒族人的记忆

在千年不眠的传统文明中，婚姻、子嗣。中国信仰，
即由血脉传续来实现，所以，中国的家庭便具有神性，所以，
中国婚姻也就是神性的婚姻，它在中国的文化中占有中心
地位。在这婚姻中，子孙满堂，香火不断便是它的核心，
夫妻各担着一半的职责。从婚礼仪俗开始，到日常生活的
各细节之中，渗透着旺子的信念，包括家中各种花纹图饰，

也传达着旺子的意愿。家便是夫妻的事业，把家过得红火便是目标，他们的人生意义便基于此。男人去争取名望财富，光宗耀祖，这便是男主外，女人则相夫教子，经营家务，这便是女主内。生活、事业及信仰集于家的一身。家的中心是血脉传续，而不是男女情欲。

我们百年新文化运动和激进的社会改造，对传统采取了彻底的反叛与抛弃，以至传统的家庭与伦理遭到破坏，我们是以失去"家"和"生活"为代价，换来了如今的现代化发展，由于传统家庭的解体和家族秩序的崩溃，也造成了整个社会伦理秩序的严重危机。

所以，约束中国人行为的就是家族和家庭，因为中国人内心里只敬畏自己的祖宗。家族关系是中国人一生中最重要的社会关系，从他个人生活的生老病死到娶妻生子、成家立业，到获取社会功名以及处理社会关系等，都离不开家族关系的影响，也不可能完全依靠自己的能力，而不依赖家族关系单独解决问题。东方对人的道德与行为规范为"家族约束"，今天，一切传统都在社会改造的狂飙下荡然无存，一切神圣感与信仰都在狂热的拜物崇拜面前低头，一切祖先崇拜与家族秩序都灰飞烟灭。我们再也不为家族的荣耀来约束自己，随着乡村的逐渐解体，宗祠家庙的摧毁，家族的荣誉感也荡然无存，把家族秩序中的人拆散成孤独的个体散落在社会中，使人成为孤立的个体和无助的灵魂，无法在家族和家庭找到自己的生命价值与家族尊严，他的行为就再也不必为家族的荣誉负责，也没有家族的尊严需要维护了，行为也无道德约束。如果把中国人信仰中的家族伦理体系彻底抛弃，今天社会道德崩溃的社会原因就可以找到了，如果没有家族信仰与约束，那我们就会失去道德、尊严、感恩、忏悔、善意、自律和荣誉。文化传统中的家族约束符合众多的良性人文约束原则，特别是我们在遇到人生的困境和现实的困扰时，家族荣誉和家族约束就能给孤独和无助的人很好的心理平衡、情感支撑和精神寄托。所以，我们要在家族文化中，接续生息繁衍的态度与智慧，从耕读传家和礼教兴族中找回家族的伦理，回到具有感恩和温情的家族体系中来，才能从失衡中重新找回信仰价值的平衡。

二、"家的荣誉"：道德力量的源泉

因此本届艺术节，以"神圣的家"为主题，希望通过艺术家和许村村民共同以"家"为主题开展创作，重建乡村家园，重新解读"修身齐家治国平天下"的文化意义；重新解读由"家"才能到"国"的文明路径；并在当代社会语境下，重新界定"家国情怀"。

我们绝不是回到那种"结庐在人境，而无车马喧"的恬淡境界，也不是仅仅停留于缅怀古代士大夫的闲情逸致与乡野村夫的质朴单纯。而应该回归到根植于我们民族的文化和历史中，回到承载我们民族信仰与灵魂的精神家园中。乡村就是家园，我们的理想就是守住故乡、留住家园。

三、"家的责任"：珍惜祖先的遗产

我们将在许村广场搭建"归乡者之家"装置作品，可供失去家园的回乡村民入住。由于乡村在现代化的进程中逐渐凋敝，很多村民背井离乡进城寻求生路。许多村民失去家园无家可归，甚至有家难回。我们将提供给返乡者一个温馨的家。我们也在许村儿童助学计划中，让许村的儿童描绘"家族树"用"审美"回忆自己家族的图谱。许村的子孙也通过"图绘"的方式，将每个家族的记忆和情感投射到心灵图式中，从而与自己的祖先和家族进行交流与对话；此外，许村的子孙通过追溯源远流长的家族历史，体会到自己本身就是历史之延续。既然各自承受了祖先之荣耀和遗产，当然有责任继承、坚守与延续。也必然珍惜、维护和传递。将蛰伏在他们心中的家族情愫分享给每个家族成员，并找回失落的伦理情怀和家庭温暖，成为他们应对未来的精神食粮。

"许村家族合影"是我们为配合今年艺术节主题，摄影家刘莉从春节就已经开始在许村实施拍摄的计划。

2017 第四届许村国际艺术节的参展艺术家与志愿者

时间：2017 年 7 月 15 日—2017 年 7 月 30 日

地点：山西省晋中市和顺县松烟镇许村

主办：天凯集团

承办：许村国际艺术公社

总策划：渠 岩

艺术委员会委员：范乃文　王南溟　方　海　孟建民
　　　　　　　　　高鑫玺　冯琦明　王纪平

驻村艺术家

Ariane Blais（女，加拿大）

Dhaneshwar Shah （男，印度）

Himbad （男，英国）

Louis Jensen（男，英国）

Louis Chinn（男，美国）

Marc Beaufrere（男，法国）

Meng Yu（女，美国）

Vanessa Longo（女，意大利）

Vanesa Longchamp（女，英国）

Louis Jensen（女，英国）

刘力宁（男，中国）

刘智峰（男，中国）

王轶琼（男，中国）

文　那（女，中国）

吴高钟（男，中国）

吴若闻（男，中国）

张　琪（女，中国）

赵方方（男，中国）

赵　勤（男，中国）

周钦珊（女，中国）

刘　莉（女，中国）

支持单位：

广东工业大学艺术与设计学院

广东工业大学城乡艺术建设研究所

台湾大学建筑与城乡研究所

山西大学美术学院

上海喜马拉雅美术馆

开幕式

渠岩在第四届许村国际艺术节开幕式上致词

艺术家在庆祝许村当代美术馆开幕

艺术家周钦珊带领许村儿童共同创作《归乡者之家》

王轶琼在许村创作的行为艺术

村民们在欣赏壁画创作

艺术家赵方方为村民创作壁画

艺术家在辅导儿童们创作

艺术家们在共同创作壁画

英国艺术家 Vanesa Longchamp
在许村度过了一个难忘的生日

许村村民"打铁花"民俗活动

英国艺术家在给孩子们辅导英语

民谣歌手妞妞为孩子辅导声乐

摄影家刘莉为许村村民拍摄家族合影

路氏家族

王氏家族

白氏家族

李氏家族

乔氏家族

于氏家族

艺术家与许村
儿童一起做游戏

民谣歌手妞妞
和艺术家赵勤在
许村的音乐会

驻村创作
汇报展开幕

许村儿童在
展厅和印度
艺术家合影

艺术家在
作品前合
影留念

"庙与会" 2019 第五届许村国际艺术节

"庙"与"会"：
2019 第五届许村国际艺术节

渠 岩

许村乡村国际艺术节是在许村国际艺术公社举办的两年一度的艺术盛事，也是和顺县的艺术盛会和文化建设的重要品牌，从 2011 首届许村乡村国际艺术节成功举办，许村与和顺受到全社会的广泛关注并获得赞誉，许村也被世人所知并作为知名的艺术乡建典范而被社会称颂。

许村国际艺术节经过多年的实践和耕耘，获得了许村村民的广泛认同，村民已将艺术节作为自己的节日与庙会，许村艺术节已深深嵌入地方文化与乡村生活之中，许村国际艺术节之所以有恒久的生命活力，得益于外部文化资源与当地文化逻辑的成功嫁接与融合。它也印证了全球化时代世界与地方的共生性。而此种共生关系之所以是可持续的，恰恰在于他是在节庆与游戏中完成的。

今年的许村艺术节的主题是"庙与会"，我们将在许村庙会期间举行，延续许村的文化脉络和民俗传统，民间艺术活动与祭神巧妙结合，使庙会活动生命力更加旺盛，强烈地吸引着群众参与文化活动。庙会文化是中国乡村文化中最特殊的文化形态之一。庙是宗教文化的载体，会是世俗文化的载体，会要有时间的积累，有社会活动的扩展。

中国传统乡村社会中的节庆活动，是在固定或不固定的日期内，以特定主题活动方式，约定俗成、世代相传的一种民间社会活动。在活动中敬奉祖先、纪念前贤、歌颂爱国志士与民族英雄，赞美忠臣贤孝之人都是顺理成章的

事。这些活动有利于称颂好人好事，训诫不法之徒，强化
劝善、积德、养性、修身的精神文明的教育功能，有庙、
有会、又有集市，又有文化活动并集于一炉。

今年的许村乡村国际艺术节除了继续邀请国际国内艺
术家来许村创作的常规项目以外，艺术节期间的活动将比
去年更为丰富多彩，将邀请国际和国内的文化及艺术团体
和艺术基金会、乡村建设的专家学者、艺术家、摄影家、
乡村研究学者和文化研究专家到许村交流和展示，集结更
加多元的思想力量和智慧资源，并带来各地和各国的乡村
和艺术发展经验与研究成果，进一步推进许村的文化建设，
推进中国乡村建设良性互动与发展。

2019 第五届许村国际艺术节全体艺术家与志愿者

时间：2019 年 7 月 25 日—2019 年 8 月 10 日

地点：山西省晋中市和顺县松烟镇许村

主办：许村国际艺术公社

承办：和顺许村艺术公社文化发展公司

总策划：渠　岩

联合策展人：崔灿灿

艺术委员会委员：渠敬东　崔灿灿　金江波　方　海

　　　　　　　　孟建民　冯琦明　王檬檬　王纪平

驻村艺术家：

Donald Rodney Dickson（男，美国）

Filippo Cardella（男，意大利）

Nathanie（男，美国）

Huang Xiaopeng （男，英国）

 Irina Rodnikoff（女，美国）

Minnie Diana Leggett（女，美国）

Nathaniel Murray（男，加拿大）

Rodrigo Escobar-Vanegas（男，哥伦比亚）

Sunanda Khajuria（女，印度）

侯诗晓（女，中国）

王纯杰（男，中国）

汪　华（女，中国）

王纪平（男，中国）

王凤华（男，中国）

吴争艳（女，中国）

闫　栋（男，中国）

杨　然（女，中国）

赵　勤（男，中国）
张　咪（女，中国）

支持单位：
广东工业大学艺术与设计学院
广东工业大学城乡艺术建设研究所
上海大学上海美术学院
上海公共艺术协同创新中心
西安美术学院公共艺术系
山西大学美术学院

2019 第五届许村国际艺术节开幕

艺术家王纯杰代表艺术家讲话

捷克歌手阿黛拉在开幕式上演唱

村民们在开幕式上表演

艺术家赵勤最受许村儿童的追捧

策展人崔灿灿和广东工业大学志愿者团队

"许村夏夜：大地的狂想曲"展览现场

中国艺术家
侯诗晓

意大利艺术家
Filippo Cardella

印度艺术家 Sunanda Khajuria

美国艺术家 Donald Rodney Dickson

哥伦比亚
Rodrigo Escobar-Vanegas
在给志愿者讲解作品

中国艺术家王纯杰将自己的作品放置在许村门楼上　　中国艺术家杨然在许村实施的行为艺术《食不语》

中国艺术家
闫栋

旅英艺术家
黄小鹏作品

中国艺术家王纪平

中国艺术家赵勤

中国艺术家王凤华

许村祭祀
2019 SACRIFICIAL CEREMONY

「皇天后土」

许村后土庙祭祀活动

2019.8.2
上午10:00/星期五

「祭祀地点」：许村村北后土庙
（老唐槐树）
XUCUN HOUTU TEMPLE NORTH AREA
XIONGTONGLONG OLD PAGODA TREE

「祭祀人员」：许村村民及驻村艺术家
PARTICIPANTS: XUCUN VILLAGERS AND RESIDENT
ARTISTS

HEAVEN AND EARTH

SACRIFICE TIME: 10A.M. 2ND, AUGUST, 2019 (FRIDAY)

"皇天后土"许村后土庙祭祀大典

祭祀活动现场

艺术家在祭祀中

艺术助学
活动招贴

南京师范大学
边霞教授亲自
带领儿童艺术
教学团队来到
许村

儿童艺术教学

儿童艺术
教学汇报展

"乡情后土"艺术家驻村创作展览招贴

艺术家在展览现场合影

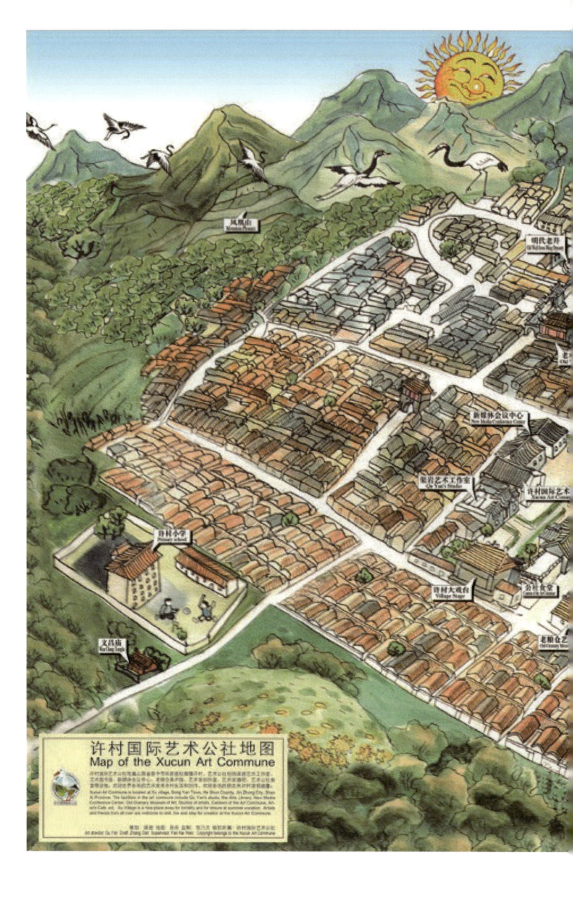

凤凰山
Mountain Phoenix

明代老井
Old Well from Ming Dynasty

艺□
艺□

新媒体会议中心
New Media Conference Center

渠岩艺术工作室
Qu Yan's Studio

许村国际艺术
Xucun Art Commune

许村小学
Primary School

许村大戏台
Village Stage

□□□堂
□□□堂

文昌庙
Ku Chang Temple

老粮仓众艺
Old Granary Muse

许村国际艺术公社地图
Map of the Xucun Art Commune

许村国际艺术公社位于晋中市和顺县松烟镇许村，艺术社包括渠岩艺术工作室、艺术图书馆、新媒体会议中心、老粮仓美术馆、艺术家创作室、艺术家咖啡、艺术公社会客厅等等。欢迎世界各地的艺术家来许村进行创作和创作，欢迎全国的朋友来许村进行创作。

Xucun Art Commune is located at Xu village, Song Yan Town, He Shun County, Jin Zhong City, Shan Xi Province. The facilities in the art commune include Qu Yan's studio, the Arts Library, New Media Conference Center, Old Granary Museum of Art, Studios of artists, Cafeteria of the Art Commune, Artist's Cafe, ect . Xu Village is a nice place away for tranility and for leisure at summer vacation. Artists and friends from all over are welcome to visit, live and stay for creation at the Xucun Art Commune.

策划：渠岩 绘图：张丙 监制：范乃辉 版权所有：许村国际艺术公社
Art director: Qu Yan Draft: Zhang Bai Supervisor: Fan Nai Hwei Copyright belongs to the Xucun Art Commune.

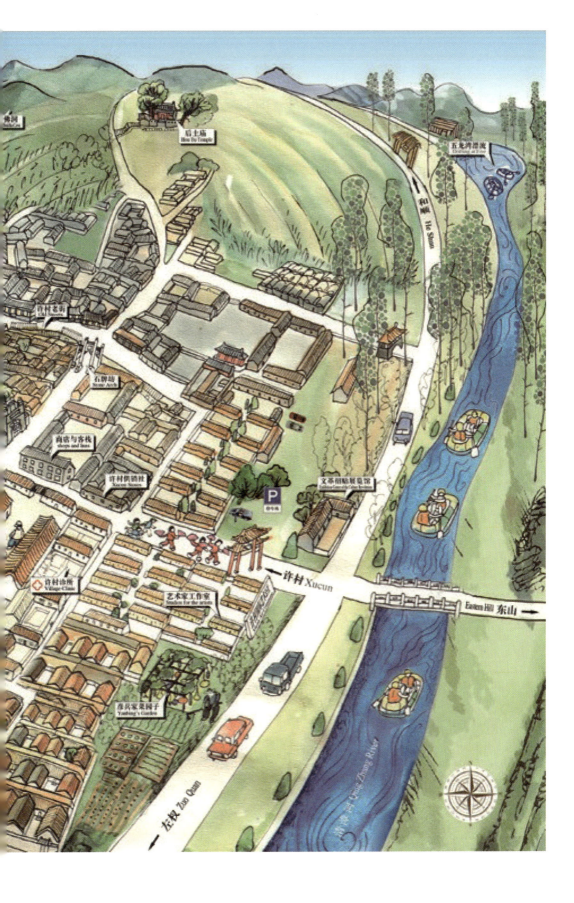

石节子美术馆

项目名称： 石节子美术馆

发起时间： 2007 年

项目地点： 甘肃省天水市秦安县叶堡镇石节子村

发起人： 靳勒

石节子村

　　石节子村因村边有花岗岩而得名，它位于北纬 34 度 54 分，东经 105 度 40 分，地处中国的西北，甘肃省东南，在天水市秦安县之北 6 公里处。其西边是流入黄河的渭河支流葫芦河，南边是它的支流锁子河缠绕唐茂山底，葫芦河穿流于黑龙洼与唐帽山的峡谷是著名的锁子峡。村庄就坐落在唐帽山半山腰的峡谷中，海拔 1300 米，属典型的黄土高原梁峁沟壑干旱地区。

　　艺术家靳勒是土生土长的石节子人，他靠着自身顽强的生命力和激情，从这缺水贫瘠的黄土沟走出去成长为一名艺术家及西北师范大学教师，2008 年村民推选他成为村长，同年创立石节子美术馆。石节子美术馆是国内第一个乡村美术馆。其宗旨是尝试通过艺术的方式改变村庄。石节子美术馆是植入黄土地上的美术馆，是以展示、研究、收藏、村民生活与艺术作品为主体的村庄综合艺术博物馆。

石节子美术馆开幕现场

周边儿童参观体验现场

石节子美术馆是一个特殊的美术馆，由整个自然村庄的山水、田园、植被、树木、院落、家禽、农具、日用品及村民形象构成；它们都是美术馆的展品。它是生长在土里，沐浴阳光与雨水的美术馆，你所看到和所感受到的都是艺术作品，共计六十多人的十三户村民呈八层阶梯状分布构成十三个分馆。

石节子美术馆每年不定期地举办不同类型的艺术活动，石节子村民与周边村民参与艺术介入艺术也分享艺术；村民与艺术家的交流带来了不同凡响的碰撞，给村民创造机会走出村庄，培养农民艺术家。更多人因为艺术的魅力走进村庄，发现村庄；村庄令艺术更日常，艺术让村民过上更美好的生活。

2009 "交流"石节子开馆展

2009 年 2 月 3 日，石节子美术馆举办了以"交流"为主题的开馆展览。本次展览邀请了西安、兰州、秦安等地的近百名艺术家、媒体人等，与石节子以及周边村民齐集石节子村，进行了参观、交流、庆祝等互动活动。在本次展览上确定了石节子美术馆以十三户村民为分馆的组织机构方式，开启了以村庄自然风光、人文环境、物产资源、村民生活等为展览对象，并与当代艺术结合的新型美术馆模式，确立了村民与艺术结合的石节子美术馆发展的核心价值。

2010 第一届石节子电影节

2010 年 2 月，石节子美术馆举办了第一届以展示村民生活为核心的电影。本次电影节选了艾未未的《童话》、李沛峰的《白银》、托尼·加列夫的《只爱陌生人》、孟小为的《去兮去兮》、汪东升的《赤脚讨薪》、赵半狄的《春天的夜晚在那小山村没有遗憾》等六部片子，并在叶堡村、李坪村等邻村循环放映。电影节邀请了艺术家与媒体人等与村民一起观影。开幕式村民们走在自己用红泥装饰的红地毯上，剪掉自己用红纸折

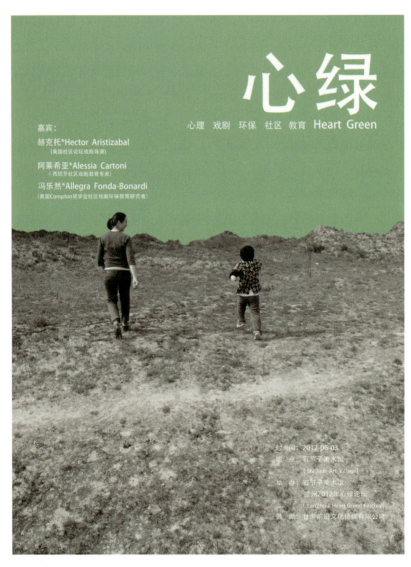

"绿心"海报

叠的大红花拉开电影节的序幕，第一次看到了大屏幕的电影。石节子电影节是专门为村民打造的讲述村庄与村民故事的电影节。

2012 绿心

2012 年 6 月 3 日，"绿心——国际戏剧、环保、教育论坛及环保戏剧艺术活动"在石节子美术馆举办，活动邀请了国际戏剧教育学者赫托克（Hector Aristizabal，美国）、阿莱西亚（Alessia Cartoni，西班牙）、冯乐然（Allegra Fonda-Bonardi，美国）等，在石节子村开展了与村民交流、研讨、考察、戏剧等互动。本次以心理、喜剧、环保、社区教育为核心的艺术活动，是石节子村民与国际友人交流的开端。

2015 一起飞——石节子村艺术实践计划

"一起飞——石节子村艺术实践计划"是在石节子村举办的为期

艺术家与合作村民合影

一年的艺术实践项目。"一起飞"强调艺术家与村民合作的重要性，在没有任何模式参照、缺乏赞助经费的情况下，艺术家面对贫困的、被遗忘的石节子村的具体现状，通过与村民抓阄的形式，随机结成一对一的创作搭档，通过自愿、平等的交流沟通，在彼此日常生活经验和思维精神层面的碰撞与冲突、沟通与协作下，达成彼此认同的可行性合作形式，在现实困境中建立某种贫困的连接方式，尝试提出改变在地现实问题的途径。"一起飞"是一次企图让当代艺术融入石节子村日常生活的具体行动，探寻艺术在具体现实困境中生长的可能性生产，改变现实生活的层面上提供多种方式的维度，形成可复制的生命政治模块，面对未来产生一定作用的辐射与影响。

项目发起人：琴嘎 靳勒 宗宁

项目参与人：艺术家＋村民：

包晓伟＋李元生、成林＋杨菊秀、旦儿＋高永贵、冯琳＋孙应忠、高峰＋靳彩琴、葛非＆林缜＋靳喜林、葛磊＋雒反儿、胡建强＋靳茂林、靳勒＋王姣莲、李颂华＋靳世林、梁硕＋王姣女、厉槟源＋韩调明、刘伟伟＋孙连成、毛同强＋何蠢蠢、琴嘎＋李保元、沈少民＋刘西花、隋建国＋孙五成、王度＋孙尕成、王庆松＋靳女女、吴高钟＋叶调调、无人生还小组、（宗宁／王洋）＋孙银银、夏星＋叶玉芳、闫冰＋靳同生、张玥＋靳喜军、张兆宏＋靳海禄

2015 本真叙事

北京电影学院新媒体艺术实验室、造空间与石节子美术馆联合举办，刘旭光策划的"本真叙事——2015 石节子国际新媒体艺术展"于2015 年 10 月 19 日在石节子美术馆开幕。北京电影学院美术学院副院长刘旭光教授和美国明尼苏达大学教授汤姆路斯带领新媒体艺术专业学生 14 人从北京租大巴，带来音像设备来到石节子，先考察美术馆的地形地貌，选择适合此次展览的美术分馆，策展人选择了海禄馆，

村民正在参观作品

银银馆、武成馆、调调馆、根成馆、女女馆，展示平面绘画、摄影、装置和雕塑。影像作品在石节子美术馆墙体与山崖上呈现。刘旭光亲自动手与村民、学生一起布置展览，在大家的齐心协力下展览顺利开幕。在副村长李保元的引领下，来到石节子的艺术家亲自为远道而来的朋友、村民讲解自己的作品。

深秋的石节子，夜幕降临凉风嗖嗖，影像作品投射在山坡上、院墙上、树林中，黑夜中出现一束束亮光引来村民的围观，寂静的村庄变得热闹起来。尽管大部分村民对新媒体艺术第一次接触，他们很认真地观看、感受，而感受最直接的是他们大老远来到这个边远的小山村，对这片黄土地所赋予的深情及对石节子村民的厚爱。这次展览的作品，全部捐赠给石节子美术馆，由石节子美术馆永久收藏。

为石节子捐赠作品的艺术家有 Thomas Rose（UMN）、刘旭光、贾
羽明、刘茜懿、李新铎、易雨潇、刘晔、赵雨、陈艺轩、孟祥龙、陈曦、
冯琳、谢天、温兆丰等。

2016 曼彻斯特到石节子并不远

由冯博一策划的"曼彻斯特到石节子并不远"艺术展，于 2016
年 12 月 25 日在石节子美术馆开幕。这次展览是靳勒 2015 年 12 月 2
日赴英国"曼彻斯特华人当代艺术中心"，参加由何香凝美术馆主办
的"独立艺术空间的生存方式"国际论坛时，取材于英国当地材料所
创作的作品。展出的作品有两个影像《曼彻斯特到石节子并不远》《伦
敦赐予我惊喜》和装置作品《来自曼城的礼物——金属杯中的止痛片》
《来自曼城的礼物——铺路石》《来自曼城的礼物——瓷咖啡杯 1 #》
《来自曼城的礼物——瓷咖啡杯 2#》《来自曼城的礼物——照片 1 #》
《来自曼城的礼物——照片 37 #》等 43 件作品在海禄馆展出。2016
年 12 月 24 日下午 4 点，艺术展上的影像作品在邻村穆家山教堂播放，
这是穆家山有基督教以来，艺术第一次进入教堂进入到穆家山这个大
山村。来自兰州、天水、秦安等地的艺术家和媒体朋友以及村民一起
观看了展览。

2017 乡村密码——中国·石节子公共艺术创作营

"乡村密码——中国·石节子公共艺术创作营"是由王志刚策划，
国家艺术基金赞助，西安美术学院联合主办的艺术推广项目。该项目
于 2017 年 5 月 3 日开营，为期 15 天。创作营成员利用当地的乡土材
料，根据村庄的现场情况，和村民一起进行因地制宜的创作。5 月 18
日，创作营在石节子美术馆进行了石节子公共艺术创作营结营展览以
及"乡村公共艺术研讨会"。

参加驻地创作的 21 位青年艺术家分别来自 13 所全国艺术高校，

艺术家合影

他们分别是：田野冬雪（中央美术学院），戴黛、谢达林（中国美术学院），李卓（湖北美术学院），田雨泽（清华大学美术学院），林熙（广州美术学院），黄佳琦（四川美术学院），张悦（上海大学美术学院），王凯（天津美术学院），王巨龙（鲁迅美院），齐浩冲（郑州大学美术学院），袁圆（西北师范大学美术学院），田汀洲、罗丹、刘琴、马先通、周瑞、李少东、岳琦、薛福成（西安美术学院），张晓萱（西北工业大学）。

　　来自全国的雕塑家有马宏法、马辉、王中亮、王志刚、邢开、许正龙、李家祥、任磊、何鄂、邸琨、沈烈毅、张艺莞、张松涛、张琨、陈克、陈虹、陈晓春、苗鹏、郅敏、项金国、赵俊浩、段一鸣、姚艳玲、莫家有、郭继锋、唐勇、寇名方、葛顺阳、董书兵、蒋铁骊、温曦、靳勒、鲍海宁、谭勋等。他们的 61 件作品在石节子美术馆展出，其中有 20 件在驻地现场创作的作品。

2017 你来了吗

由石玩玩策划的"你来了吗"于 2017 年 10 月 28 日在石节子展出。哈贝马斯在其"公共领域理论"中明确指出，"公共领域"只有在人和人交往的过程中才能建立。作为中国美术学院雕塑与公共艺术学院公共空间艺术系场所空间艺术专业学生的这次下乡创作实践，"你来了吗"是一次紧紧围绕"人"和"生存空间"的一次公共艺术实践。将公共艺术创作从表达媒介中解放出来，认真思考石节子村这座只有 13 户居民西北山村里的村民生活状态，艺术与农民的关系、城市化进程对农村的影响等诸多公共性问题，在 3 周时间里驻地创作。

大三学生杨宁的雕塑作品《父亲》将村子年龄最长的 12 个父亲轮廓放在村口山崖上，远望游子，除了将农村空心社会的具体问题再次提出，也将其个人远离父母外出求学的个人思乡之情置入作品中。大四学生施清瑶行为作品《我的名字》认真教会村里不会写字的农民学会写自己的名字，在她看来，写名字不仅仅是一个识字技术问题，更多也代表个人的最基本权利和尊严。姚佳丽的行为影像《石节子的海》用一种烂漫而又富有想象的方式，让一辈子没有见过海的村民画出他们心里的海，并从其家乡浙江海盐录下大海的声音，做成一段穿越想象和现实的录像作品，并在后续装置作品《海的记忆》中，将村民画出的海用发光光纤做成一个立方体的"海"，放回村子里，在夜色中"海"将永存，也算是对村民给予作品帮助的一种回馈。黄鑫装置作品《石中河》用钢筋和瓦片做成一条穿越石节子村的河流，将游客喝剩下的矿泉水收集起来，沿着"河流"浇灌给一棵花椒树。这些作品都真实而又明确地观照到了石节子目前的"空心社会""农村识字率低""封闭"和"缺水"这些现实问题。陈菲的《秘密》、牟嘉

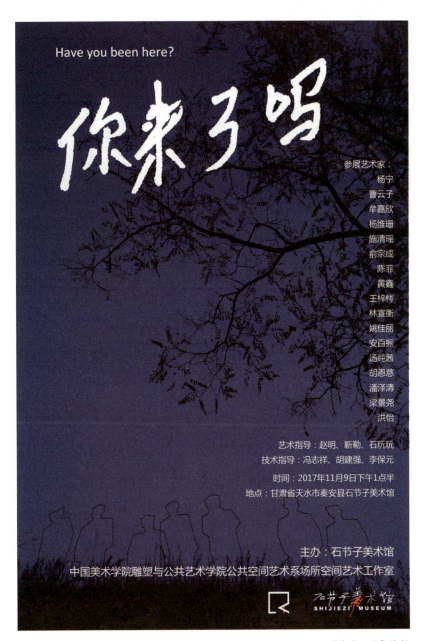

"你来了吗"海报

"熊猫下乡"活动现场

欣的《流浪者之屋》和《石节子的画家》、洪怡的《留在石节子的八
个圈》、杨维珊的《见山》、潘泽青的《秋天》、王梓梣的《第一片
叶子》更多地是利用环境、季节和地貌，表达个人情感。

2008 赵半狄 熊猫下乡 欢度春节（个人项目）

2008年1月27日，临近春节，赵半狄带领他的熊猫团队来到石
节子村，在几十年不遇的寒冷天气中，熊猫慰问团给村民拜年，给小
朋友发放压岁钱，为村民理发、写春联、杀猪、办酒席、放烟火，和
村民一起举办了一台温暖而热情的春晚，给宁静的山村带来了激情，
带来了欢声笑语。来自甘肃的数十位艺术家，以及周边村民与石节子
人一起观看了晚会，并全程参与了这次艺术活动。

2011 朱殿琼 等待（个人项目）

答应做这个展览之后不久，朱殿琼便专门到石节子村实地考察了
一趟，经过了解，发现这个小山村最严酷的现实就是缺水，不但农作
物要靠雨水，连村民们的饮用水也都是收集起来的雨水。

这次展览的主题是"等待"，内容由三件作品构成：第一件作品
的名称也是"等待"，就是到那里等待一场春雨，一直到下下来为止；
第二件作品是"一切都会变好"，是开幕当天在村口的土坡上写的"一
切都会变好"六个汉字，雨水会将其冲刷掉；另外在这段时间里还创
作了一件作品，是每天拍的一张头顶天空的照片，后来取名叫"24 天"。
时间从 2011 年 4 月 7 日开始，到 5 月 1 日一场小雨之后结束，共历
时 24 天。

2011 何迟 我比较懂事（个人项目）

秋冬之际，树叶总会不小心落下来……我比较懂事，石节子小朋
友靳红强、张智龙、张智轩把它们一片一片捡起来粘回到树上去。

2018 朱昱霖 nī chǐ fān le muā（个人项目）

"nī chǐ fān le muā"作为主题，使用的是石节子村的方言发
音的拼音，是来自村民们的问候。而见面问一句"吃了吗"则是一种
非常温暖又亲切的关怀。

支持朱昱霖完成这一切的意义来自于这 32 位村民真实的生活。
通过交流，他以艺术家的视角，记录了他们的精神需求，生命形态和
生活状态。

崔岗艺术村

项目名称：崔岗艺术村

发起时间：2012 年

项目地点：安徽省合肥市庐阳区崔岗村

发起人：谢泽

崔岗村的发现和艺术村的建立

谢 泽

2012年6月，我一个人来到崔岗，希望找一个自己的乡村工作室。在这之前我已经找了一年多，但没有满意的。6月，在蕾丝花摇曳的乡村公路，我驱车到了离合肥市中心半个多小时路程的崔岗村东边的大姚路，我发现它唤起小时候外婆家的记忆。这就是我喜欢的地方，翡翠般的人工杨树林，蜿蜒起伏的乡村公路，这里也是合肥市水源保护地。

崔岗村周边野花盛开、涵养林植被丰富茂密，合肥母亲河南淝河

蜿蜒起伏的乡村公路，翡翠般的人工杨树林

建筑空间
改造效果

和滁河干渠奔流不息。而崔岗村正在大姚路西坡的岗头上，村北教堂十字架鲜红地发着光。

我进村看见村头路边的农民就问："谁家有多余的房子出租？"农民陈友云起身应答："我家有！"第二天，我租下了农民也是崔岗赤脚医生陈友云的房子。

租下房子以后我迅速做了简单的改造，并给工作室起名为"瓦房"。

紧接着我就写了一封"致三十岗乡领导的一封信"，发表在我的博客，信中我详细阐述了自己有关崔岗艺术村的发起倡议和落实建议。第二天一早，我就被电话叫醒了，打电话的正是三十岗乡的党委委员张云。他说"我们庐阳区委书记吴劲同志看到了你的公开信，他委托我们见见你，听听你的详细方案。"

十月中旬，我在刚刚改造完的瓦房工作室举办了一个小型个展。我小范围地邀请了一些自己的亲朋好友，也邀请了三十岗乡的领导干部前来观看。在院子里摆上了专业级的咖啡机和红酒甜点，举办了一个小型开幕酒会……这么一来，崔岗村第一次堵车了……紧接着我的朋友们纷纷打听村里的房子要求进驻……崔岗村的艺术乡建之路就这么开始了。

次年十一月，由我策展，三十岗乡政府赞助主办的第一届当代艺术展"生生不息——安徽当代艺术和设计展"在崔岗，利用五个艺术家的工作室作为展厅，就这么开幕了。同时，在合肥市庐阳区委书记吴劲的鼎力支持下，崔岗艺术村也正式挂牌开村，举办了隆重的开村仪式。再后来，崔岗成为媒体宠儿、成为合肥市民网红打卡的文旅目的地。随着进驻崔岗的艺术家越来越多，政府和艺术家们再接再厉，又在开村展的基础上打造一年一度的"崔岗艺术节""崔岗论坛""崔岗市集"以及日常的各种小型艺术活动。

从此，崔岗村成为合肥乃至全国知名的乡村文创发展的名片和重要基地。新华社、人民日报、中央电视台、港台海外媒体以及本地大

《乡村的觉醒》
谢泽
代艺术家、崔岗艺术村发起人

2015 首届崔岗论坛
11/14

崔岗论坛

崔岗村涂鸦

小官方媒体和自媒体，长时间给予了不间断的报道宣传。这期间，当代绘画、行为艺术、先锋戏剧、诗歌朗诵、摇滚乐和民谣等多种艺术形态都在崔岗不断上演，全省和全国各地的艺术家、批评家、文化人、媒体、文创达人、设计师，纷纷造访崔岗……崔岗村正式成为安徽当代艺术的重要发生地和大本营。在短短的五年时间内，崔岗就获得了"乡村文化创新标兵""中宣部文化乡村示范点""安徽特色文旅街区""美好乡建模范艺术村"等多个称号。因为崔岗村的多米诺联动效应，崔岗村催生了崔岗王大郢音乐小镇的创立，也催生了水源地周边的景区和道路建设，一个环崔岗的合肥最大郊野公园也迅速启动，

并迅速带动了合肥西北郊整个广袤的乡村建设新高潮。2017 年年底，在庐阳区区长黄卫东的全力支持下，由我主持策划和设计的"崔岗当代艺术馆"暨乡村文创艺术综合体正式落成。"崔岗当代艺术馆"的落成，不仅填补了安徽当代艺术馆的空白，也是全国首家由乡政府出资打造的乡村当代艺术馆。

2015 年 11 月 14 日下午，"第三届崔岗艺术节暨 2015 首届崔岗论坛"于安徽省合肥市崔岗艺术村举办，本届崔岗论坛的主题为"艺术介入乡村"。

2015 年 12 月 30 日，合肥崔岗当代艺术馆开馆。该馆建筑采用乡村"谷仓"LOFT 风格，其建设历时 12 个月的工期，在原有的基础上进行改建和重建，充分尊重原有的江淮民居建筑语言和尺度，使之带有历史的记忆。开馆当天，崔岗当代艺术馆展出 50 位画家的 100 幅作品以及当代影像、先锋戏剧等。

市集作为过去乡村生活的传统习俗被现代生活逐渐弱化。在崔岗村，市集却成为一个别致的个性符号，每月一次的手工市集活动，艺术家、原住民和前来参观的市民共同为大家奉献一场场盛宴。

展出 100 幅作品以及当代影像、
先锋戏剧等的崔岗市集

崔岗市集现场

白马花田的乡创故事

项目名称：白马花田的乡创故事

发起时间：2015年

项目地点：四川省达州市宣汉县白马镇毕城村

发起人：向勇、向方逊

田园乡创

公益＋商业的乡村价值可持续创新探索

　　工业化是近代以来城市勃兴的推手，却也是乡村衰落的主因，城乡之间生态依存的共生关系愈加受到重视。从霍华德的田园城市理念到梁漱溟的乡建理论实践，从日本的地方创生到台湾地区的社区总体营造，从中国大陆的乡村振兴到联合国人居署的城乡联系关键文件，振兴乡村一直是现代知识分子、各国各地政府和国际组织的现实关切。作为人类文明历史起点的乡土文明也正在重返我们的视野，乡村文化振兴是乡村振兴战略的基本内容，是乡村全面振兴的内在动力和精神引领。

　　在中国的社会经济发展立足新发展阶段，乡村振兴迎来全新的历

花田间国际乡村创客营地俯瞰图

参加白马论坛国际乡村
创客大会的专家学者

向勇在白马论坛国际
乡村创客大会上发言

史使命，需要探索全新的发展模式的当下，文化创意赋能乡村振兴作为一种乡村振兴与城乡营造的创新发展模式，正吸引越来越多的艺术工作者投身乡村建设事业的新蓝海，形成推动乡村振兴的"艺术创生"（Art for Place Making）的新潮流。由"白马花田营造社"主导发起的白马乡创在四川宣汉白马镇徐徐开展，通过乡村振兴相关公益营造与产业实践，以文化创意赋能乡村振兴的方式激活乡村经济。白马乡创团队以"文化连接、创意赋能、价值共生"为理念，关注"人—文—地—景—产"的乡村核心要素，践行"创造—创意—创新—创业—创生"等五元共生的乡创模式，注重公益性与商业性相结合、社会效益与经济效益相统一的实践原则，为实现乡村的可持续发展和全面振兴进行有益探索与范式构建。

白马花田营造社已连续两年开展白马论坛国际乡村创客大会，筛选自全球乡村营建案例，与乡村振兴第一线工作者、研究者面对面，聆听乡村故事，分享乡建经验，探索乡创范式。通过花田喜市、花田工坊、花田村宿，组织当地村民计划推进国际研学、特色农品加工、巴文化主题乡宿和特色手作文创等产品研发和产业谋划，实现利益共生、生态共生和效益共生，同时共同建立起全新的乡村动员机制，让乡村成为现象学意义上赋予人与土地、人与社会、人与世界等特定意涵的空间。

通过艺术与乡村的对话、文创与乡民的共生协作，白马的乡创实践也建立起所有参与者（包括创作者与体验者）情牵这方花田的地方依恋、地方依赖和地方认同，形成具有内生驱动力的"白马花田新村民"自组织乡创社群。向村而行，今日的"白马"不仅仅是一个乡镇地名，也是一个乡建意象。小小浅浅的白马河，欢欢快快地淌过洲河和渠江，跌跌撞撞流经嘉陵江和长江，最后从从容容汇入东海，连接蔚蓝世界，这方藏于四川巴山秘境的森林小镇，正在逐渐成长为一个全球乡创人士的共有家园。

白马这一隅巴乡故土寻找和构筑精神原乡，正在逐渐形成有益的乡建探索范式，自白马出发，"向村计划"全国性乡创平台也在搭建中，继续培育文化创意支持乡村振兴的专门人才，积极培育乡村特色文化产业，打造乡村文化经济的新业态，塑造人类乡土文明的新形态，通过人才培养、文化创意赋能乡村建设。皎皎白驹，在彼空谷；以梦为马，不负韶华。在白马精神的指引下，公益＋商业的乡村价值可持续创新将持续探索出一条从"小康的乡村"走向"全面乡村振兴的乡村"的特色乡创之路，我们终将去得了远方，回得了故乡。

白马花田营造社的行动理念可梳理为以下五个关键词：

（1）乡土美学

白马花田营造社旨在重构乡土美学的时代价值，以文化连接者、陪伴者乃至家人一般的角色融入乡村大地，与这块土地上生活的人们休戚与共、命运相惜，从而引领村民实现文化生活自内而外的日常活化与审美提升，践行率性天真、质朴慢活的乡村美学生活方式，营造生发于传统又与时代接轨、别具特色的东方乡土文明生活场景，助力更多乡村成长为具备乡土美学特征和故事原型的田园归家。

（2）乡土教育

乡土教育是通过乡土知识学习和乡土环境的熏陶而让参与者生发乡土情感、增进乡土认同的教育。我们系统整理白马的乡村文化资源和自然博物资源，通过花田课堂的开展，让大山的孩子们对家乡产生最直接、最深刻的感知和认识，赋予乡土文化传承具体的内涵。

（3）文化连接

我们关注乡村场景与人的链接，关注居民、游客在空间的心理联系和感性参与，以故事力、意义感、设计感、交响力、娱乐感和共情力提供情感体验，最终引起文化共鸣，以文化连接的理念追求社会效益和文化价值的推广。

藏于四川巴山秘境的森林小镇"白马"

别具特色的东方乡土生活空间

大巴山花田艺穗节游客体验创作

（4）创意赋能

创意赋能表现为运用人文、艺术、科技和商业等手段，推动乡村文化资源的产业创新和乡村特色产业的文化赋能。白马花田乡创团队既是融入式的文化生活陪伴者，也是创意赋能者和协同共生者，以文化创意的方式，具有仪式感、参与感和场景化地创新呈现乡村的人文、历史和自然资源，并通过艺术介入的综合手段，实现艺术创生的整体效益。

（5）价值共生

坚持"共创、共建、共享"的创意生态理念，注重公益性与商业性相结合、社会效益与经济效益相统一的实践原则，广泛联系政府、社会和企业的主体意识，倡导村民集体的合作互助，引导公益组织、社会企业和志愿者等第三方力量的多元参与，塑造充满感性、灵性和理性的乡土空间。价值共生是文化创意赋能乡村振兴的营造升级和价值实现，是乡村价值的整体实现，以互联网思维和产业价值链思维作为艺术营造的行动指引。文化创意的价值共生以互联网的平台思维审视乡村文创的事业发展，充分发挥连接、赋能和共生的乡创平台价值。

花田间国际乡村创客营地

由白马镇向家老宅院修缮改建而成的"花田间国际乡村创客营地"坐落于白马山谷间的毕城村，这里也是于2019年成立的乡建社团"白马花田营造社"的起点，是许许多多参与过"向村计划：白马新故乡营造行动"系列活动的青年志愿者们、乡村创客们记忆深刻的乡创原乡。这座屋后青山、门前绿水的三层院落从一开始就不是作为一座私人宅院设计的，而是以文化创意赋能乡村振兴、立足国际视野的乡村创客营地为定位。

花田间创客营地的营建自2015年8月启动，于2019年5月正式落成，建成后的花田间国际创客营地整体建筑融合了传统巴山民居样式与民国建筑风格。东北传统民居有"一"字型、"L"型、四合型布局，花田间主要借用川东北传统民居"L"型的平面布局，在建筑上多处应用，使建筑与四围的山水、村庄、农田在更大的场域形成合围，行走其间，可以充分感受建筑、人文与自然，烘托大山深处的"家"的氛围。同时借用传统建筑中穿廊的形式，廊道分割了空间，又连接各个空间，借着廊道葆有的古朴韵味来丰富空间文化内涵，在一层屋檐的遮盖下，保持建筑的整体感与开放性的统一。建筑的新中式风是这个时代回溯传统的潮流印迹，对川东地域文化和对北大燕南园民国时期建筑的致敬都共同谱写了这座建筑故事的一部分，稳重与动态并存、静谧与活力同处的建筑为返乡者提供了与川东乡野时间空间、自然环境、人文环境和社会环境交流的空间形式，把传统乡贤的人文理想和现代创客的精益追求凝结成价值共享的花田使命。

主体建筑共分为三层，由花田喜食、花田物语、花田美术馆、花田工坊、向上书堂、大耐堂、六艺道舍和生活记忆馆等馆室构成，另外保留了老屋的一部分改建为生活记忆馆，融合了休憩、研学、展示、创作等多重功能，既是开放、创新、自由的，又不乏地方传统与乡村记忆。

花田间国际乡村创客营地侧影

花田间国际乡村创客营地建成后成功入选中国艺术行业创建时间最早的监测与评价平台之一"ART POWER 100"发起的2019年度"DESIGN POWER 100"评选，入选"服务 SERVICE"榜单与网络人气奖"生活 LIFE"榜单。截至2021年8月花田间已集结超过四百名志愿参与者，成功举办了两届大巴山花田艺穗节、两届白马论坛国际乡村创客大会、白马山森林音乐节等大型活动，开展了花田艺绘项目、花田课堂STEAM夏校等公益项目、编撰出版乡创学术刊物《白马》，发布乡村文创《白马宣言》，制定乡村文创行动指南，培养乡创首席营造师，建设乡创学院，推动国家有关部门出台文化创意支持乡村振兴的政策措施。

大巴山花田艺穗节

已连续两年举办大巴山花田艺穗节以创意激活当地民俗文化、故事传说、手工造物、节日庆典等文化旅游资源。

艺穗节（Fringe Festival）这一概念发端于1947年的英国爱丁堡艺术节，八个未收到主办单位邀请的艺术团体，以艺穗自居，自立自行筹划演出，并大受欢迎，成为此后爱丁堡每年八月份固定举办的艺术活动。如今艺穗节已经遍布全球70余座城市，2010年12月艺穗节登陆中国内地，中国台北、澳门、深圳和上海都先后举办过城市艺穗节，具有新锐、创意、草根与先锋的文化意涵以及多元、自由、互动与日常的表现形式。英国爱丁堡艺穗节执行主席凯西·梅兰德认为"不设门槛"是艺穗节精神的核心，它营建了艺术家、观众和当地居民自由探索、表现与参与的开放性乡村艺术生态系统，将日常生活空间环境转化为艺术和审美的舞台。

"大巴山花田艺穗节"是白马花田营造社开展的乡村营建核心项目之一，作为中国首个乡村艺穗节，既是艺穗节国际大家庭的一名新成员，又是巴山乡民人人参与的丰年祭，是与花田大地相连的盛大节日，是将乡村作为艺术现场的文化事件。稻穗成熟时，在白马这个大山深处的乡村，大巴山花田艺穗节就像一粒孕育希望的金色稻穗在深山花田的播种，以一场"讴歌泥土生命"的节庆将乡村创客、游客与村民联动起来，源源不断地营建起乡村的艺术现场。以复兴乡村美学、重建乡村人文伦理为目标，艺穗节这一当代新潮的节庆形式重构着乡土美学的时代价值，守护历史传统，推动文化创新和地方再生，引领更多人发现山水田园之美、人伦乡情之美、民俗工艺之美、建筑民居之美，发掘具有乡土美学特征和故事原型的田园归家，实践率性天真、质朴慢活的乡村生活美学方式。

艺穗节在本质上是一个当代性的大众节庆，因而具有多方面的开放性。首先，艺穗节举办场地是乡村的公共空间，其中的艺术展示空间往往是院坝、稻田，而不是固有的标准剧场，将艺术从舞台的禁锢中解放出来，渗透至生活的真实日常中，让每一位当地居民都可以参与其中，共建乡村新艺术化公共生活方式。乡村艺穗节在营造艺术空间的同时，更重要的是构建了开放的艺术共同体，不同领域的艺术家都可以在艺穗节中进行创作与展示，同时观摩学习，在开放的语境中进行跨界交流与融合创作。乡村艺穗节的开放性还体现在受众的开放性，公共导向艺术所营造的沉浸体验能够有效唤起不同受众群体的注意力与共情，从而以参与力代替观看力，对艺术作品产生全面性的回应，构造开放的互动观演模式。

花田艺绘

启动花田创客项目，通过艺术家驻村、花田艺绘、花田影像、花田剧社等二十余场活动的开展让白马古老久远的历史文化和静态停止的自然风物鲜活起来，重建起传统文化和民俗生活的现代价值和生命连接。

白马乡创团队倡导村民集体的合作互助，引导公益组织、社会企业和志愿者等第三方力量的多元参与，塑造充满感性、灵性和理性的乡土空间。花田间国际乡村创客营地的修建及花田艺绘计划的开展推

村民与志愿者一起完成艺绘作品

志愿者正在创作

花田艺绘项目成果

进了乡村艺术空间的营造, 通过主题墙绘、景观创作、公共艺术等方式,
让艺术自然地融入到其生活情境当中, 在与当今社会连接的同时又无
声而坚定地诉说着村庄的历史血脉和文明信息, 在美化村庄环境的同
时进一步促进了文化的传承。

2020 年 7 月 10 日, 花田间国际乡村创客营地启动了 "花田艺绘
项目", 邀请了 60 余名来自各个大学的青年艺术创作者, 开展乡村
在地艺术创作与乡村文创交流, 把对毕城村建设的规划通过具体的行
动落实在田间地头、房前屋后, 以青年力量助力乡村振兴。在创作之前,
团队对白马镇毕城村进行了深入的调研, 随着对村庄历史文化了解的
深入, 以及对村民生活习惯和传统民俗的深入了解, 项目志愿者们在
"乡创训练营" 课程导师的指导下对方案进行了一遍遍的修改, 让艺
术方案在设计和布局上都充分尊重了毕城村的历史遗存和文化传统,
并保留了村庄的自然风格和建筑神韵, 并注重村民的自主参与。在花

田艺绘项目中，艺术作为乡村地方资源开发的重要触媒，通过激发个人的创意想象和乡村地方的品牌意象，满足了大众对乡村意象的审美、风格和体验的情感消费。

花田艺绘项目的整体营造围绕"巴文化"主题展开，吸纳和呈现的文化内容包括巴文化的符号文创、大巴山的自然文创、土家族的民俗文创、白马乡土的地方文创等，艺术元素包括巴国图语、巴山草木、竹艺草编等要素，并重点呈现"廪君与盐水女神"的瑰丽神话故事。一个月的时间里，志愿者们在导师的带领下完成了《寻梦白马》《白虎廪君》《盐水女神》《烈火花田》四幅主题墙绘、彩绘景观街十七面卷帘门彩绘、《溯源》《追忆》《流传》三件公共艺术装置、公共桥梁《白马幻羽桥》改造、拍摄完成《花田寻根》《巴山蜜语》《一笾人间》《花子向阳开》四部纪录片，并完成"花田小白"白马 IP 设计，形象呆萌有趣，结合了巴文化的巫术传统和土家族人的通灵信仰，赋予这个二次元形象以新村民的人格化特征，作为白马花田的守护精灵，能守护人的梦境。这些成果从创意、设计、草图、修改到最终创作都体现了青年创作者们的创意巧思和专业实力。

今日的白马，在村庄的"花田美术馆"，从作品创作、布展，到观展都有村民与村庄中孩子们的参与，也由此彰显了艺术真正的现场性与场所精神的场景感。除了建设美好乡村环境、打造乡村公共空间之外，乡村空间营造活动的开展也充分调动了村民参与积极性，激发主体意识，循序渐进地丰富着村民的精神文化生活。

花田课堂

花田课堂包括文创研习营、文创研学营、STEAM 夏校等，已开展十余场主题课堂活动，通过丰富的研学内容探索乡村建设的未来和可能。

在白马毕城村，除了乡村现场空间的营造，白马花田营造社也通过花田课堂、花田影像等内生的乡创项目，梳理村庄的文化资源和文

引导孩子们观察乡村

花田课堂中孩子们学习舞蹈

留守青少年儿童参加美育活动

化脉络，在项目启动之初便从全球视野、国家需要和地方发展的角度，为毕城村提炼出"孝义原乡 耕读人家"的文化基因，系统整理白马的乡村文化资源和自然博物资源，通过花田课堂的开展，让大山的孩子们对家乡产生最直接、最深刻的感知和认识，赋予乡土文化传承具体的内涵；通过花田影像计划招募优秀的影像创作者进行田野采风和纪实影像创作，在广阔的田间地头以创意呼唤影像的真实，以具有温度的光影留下乡土的精神气质，促进非物质文化遗产的保护与传承。

2019年7月10日—7月24日，"花田课堂│2019 STEAM夏校"举办，活动以"微爱筑梦"为主题，旨在增进大学生对乡村的认识和对乡村文化资源的了解，同时推动艺术介入乡村的进程，培养乡村孩子的艺术思维和文化素养。作为支教公益活动，STEAM 课堂没有收取任何费用，活动期间更是免费为孩子们提供营养午餐，在为期两周的时间里，10 名支教团的大学生与 37 名来自白马镇各村的孩子们一起度过难忘的知行时光。

2020 年 8 月 12 日—8 月 26 日，"花田课堂 | 2020 STEAM 夏校"成功举办，活动以"炬火之力"为主题，招募了来自多所高校的 13 名支教团大学生志愿者，为 76 名来自白马镇各个村庄的孩子带来丰富的暑期课堂，并组织成立了"白马少年剧社"，自主创编长达 12 分钟的儿童故事舞剧《白马少年寻梦记》，让孩子们用舞蹈、朗诵表演自己家乡的传说和古老历史，让孩子们亲身体会到艺术的无穷魅力。两年里充满朝气的志愿者们将梦想的种子撒入了大山的孩子们心中，孩子们让人欣喜的变化有目共睹，如同一个个在上升和发着光的小太阳，同时他们也回馈给志愿者大学生们干净无邪的情感和坚韧沉默的力量。

2021 年 7 月 21 日—8 月 5 日，"花田课堂 | 2021 STEAM 夏校"成功举办，活动以"我是乡村观察员"为主题，招募了来自多所高校的 11 名支教团大学生志愿者，普惠了 84 名来自白马镇各个村庄的孩子。志愿者采用 STEAM 教学模式，围绕"我是乡村观察员"的主题，结合白马镇的历史文化，乡村风物，运用"乡土考现学"的思维与方法，引领孩子们重新观察与认识自己生活的乡村和身边的自然造物，并通过手工、绘画、音乐、舞蹈等方式实现自我表达，激发他们的想象力与创造力，也让孩子们更加了解和热爱自己的家乡。在"白马少年剧社"的基础上自主创编儿童故事舞剧第二幕《安安送米》，故事的发源地就在白马，讲述了小安安节省每日口粮，克服困难为修行山中的母亲送米的孝道故事，孩子的每一次舞动，都充满了纯真和灵动的美感。在花田课堂中孩子们用舞蹈、朗诵表演自己家乡的传说和古老历史，让孩子们亲身体会到艺术的无穷魅力。

2021 年携手腾讯 99 公益，白马花田营造社与希贤教育基金会共同发起"乡村儿童美育项目"，分别调动外部资源、本地居民和社会力量，资助乡村留守青少年儿童参与美育活动，让他们在美育方面得到充分的发展，让美育和德育、智育、体育更加均衡地发展，促进我国美育事业在中部、东部、西部更均衡地发展，通过开展丰富多彩的青少年美育课堂，举办丰富多彩的艺术活动，促使广大农村学生享受到公平优质的艺术教育。

附：花田故事营造项目简录

2019 年

"想象的村落"白马巴文化民俗体验村概念展

"想象的巴国"北京大学巴文化系列创意策划方案路演

"艺术介入与地方创生"北京大学—澳门理工学院创意营造工作坊

"微爱筑梦"花田课堂 2019 STEAM 夏校

"乡村动员与地方共生"首届大巴山花田艺穗节首届白马论坛国际乡村创客大会

《白马宣言》乡村建设模式新实践宣言发布

《大巴山花田艺穗节：既去得了远方，又回得了故乡》央视文化十分专题报道

"新旅游·潮成都"第六届成都创意设计周花田展

2020 年

"艺术从游，创意新乡"首届花田艺绘计划北京大学文化产业博士后宣汉创新实践基地工作站落成

北京大学思想政治实践课教育基地工作站落成

"萤火之光"花田课堂 2020 STEAM 夏校

"追忆·溯源·流传"第二届大巴山花田艺穗节开幕

第二届白马论坛国际乡村创客大会

白马花田村民益行积分计划启动

白马花田原创 IP "花田小白"发布

首届大巴山森林音乐节

萱萱草书馆图书供养人计划启动

纪录片《白马与花田》发布

意象乡创丛书《白马：城乡连接与乡村营造》出版

2021 年

"文化创意支持乡村振兴"清北乡创对谈会

"文化原乡，中国符号"首届白马花田春伞节暨春倌乡创论坛

《把论文写在祖国的大地上》央视文化十分栏目专题报道

"清北乡创对话"清华大学 110 周年校庆文创嘉年华

"花田间的探索创新"联合国教科文组织国际创意与可持续发展中心主题展览

"乡村共生与艺术在场"乡土考现白马乡创工作坊

"我是乡村观察员"花田课堂 2021 STEAM 夏校

"乡村儿童美育计划"守护留守儿童心灵世界公益项目

"艺术介入乡村文创白马实例"文化产业评论首期直播

满江红乡村艺术计划

项目名称：满江红乡村艺术栖居

发起时间：2016年

项目地点：陕西省西安市长安区满江红村

发起人：王凤华

艺术栖居

　　满江红乡村艺术区是由西安美术学院公共艺术系副教授王风华发起，以"文化下乡与艺术扶贫"为主题的集科研、乡村教育、旅游扶贫为一体的文化项目。该项目得到西安美术学院公共艺术系和学术界的肯定与支持，由此引发的"艺术乡村"计划，首先在可满足各种条件的长安区王曲街道满江红村获得当地支持，为本项目进入实质操作创造了基本条件。在满江红村开始创建"艺术乡村"，其优势在于离市区和大学城较近、交通便利、留守村民较少，利于新建与改造。

满江红乡村艺术区规划建设区域

1. 乡村公益图书馆与书店

　　由四川美术学院教授、西安美术学院博士生导师王林先生，省考古研究院研究员张建林、焦南峰，西安美术学院教授王檬檬、副教授王风华共同捐赠文化、艺术、文学、历史类图书五万余册。他们创建乡村图书馆并对外开放，定期邀请文化名人举办讲座与主题放映。该图书馆成为西北地区第一个乡村图书馆。通过与三联书店及台湾罐子书店的接洽，他们已有入驻该乡村的意向，随着项目的推进，可以随后落实签约。提高了当地文化旅游品质。

满江红乡村艺术区门外的终南山

满江红乡村艺术区墙外的田野

2016 年艺术家入住后
的满江红乡村艺术区

2. 艺术家与考古学家工作室

一期，可建十间工作室（1500平方米），提供给有一定社会影响力的文化学者、考古学家和艺术家，每年付一定租金给投资方，以保障工作室正常运转。工作室群落可解决一部分村民的就业（包括木工、水电工、门卫、保洁工等），村民可解决艺术家与考古学家的生活必需（包括餐饮、超市等）。二期，改造部分已有建筑（例如养老院等），提供给青年艺术家或国际艺术家与策展人的驻留计划，并收取一定租金。三期，改造部分闲置的宅基住房，重新设计，与青年艺术家签订常年租赁合同。（据调研，目前农村有一部分村民由于子女在城市工作，把老人接到城里方便照料，原来在村里建的房子多年闲置没人居住，我们可以将这些房屋进行统计，一并改造成艺术家工作室，原房主可以获得房租收益。）

王凤华工作室

英国策展人凯伦·史密斯
在王凤华工作室

3. 乡村美术馆

由企业和满江红村共建乡村美术馆，委托美术学院专业人士策划艺术活动，每年举办艺术展6次，邀请当地村民参观，并与艺术家互动，丰富乡村文化生活、提高乡村文化素养。由于艺术活动的社会关注度高，加之媒体介入宣传，将会形成环山旅游带的文化亮点和长安区新农村建设的文化名片。

4. 原生态艺术民宿

在保持乡村原貌的基础上，邀请国内知名建筑师进行设计。艺术酒店包括绘画、雕塑、光艺术、现代设计等艺术品的植入，也包括健身房、自行车运动等项目。

5. 乡村文化培训与艺术公共教育中心

鉴于目前年轻人都在城市工作或打工，农村以留守老人和儿童为主，他们的文化生活相对贫乏（主要是电视、棋牌等活动）。我们可以借助美术学院的教师、学生资源，定期进行美术讲座和乡村艺术公教活动，免费提供画材画具，让老人与孩子进行艺术实践。定期举办画展与书法展览，还可以挖掘当地非物质文化遗产，开发衍生工艺品，并与西安美术馆合作，进行互动交流。村民的创作通过网络平台进行拍卖，所得收入归村民所有，形成一个新的经济开发点（国内许多成功的农民艺术培训案例可以参考，如山东青岛平度市万家镇马二丘村"人人都是艺术家公益艺术教学"项目）。

6. 中国九大美术学院乡建公共艺术实践基地与国际公共艺术创作营

西安美术学院的师生曾参与上海大学在莫干山举行的九大美院乡村艺术实践，得到业界与当地政府的广泛肯定。如果将此艺术活动移植于满江红村，会产生更大的社会影响力。通过西安美术学院举办的

英国温布尔
登艺术学院
教授祖伊来
满江红乡村
艺术区交流

马萨诸塞州立
大 学 Bryan 教
授在满江红乡
村艺术区与艺
术家交流

国际艺术家（英、德、法、奥、美等国的美术学院及职业艺术家）创作营，可进行短期驻地与在地创作，创作的公共艺术作品将永久置放于满江红村。同时也使满江红艺术乡村更具国际知名度。

7. 艺术乡村的配套产业开发

随着以上计划项目的完善，乡村就会赢得一定的社会影响力，有了文化知名度，便可以开发其他配套产业。例如，艺术餐饮、公众艺术创作体验、咖啡、小剧场、画材商店、画廊、艺术衍生产品、非物质文化产品、画框和包装箱生产加工、艺术物流等，这些项目会带动整个村落的经济发展。满江红乡村艺术区将成立文化公司来运营整个艺术乡村项目。

项目参考：

山西许村国际艺术公社

广东佛山青田村艺术项目

广州美术学院"艺术进村、南亭行动"公益项目

甘肃天水市秦安县叶堡乡"石节子美术馆"项目

青岛平度市万家镇马二丘村"人人都是艺术家公益教学"项目

浙江莫干山公共艺术项目

四川三圣乡蓝顶艺术区

乡村别苑

项目名称：乡村别苑

发起时间：2017年

项目地点：河南省信阳市新县

发起人：何崴

"别苑"里的田原综合体

何　崴

　　河南省信阳市新县，是大别山户外露营地项目中的重要组成部分。大别山户外露营地与大别山国家级登山步道相连，形成出入后者的重要门户。

　　"别苑"的基地背靠一座小山丘，植被丰富，前面有一片小茶园，稍远是贯穿露营地的河流，以及对面的山丘。基地是山脚下的一个小高台，往南视线开阔，有水从面前流过，是传统的风水宝地。基地原址上有几栋老旧的民宅，因为年久失修已经很破败，业主希望将其拆除，并在原址上兴建新的建筑。

冬日别苑

从路上仰视别苑茶室的外廊

功能：从纯粹的民宿到小型"田园综合体"

　　关于新建筑的功能，从设计伊始业主和设计团队就产生了分歧。业主最初希望这里尽量多地兴建客房，而设计团队则认为应该更多地体现公共功能，让这组建筑成为整个露营地的服务设施。经过讨论，以及对整个园区的分析，双方逐渐统一思想，新建筑的功能也逐渐清晰了起来：这将不是一个简单的民宿，也不是单纯的公共服务配套设施；新建筑将被赋予复合的功能和业态，不仅包括客房，也拥有咖啡、茶室、可用于聚会或者农事体验培训的多功能厅，以及用于休养的冥想空间。这些功能不是彼此独立的，而是互相交织在一起，并由复杂、多变的交通空间相串联。

　　建筑的功能赋予了建筑一种"综合体"的特性，它并不依赖单一的人群或者行为而生存；而"田园性"又是这个项目一直围绕的核心。本项目的田园性不仅反映在它地处大别山腹地，山林之中，也因为它未来的经营内容都将围绕着山林展开，从采茶、制茶等农事体验，到利用周边物产开发的一系列创意农业产品，再到围绕绿色健康产业所组织的登山、养生等活动。

　　"别苑"的定位已经不局限于满足居住需求的民宿酒店，而希望把自身打造成一个小型的田园综合体。

空间：顶、院、径、水池、光影

"别苑"由多栋建筑组成，由于场地的限制，大部分建筑呈水平展开；设计师将建筑进行了细微的前后搓动，并交替使用了平顶和双坡顶（其中双坡顶暗示了原有民宅的位置）。这样做的结果是，建筑呈现出相互咬合的状态，曲折的平面和立面外轮廓线也给人以轻松随性的感觉。

院子和路径是"别苑"项目空间的另一个特征。设计师认为中国传统建筑最吸引人的地方就是房屋、院子和路径的关系。其中房屋和院子互为正负关系，这种正负不仅仅是物理空间上的正负，也包含了视线和心理上的内外、开放与封闭等等；而路径是房屋和院子之间的"介入物"，它时里时外，并没绝对的室内或者室外的身份。路径的作用不仅仅是交通的串联，也让空间的内外变得连贯和模糊。在本项目中，设计师希望在农舍的语境下，讨论这三者的关系。因此多个不同空间特征的院子被营造出来，它们穿插在建筑群体之间，将建筑与周边环境，建筑与建筑隔开，形成一个个空白。这些空白除了功能作用外，更多的是一种视线和心理上的需要。

路径约束了人们进入建筑的方式。为了保持"别苑"的私密性和趣味性，建筑的路径被人为地"曲折"，甚至是隐藏起来，顾客需要自行寻找进入空间的方式，而在这个寻找过程中，建筑和院子的正负关系被自然而然地呈现出来。

水池和光影的设计加强了建筑的趣味性和戏剧性。通过水池的反光和倒影，以及不时出现在路径中的光影戏剧性场景，使用者的兴趣被不断地勾起，人们驻足、拍照、发朋友圈，建筑单一红砖材料所带来的厚重与单调感则被大大地冲淡。

气质：精致农舍，随性别苑

"别苑"，顾名思义它不是城市中的精品酒店，也不是乡间别墅，它有一种野味，也可以说是农舍感。"别苑"的气质应该是精致的，

茶室入口拱廊

咖啡厅室内

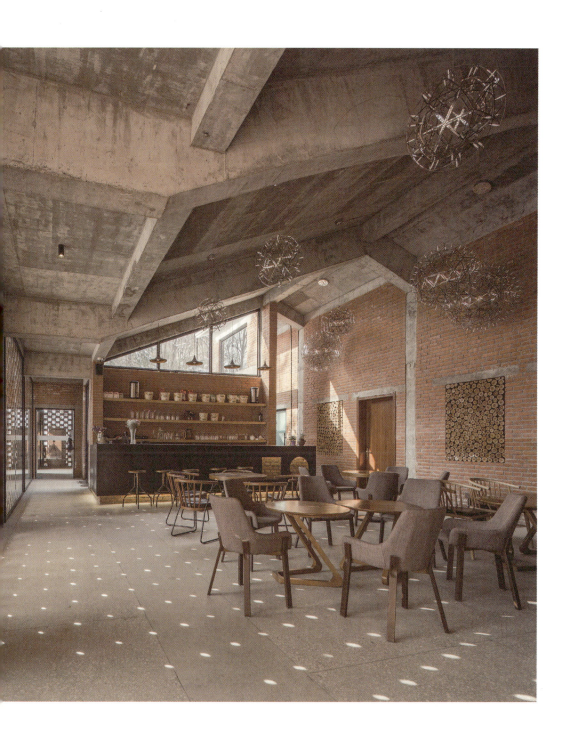

但并不过分矫情；随性而为，人居于其间，可以放松，偶遇间，人和人的距离可以稍微拉近。

因为是新建，设计师并不刻意模仿民居的老旧，而是希望让建筑给人有一种亲近的感觉。建筑选用了1980年代常用的红砖作为主要材料，外观并不刻意追求风格的一致性，相反设计师有意地将不同风格混搭在一起，形成一种"混乱"感。因为这种混乱感、混搭正是乡村建筑吸引人的地方。

建筑的室内也不另做装修，直接暴露材料，形成一种可控的粗野感。地面的水磨石，暴露出来的结构构件，进一步强化了这种感觉。在设计师看来这样的处理正合乎项目的名称"别苑"所应该传达的气质——一种不同于城市的别样生活。

多功能厅室内

茶室中不同特性的独立空间，窗户的取景、框景让室内外形成对话

水池倒映下的建筑夜景

沂河源艺术田园综合体

项目名称：沂河源艺术田园综合体

发起时间：2017年

项目地点：山东省淄博市沂源县鲁村镇

发起人与机构：董方军（总策划）等

沂河源艺术田园综合体

　　沂河源艺术田园综合体位于沂蒙山区，沂源的许多著名城镇大都坐落在沂河岸边。沂河，古称沂水，是淮河流域泗沂沭水系中较大的河流，位于山东省南部与江苏省北部，是古淮河支流泗水的支流，源

沂河源田园综合体

自山东省沂源县田庄水库上源东支牛角山北麓，北流过沂源县城后折向南，经沂水、沂南、临沂、蒙阴、平邑和郯城等县市，至江苏省入新沂河，抵燕尾港进入黄海。全长 574 公里，流域面积 17325 平方公里，集水面积 4892 平方公里，河面最宽达 1540 米；被临沂人民誉为"母亲河"。

沂河所经山区峰峦叠翠，平原一望无际，自然风光秀丽，名胜古迹荟萃。沿岸有鲁山溶洞群、"沂源猿人"头骨化石遗址、大贤山织女洞、东安故城、北寨汉画像墓、阳都故城、禹国故城、金雀山、银雀山汉墓群、郯国故城等古迹。岸堤、跋山、许家崖等大型水库已建设成为重点的旅游景点。沂源因地处沂河源头而得名。这里历史悠久、人杰地灵，早在四五十万年之前，中华民族的祖先"沂源猿人"，就在这块物华天宝的大地上繁衍生息，孕育了灿烂辉煌的人文古迹，开创着沂蒙山区人类社会活动和远古文明。这里有著名的"沂源猿人"化石遗址，上崖洞旧石器遗址，中儒林墓葬群和姑子坪，西顾庄、曹家庄等一批龙山文化和大汶口文化遗存，东安古郡治所和齐长城遗址，唐代摩崖石刻等。

沂河源田园综合体隶属于山东省沂源县鲁村镇，2018 年由北京东方君基金会与沂源县政府合作共同建设。沂河源田园综合体秉承艺术活化乡村理念，产业富民兴民。发展特色农业、高端艺术、精品旅游三大产业，着力于打造艺术与人、与自然共生共融的体验旅游新格局。沂河源田园综合体项目规划总面积 3.2 万亩，23 平方公里，投资 5.9 亿元，涵盖龙子峪村、刘家庄、刘家坡、鹿角山、姬家峪、西徐家庄、北徐家庄七个行政村，落实了习近平书记"五个振兴"和"绿水青山就是金山银山"的理念。沂河源艺术田园综合体是首家以民营工商资本为主体投入的田园综合体，也是国内首个以艺术产业为主题的精品旅游项目，世界顶级艺术人才参与打造，让艺术产业与乡村振兴有机融合，实现旅游拉动、产业支撑的乡村振兴新模式。沂河源田园综合体的主体部分集中在桃花岛、龙子峪、刘家坡三个地区。沂河源田园综合体中有省重点贫困村 4 个。总体功能区主要包括"一路""两核""一水带""七大产业区"。项目作为东方君公益基金会会长董方军"公益和慈善实体化"的试点项目，得到了比尔·盖茨、福武总一郎等世界著名慈善家，保罗·安德鲁、北川富郎、宫岛达男等世界顶级艺术家，以及众多国内知名艺术家的大力支持，借鉴日本成熟的艺术活化乡村经验，充分挖掘和利用沂河发源地良好的生态环境、交通便利的区位、基层基础牢固等优势，用艺术手段实现"生产美、生活美、生态美"，"三美"同步，打造"处处皆艺术，人人都幸福"的艺术田园、幸福乡村；以公益心态投资，以商业手法运作，采取"公益基金＋专业公司＋合作社＋农户"模式，输血与造血同步，突出强化项目的自身造血功能，实现长期可持续的自我发展，确保人民群众的获得感、幸福感持续增强，真正把农村建成人人向往的家园。

其中，龙子峪村位于沂河源头，青山绿水、果树草坪、石板翠竹，形成乡村振兴一道道靓丽的风景线……走进龙子峪村，感受最深的是这里中西方文化艺术和谐共存和城乡文化生活的有机融合。她是田园综合体的核心艺术集聚区，国内外的很多文学艺术大家都在这里留下自己的作品，这里有刘玉堂文学馆、李心田艺术馆、艺研柒号艺术馆等文学艺术展区，有着时间之花、乡村记忆等美学艺术展区，更是有着法国著名建筑师保罗·安德鲁之家，此外这里也是沂河源艺术田园综合体的发起人、中国著名慈善家、企业家董方军先生出生的村庄。

"一砖一瓦都充满文化气息，一草一木都彰显艺术品位，慕名而来的文化学者、艺术爱好者络绎不绝"，这是 2021 年 3 月刘家义书记在全国两会上对龙子峪村表演的评价。沂河源艺术田园综合体一直把"艺术活化乡村"作为乡村振兴的实践路径，坚持生产、生活、生态与文化艺术深度融合，并邀请国际著名设计大师保罗·安德鲁为其量身打造设计方案，对乡村风貌进行艺术改造和重塑，将中国乡村打造成村美民富的人间仙境"桃花岛"。

　　桃花岛是沂河源田园综合体的核心区，是沂河源艺术田园综合体的样板。沂河源艺术田园综合体约 3.2 万亩。由于这里是山区，所以农田里大多种植各种水果，还有成片的花椒树、核桃树，同学们可以在农田里体验农业劳作，学习相关农作物种植知识。桃花岛是有着大片桃源的美丽风景区，早春可以观赏到桃花，在桃子成熟的时候可以体会采摘的乐趣。桃花岛上还有很多适合拍照游玩的地方，有着自由浪漫的氛围。

　　刘家坡为田园综合体的发展带动区，分为大光坡、小光坡 2 个自然村，共有人口 267 人，97 户人家，不久前还是省级贫困村。村内所有房屋建筑全部以石质为主，原始、生态和野性的乡村面貌是艺术乡村发展的重要自然资源。刘家坡村被山东财经大学创意经济研究团队命名为"三生石代"，是永恒的石头地带，三生既为生产、生活、生态，也是恒久的意思，寓意着当地人对幸福生活的永恒追求。在党和政府各级领导的支持下，自 2018 年 4 月开工建设，已经修建和改建包括传统院落和时尚民居在内的 7 套艺术民宿，刘家坡村有着独特的乡村风貌，建筑以石头为主，在这里有着特色民宿，每个民宿亦有不同的特色，祖屋仓舍展现宁静的农家生活、燕喃蓝舍体现着地中海的建筑风格、轻奢集装箱民宿则充满了野趣，每一处都值得去细细品尝。这儿还有大规模的苹果种植园区、香菇种植基地，农田里生长着各种作物，每一处都充满乐趣与知识。刘家坡主要特征是以艺术产业为支撑，作为沂河源田园综合体的重要配套，同时发展现代农业，建设了山东华盛科沃云果业示范基地及香菇种植基地，很大程度上提高了经济收入、促进了村民就业。

　　艺术与乡村的结合焕发出了新的魅力，桃花岛"艺术活化乡村"项目的建设初衷就是为了改造乡土，希望桃花岛将区别于传统的"美丽乡村""特色小镇"等模式，而走出一条特别的路子。"艺术活化乡村"项目的目标是使这里处处有艺术，人人得幸福。项目引用了欧美、日本等先进的乡村建设观念。通过请到国际著名建筑师保罗·安德鲁来提出设计方案，建设有国际视野、中国特色的美丽乡村。"艺术活化乡村"理念，实现了对当地乡土、人文、环境的再改造，对于探索中国美丽乡村的新路径具有较大的启发意义。山东财经大学乡村振兴学院院长董方军先生认为，"艺术活化乡村"项目的理念与模式对中国乡村发展有很好的参照作用，中国广大乡村需要的是融合精准扶贫理念的振兴发展。"艺术活化乡村"项目将自然、艺术、艺术家与贫困乡村相结合，产生了奇妙的、巨大的社会效应。

为响应乡村振兴的国家战略，山东省委积极贯彻"双招双引"精神，召唤董方军返乡创业，回到家乡的他积极创办了沂河源艺术田园综合体，同时他充分发挥公益思想与国际公益资源优势，进一步落实"双招双引"政策积极引进国内外顶级艺术人才，用艺术"活化"振兴乡村，用艺术实现了乡村真正的人才振兴，进而培育产业振兴、形成和带动发展生态振兴、组织振兴与文化振兴。沂河源艺术田园综合体是中国首个以"艺术"为灵魂和载体来进行乡村振兴的田园综合体，其借鉴了日本乡村振兴的成功经验，探索"新直岛模式"推动艺术振兴乡村。这是为中国乡村振兴找到的新尝试和突破方向，是乡村振兴齐鲁样板有效模式和路径的探索。沂河源田园综合体项目主建设计划三期完成，2018 年 12 月一期工程开始施工，着力改善环境与基建。2019 年 12 月，整体提升与基础设施初步建设完成，部分对外开放，开始建设二期工程。预计 2020 年 12 月，开始建设三期工程并于 2021 年 12 月全项目竣工、验收并交付使用。乡村振兴学院，是沂河源艺术田园综合体重点项目之一，是集教学、培训、会议、餐饮、住宿为一体的综合性学院。它与山东财经大学等高校合作，于 2020 年 12 月挂牌成立。沂河源艺术田园综合体真正实现了人才振兴、产业振兴、生态振兴、组织振兴和文化振兴，为乡村振兴探索出独辟蹊径的齐鲁样板发展之路。

龙子峪村国际艺术活化乡村项目

1. 墨

　　标志性艺术建筑"墨"的创作者是保罗·安德鲁，国际著名设计师，他也是桃花岛"艺术活化乡村"的总设计师。保罗·安德鲁先生29岁就主持设计了法国最大规模的建筑项目戴高乐机场，从此改变了国际机场的建造方式，这也开启了他机场大项目设计之旅。他陆续设计了印度尼西亚雅加达机场、埃及开罗机场、日本大阪关西机场、文莱机场等等。在中国，他设计了中国国家大剧院、上海浦东新机场、

"墨"侧影

中国三亚机场、济南文化中心等。

"墨"位于龙子峪村东南,占地 1500 平方米,是沂河源艺术田园综合体两大地标建筑之一, 也是保罗·安德鲁的绝笔之作。"墨"的灵感来源,正是带他来到沂源的好友董方军先生的一个小爱好。董方军先生酷爱收藏砚台,安德鲁受此启发,削去山头,仿砚之形创造了"墨"。作为一个国外艺术家,能够对中国传统文化有着深刻的见解,可见保罗·安德鲁先生对中国文化的热爱及其深厚的文化底蕴。"墨"整体似一方鲁砚,曲线流畅,内部却又别有洞天。建筑一侧为独具风味的悬崖民宿,另一侧则是美术馆。中间是公共区域,亦有供游人休憩的咖啡馆。虽是人工造物,"墨"却因大师的生花妙笔而与周边环境浑然一体。

2. 观天台

观天台位于龙子峪村南侧,与"墨"相呼应。巨大的圆形天台立于山顶,中心凹向地面,举目远眺,天地之间,万物之中,辽阔之感油然而生。观天,亦是观心。沂河源纯净的朗月星空,正是苏轼所说的"无尽藏",是大自然给予人类的珍贵财富。步入观天台,远离了都市的喧嚣,沐浴着星月的光辉,久违的宁静走入乏累的心灵,恍惚间生出"天人合一"的玄妙感受。

"艺术活化乡村"通过与保罗·安德鲁设计大师的合作,结合乡村原有的文化、生活方式开发价值,对乡村进行艺术重塑与乡土的综合复兴。用艺术的眼光、设计的手段,把深藏于乡村的老时光重现在众人眼前,让人们能够切实地感受到美丽乡村的民情文化,将青山绿水与高雅艺术结合起来,共同推进乡村振兴。当艺术与乡村相遇,一定会激发出新的活力。乡村艺术化正是用艺术来"化"乡村,让乡村走向诗和远方。

观天台

3. 沉思之路

由法国著名设计师保罗·安德鲁设计。沉思之路，本是自龙子峪村庄出口至沂河源头的一条小径。安德鲁先生路过此处时，淙淙的流水仿佛从他心间淌过，使他生出无穷哲思与灵感，设计出了沉思之路。散步在沉思之路上，思绪如同流水，从千年前流来，又流去万年后。漫步于此，心灵在时空中尽情徜徉，全然忘却俗务，醉心于自然的恩赐。

这条小路将自然与人生相结合，在流水中思考人生。在宁静的乡村之中沉思，体会人生、感悟人生。这是一个能够激发灵感的地方，具有极高的艺术价值。

4. 保罗与娜蒂之家

保罗与娜蒂之家，这是已故著名艺术家保罗·安德鲁与他挚爱的妻子娜蒂在沂河源的家。会客厅的设计兼顾保罗先生的深沉和娜蒂女士的活泼，浪漫气息浓厚；工作室则真实复原了保罗先生于法国家中工作的情形，同时展示保罗先生遗存于世的 44 部作品规划。

2019 年 10 月 21 日，保罗的夫人娜蒂带领团队来到桃花岛，按保罗的遗愿继续完成后续工作。在参观过刘玉堂文学馆及李心田文学馆后，娜蒂夫人憧憬说："若也能建造一个保罗之家该多好。"董方军先生拒绝说："我们不建保罗之家。"娜蒂夫人表情变得失望极了，董方军先生接着说："我要建一个保罗娜蒂之家。"当时娜蒂夫人听完像孩子一样高兴地跳起来了。

她亲自挑选了地点，并一起完成了"保罗与娜蒂之家"，让保罗·安德鲁精神留在了他热爱的这片土地上。

5. 时间之花

"时间之花"艺术馆，位于龙子峪村中部，"时间之花"是国际著名艺术家宫岛达男先生以"艺术活化乡村"为主题的作品。

宫岛达男的作品中反复充斥着数字、LED、霓虹灯等科技符号。他在 1988 年第 43 届威尼斯双年展中展出的作品《时光之海》是该系

保罗与娜蒂

列中最大的装置，由 719 个 LED 组成。"不断变化、连接万物和持续永恒"正是贯穿宫岛达男三十年艺术生涯的重要创作理念，作为日本"后物派"的代表人物，宫岛达男在作品中持续探索生与死、个体生命的共存与轮回以及时间的意义。他"时间之花"的主体部分是由LED 灯组成，从 1 至 9 循环闪烁，代表了生命的生生不息，代表了硕果之花持续绽放，数字是他的表现手法，更是他的中心思想，即一切，不断在变化；一切，不断在和许多事物发生联系；一切，将永远进行下去。"时间之花"的设计对象是村里的老人和数百位在沂源做志愿者的山东财经大学的青年学子，他们生活在一起，共同参与创作这个作品。"时间之花"的存在，加强了城市与乡村的互动，增进了年轻人和老年人的交流。同时也在乡村原有的基础之上挖掘出更多的艺术价值，以实现"艺术活化乡村"的愿景。"时间之花"是沂河源的"家计划"的 1 号作品，对"艺术活化乡村"的概念有着代表性意义。"家计划"就是对乡村当地已有的房屋进行改造，将其空间作品化，把时光和记忆融进老屋，使其旧貌换新颜。

6. 乡村记忆

"乡村记忆"艺术馆位于龙子峪村南部，是日本著名艺术家盐田千春的作品。纵观盐田千春的艺术创作，她经常用日常物件在作品中实施，包括床、窗和鞋子，以这些物件作为媒介去探寻记忆和经历，去探讨生存和死亡的关系。通常她的作品会填满整个房间，但却保持一种微妙的细腻和诗意。一根丝线，由线到面，再到空间，其背后正是由数量的积累形成的。纠缠交织的丝线包裹着空间，又在原有空间中延伸出新的空间，艺术家个人的情绪与思想被无限放大，给观众带来了极大的震撼。"乡村记忆"作品中使用的主要元素是盐田千春一贯擅长的丝线结网，展现出了缠绕关联的复杂记忆。作品中表现出的是盐田千村在村中走访时老人们的记忆，通过大量的丝线缠绕，表达出村中老年人珍贵的记忆。

这一作品承载着这个小山村的历史，在艺术家的努力之下，无形的记忆用有形的丝线表达出来，小山村在时光中获得了一种别样的永恒。这一作品对于乡村文化的留存和传播有着重要的意义，同时也挖掘出更多的乡村艺术价值，以实现"艺术活化乡村"的愿景。

7. "艺研柒号"艺术交流工作室

"艺研柒号"艺术馆，由徐崇老师设计，她毕业于中央美院和英国皇家艺术学院，艺研柒号是她打造的文化交流中心。她的作品多次被湖北美术馆、英国皇家艺术学院等国内外艺术机构收藏。该馆既是一个艺术的展览馆，又是一个供艺术家交流、创造的工作室。艺术馆利用传统的民间院落，以"五行"的理念，采用民间与现代结合的设计风格，致力于打造艺术家交流的平台，弘扬中国传统文化，促进文化创新。院落的落地窗使得空间和大自然融为一体，院内的铜制雕塑作品《听琴》让人体味到一种清幽与脱俗的意境。艺术馆两个展馆内陈列的作品，体现出传统漆艺和现代感雕塑的碰撞，东方与西方文化艺术的高度融合。

8. 李心田文学馆

红星闪闪放光彩，红星灿灿暖胸怀。现在我们所在的地方是李心田文学馆。李心田先生，于 1929 年出生，是当代著名作家、国家一级编剧。发表和出版过大量小说、话剧剧本、电影文学剧本、散文、诗歌等，逾 400 万字。代表作有中长篇小说《闪闪的红星》《两个小八路》《屋顶上的蓝星》等。2009 年，在中华人民共和国成立 60 周年之际，荣获中国作家协会颁发的从事文学创作 60 年荣誉证章和证书。文学馆占地面积 240 平方米，由一座普通民居改造而成。分主馆和《闪闪的红星》主题馆两部分。文学馆外墙以江西农家生活场景为设计元素，用蓑衣、草鞋、竹篓、斗笠等再现了当时的农家生活画面。主馆全面展示了李心田先生的文学历程，不仅有准确、精当的文字介绍，而且有李心田先生各个时期的大量珍贵图片、各种重要著作版本、手稿资料、各种证章和获奖证书、生前藏书和文具、生活用品、书法作品等。主馆一角，有李心田先生家人捐赠的书橱、写字台、椅子、沙发和文具等，还原了李心田先生生前的书房场景。写字台为李心田先生当年写作《闪闪的红星》时所用，尤为珍贵。《闪闪的红星》主题馆全面展示了小说《闪闪的红星》的各种版本，以及根据小说改编的连环画、电影、动漫、电视连续剧、芭蕾舞剧等，并以映山红和翠竹为设计元素，生动还原了红军时期江西革命根据地的历史场景，馆内循环播放的正是电影《闪闪的红星》。室外长廊廊柱上悬挂着的对联是著名文学评论家、山东师范大学教授宋遂良先生撰写的：戎马生涯儒家襟袍，儿童质地锦绣文章。这正是李心田先生的人生写照。

9. 刘玉堂文学馆

刘玉堂文学馆，于 2019 年 9 月落成并对外开放，是沂源县第一个以个人命名的文学馆。由沂河源（主馆）、燕子崖（会务中心）、钓鱼台（文学之家）三部分组成，占地面积 3000 平方米，建筑面积 171 平方米。

刘玉堂文学馆是由刘玉堂先生亲自挑选院落建造的，朴实典雅，周边清幽空旷，果香四溢，绿树成荫，是观光旅游、学习创作的极佳去处，是沂蒙老区的一道人文景观。既彰显沂源作为一个齐鲁文化重镇的文化自信，又把沂源乃至山东着力打造为一个重要的文化阵地和文化窗口。

文学馆展示了沂蒙文学大家刘玉堂先生的文学道路、创作实绩和乡土情怀，是一个集讲学、研讨、交流、接待、展览、档案等多功能的颇具沂蒙乡村气息的民居建筑。刘玉堂文学馆牌匾由中国作协副主席、山东省作协主席张炜题写。主馆内包括刘玉堂先生文具、手稿、证书等遗物和生平介绍，藏书 600 册。刘玉堂先生 1948 年出生于山东省淄博市沂源县，是原山东作协副主席，中国作协会员，一级作家。著有中短篇小说集《钓鱼台纪事》《滑坡》等，长篇小说《乡村温柔》《尴尬大全》，随笔集《玉堂闲话》《我们的长处或优点》《戏里戏外》等。被评论界称为"当代赵树理"和"民间歌手"，他的作品大都以山东沂蒙山农村为背景，"小打小闹小情趣，大俗大雅大文章"。描写农民的善良和执着，显现出来自民间的伦理、地域的亲和力和普通百姓的智慧与淳朴。

10. 保罗·安德鲁艺术馆

2016 年，保罗·安德鲁与沂河源田园综合体发起人、北京东方君公益基金会会长董方军成为了挚友，并参与到了沂河源的艺术活化乡村项目中来。78 岁高龄的他来到沂源桃花岛成立工作室，将他的艺术视角延伸到中国乡村艺术项目。两年的时间里，保罗·安德鲁走遍沂河源田园综合体的 7 个村庄。他惊叹中国乡村的美丽，与村民成为朋友，熟悉乡间的每一条小道，他常常站在沂河源头的山坡上思考、远眺，沂河源田园综合体成为保罗·安德鲁的牵挂，保罗·安德鲁也成为了其中的文化符号。遗憾的是，保罗·安德鲁先生于 2018 年 10 月 11 日逝世，2019 年 10 月 18 日，法国驻中国大使馆和中国国家大剧院举办了系列活动，向在中国最负盛誉的法国文化名人之一保罗·安德鲁表达敬意。保罗·安德鲁的挚友董方军参加了纪念活动，他在讲话中深情地表达了对老人的怀念和敬意。为纪念保罗·安德鲁，国家大剧院举办了盛大的"理查·施特劳斯如是说之一"音乐晚会。董方军先生为缅怀保罗·安德鲁，规划了这座艺术馆，实际是纪念馆。艺术馆虽然还未建成，但其内部将系统收藏保罗先生生前的建筑设计稿、画作等，以感谢保罗为沂河源田园综合体倾注的心血，我们将永远铭记这位热爱中国乡村的艺术家。

11. 董家老宅

董方军先生的老宅，董方军先生是沂河源艺术田园综合体发起人、北京东方君公益基金会会长，拥有多家上市公司股份，是中国新一代卓越的企业家和慈善家。创业成功的他怀着对这片土地的热爱回到家乡，努力为家乡父老脱贫致富四处奔忙。他发起了沂河源艺术田园综合体项目，带来了许多国际盛名的艺术大家在这片土地上留下足迹，一个又一个项目在沂河源落地，他却从未自满，而是继续投入到乡村振兴的伟大事业当中去。一个个艺术馆的落地，一寸寸乡村土地的升级改造，沂河源田园综合体初露峥嵘，过去贫穷的小山村，慢慢变成了人间仙境。

董方军先生不仅仅是一个对家乡充满着情怀的优秀企业家，同时也是一个有着崇高信仰的慈善家，在由沃伦·巴菲特、比尔和梅琳达·盖茨夫妇发起的"捐赠誓言"中董方军承诺将半数以上资产捐给慈善事业，以影响和引导更多企业家、慈善家与社会大众参与到公益活动中。这座宅子记录了董方军先生成长的足迹，留存着很多董方军先生在慈善活动中的身影，这里的每一张照片背后都有着董方军先生的故事。这座宅子是董方军先生专门用来进行慈善交流的场所，董方军先生在这座宅子里宴请客人进行交流，意在感召更多人加入到慈善事业之中。董方军先生的这些情怀为每个人树立了榜样。

汇泉桃花岛核心区艺术乡建项目

1. 桃花岛

桃花岛是沂河源田园综合体的核心区，是山东省乃至全国乡村振兴的齐鲁样板。

桃花岛景色

2. 叠水瀑布

我们现在看到的叠水瀑布，是董先生请来的乡村艺术家——王兆庆老师设计的。他没有学过画画，也从不做设计稿，但设计出的景致却处处惊喜，与桃花岛自身完美融合。途中看到的这些中式园林设计，都是在王兆庆带领下精心设计出的景观。

3. 木屋观台

木屋观台视野开阔，能够远眺桃花岛的美丽风貌。桃花岛自然风光优美，艺术氛围浓厚，正在申请 4A 级景区。桃花岛每年还会举办桃花节，已经持续近 30 年，自发游客数量多达 30 万人。桃花岛艺术节是以花为媒，将艺术引进乡村，致力于打造大规模、高水准、具有国际影响力的艺术集聚地。

4. 特色民宿

远眺龙子湖对面，是我们的露营地。露营地面积很大，平时适合研学和游玩。伴着篝火，烧烤、游戏，十分热闹。脚下是软软的茵茵绿地，四周气候宜人，环境优美，特别适合休闲旅游。"饮马龙子湖，浪漫桃花岛"是核心景区的主题。岛上散布着各种特色民宿，这些民宿体现出了"野奢"的理念，极大地丰富了整个桃花岛的建筑特色。在星空房，桃花岛的夜色不仅浩瀚神秘，而且浪漫，栖宿在这里，你就可以与桃花岛的星空面对面，与内心促膝长谈，感受亲近自然、与世界无限连接的绝妙体验。对看遍世界之最的人来说是一种回归，回归朴素与自然，对于普通人来说则是一种憧憬，憧憬梦想与未来。

5. 龙子湖

龙子湖，也是刘家庄水库，是沂河源头第一湖，始建于 1971 年，占地约 400 亩，流域面积 5.4 平方公里，总库容 284 万方，设计水位 406.76 米，水质优良，湖中观赏鱼类数十万尾，每年都有爱心慈善人士前来放生。大家也可以乘船游湖，与龙子湖近距离地接触，吹吹湖风，享受这份宁静。

6. 鲁砚馆

"文化没有国界，中国的优秀文化，也是世界的优秀文化。"鲁砚馆主要用于展示董方军先生的鲁砚收藏，董方军先生共收藏了 5000 多方古砚，大部分收藏于北京，这里展示了小部分。保罗先生在桃花岛的著名建筑设计作品"墨"便由此命名。鲁砚馆融合了山东砚台文化，可以近距离地感受鲁砚魅力。

7. 湖畔民宿

桃花岛还建有湖畔民宿，是赏景、休憩的不二之选。每当步入民宿，人们便会惊叹于陈设之精致，服务之细腻，并不逊于都市的所谓星级酒店。轻轻拉起窗帘，阳光、水色便一起拥到眼前，远望山上六合塔，近赏湖畔桃色红。这里赏心悦目的美景，可以让大家留下难忘的旅行体验。它也是感受桃花岛自然生态美感，人文艺术与自然生态高度融合的载体。

8. 刘家坡民宿

沂河源刘家坡艺术村致力于提供农家民俗生活的体验基地，翻新的老屋旧舍，经过精心设计，有颜值、有情怀，亦有服务和品质；让游客既能体验返璞归真的乡土气息，又能享受现代化的设施与服务，体验乡村美食的同时也体验城里难得一见的乡村暗夜和星光。农家民俗生活体验满足了人们走进自然、回归自然的心理，农家民俗生活体验让游客释放压力，用简单的体力劳动释放心灵；放弃精致，享受原生态和生命力；在青山绿水间，吃农家饭，干农家活，观农家景，临走还捎带点土鸡之类的农家特产，尽情享受回归自我的轻松和飘逸，品味民俗、体验劳动、感受民风。

9. 燕喃蓝舍

燕喃蓝舍，其被出其不意地打造成绚烂文化风格。有人把这蓝色木质对比的石头建筑风格的建筑比喻成身上的皮肤，"妥帖、舒适，让使用它的人感觉清凉和新奇"。这座民宿是由山东财经大学张凌云教授带领团队设计的，通过不断探索，追求新意，最终推敲出这种架构。房屋整体结构保留了北方建筑原有的特色，通过对墙体、门窗与院子的设计改造，突出了属于自己的异域风情。在细节的处理上也颇为细腻精巧，省略繁复的雕琢和装饰，贴近自然的脉动，使其拥有永恒的生命力。这家民宿非常受欢迎，成为了网红民宿。

10. 祖屋仓舍

祖屋仓舍，这个历经百年沧桑居住历史的乡村院落，在不足100平米的石头房舍里，凝固了乡人刘世彩家族三代30多口人共同生活

刘家坡民宿

燕嘴蓝舍

的温暖记忆，正是在这个院落里他们出生，他们长大，他们变老，他们离开阳中的旧舍虽残破沧桑却依旧挺立，每一片石瓦仿佛都浸染和诉说着"家"的温馨与甜蜜，诉说着人们对"家"的期盼与召唤。

改建后的祖屋仓舍总面积186.8平方，包含8间正房与2间偏房，具有聚会、住宿及用餐功能。石头与玻璃建材的巧妙结合、庭院植景的美学呈现、色调的艺术搭配，使富含原始乡村风味的百年院落得到完美诠释，堪称集乡村旧时光场景与艺术于一体的经典"北方院落"。通过对原址院落建筑结构进行修复与重建，继续彰显乡土主体元素的同时，启用绿色建筑与被动房理念，对功能布局进行重新设计及艺术化呈现，创建"北方院子"的国际全新理念。

11. 尚屋青舍

未近门前，远远便被从屋顶冒出的两株青桐吸引，像高高的指向牌，引导人们来到门前；又像昂首挺立的卫兵，瞭望守护着这片宁静的庭院。它的小院设计基本保留了原有农舍建筑及院落围合的外观肌理和空间关系，使其可以顺利融入村庄脉络。每棵树的位置都给予全方位的保留，根据自然环境对设计做出了适当的调整，如阳光房中的梧桐，亦如砌在围墙中探出枝丫的洋槐。我们能够想象到，倚在能望见天空的落地窗旁，阅读一本书，品一盏茶，映着石墙青瓦，伴着梧桐山楂，仿佛触摸每一个日出和黎明，何其宁静美妙。

12. 三生书院

三生书院，"三生"代表生产、生活、生态，是人与自然和谐共生的意思，也有恒久的意义；二则是"三生有幸"，代表大家来此即有缘；三则是"三生三世十里桃花"，刘家坡与桃花岛遥遥相望，可不就是三生三世十里桃花的境界吗；四是"一生二，二生三，三生万物"，这便是不衰而永恒了。

三生书院的主教室可容纳 60 多人上课。上面的天窗可以增加采光，这种设计在农村是很少见的。侧面巨大的玻璃墙可以直接看见山林，这份清幽带来一缕书院气息。正房则为藏书所用，这是一间布局与形式独特的书房，你可以坐着、躺着、趴着看书，天窗推开，还可以近观梧桐。我们上到屋面，亦可远眺炊烟，收获心中的宁静。

13. 香菇基地

沂源县鲁村镇的汇泉河香菇种植基地位于刘家坡村。香菇属担子菌纲伞菌目口蘑科香菇属，起源于我国，是世界第二大菇，也是我国久负盛名的珍贵食用菌。我国栽培香菇，至今已有 800 多年历史。香菇也是我国著名的药用菌。历代医药学家对香菇的药性及功用均有著述。香菇肉质肥厚细嫩，味道鲜美，香气独特，营养丰富。而且它的保健药用功能越来越受到人们的重视。

香菇的生长也很特别，它由孢子萌发成菌丝，再由菌丝生长发育分化形成子实体。子实体再结成无数的孢子，这就是香菇的生活史。在自然条件下，要完成这个生活史约需 8—12 个月，甚至更长时间，但采用木屑人工栽培，它的生活史缩短了 3—4 个月，即大大地缩短了香菇生产的周期。在香菇基地，水分、养料、温度、空气、光线和培养基的酸碱度都有严格的设定，香菇在这里能够得到更好的生长。

14. 山东华盛科沃云智慧果业示范基地

鲁村镇刘家坡村的苹果种植示范基地，采用现代科技来发展水果种植，取得了极大的成效。项目规划占地面积 518 亩，总投资 3100 万元。果园由山东华盛果品股份有限公司投资建设，创建果园建设数字化管控架构，实施 5G 赋能应用果业，以新模式、新技术、新管理为指导，运用大数据、云计算、人工智能、物联网等数字化、信息化技术手段，打造数字化、智慧化、标准化的现代果业场景。环境检测、喷淋灌溉、物理防虫、质量检测等技术的运用极大地提高了生产效率、产品质量，同时也降低了劳动成本。使农民不必再从事高强度、枯燥重复的工作，从土地上解放出来，去经营更多的产业，发展更高的经济。

作为乡村振兴的重要一环——产业振兴，山东华盛科沃云果业示范基地给当地农民带来了更大的收益及发展机会。贯彻落实了省政府《山东省推动苹果产业高质量发展行动计划》及淄博市委提出的"加快推动淄博农业转型发展，聚力打造农业3.0时代数字农业中心城，辐射带动全县农业转型升级"目标。

附：本项目全部发起人与机构名单

董方军（项目发起人，总策划）、保罗·安德鲁（项目总规划设计）、福武总一郎（项目总指导），当地村民，以及参与团队：日本鹿岛公司、桃花岛本地工作团队、福武慈善基金会、北川富朗艺术布展团队、北京东方君公益慈善基金会、山东财经大学凌云创意团队。

王家疃村空间计划

项目名称：王家疃村空间计划

发起时间：2017 年

项目地点：山东省威海市环翠区张村镇王家疃村

发起人：何葳

王家疃村空间计划

　　王家疃村位于山东省威海市环翠区张村镇，距离市中心约 30 分钟车程；村庄属于里口山风景区，是入山的山口之一，地理位置便利且重要。村庄位于一个东西向的沟谷中，南北高，中间有溪流穿村而过；村庄形态狭长，周边自然生态完好，农业景观资源丰富，村东侧有一座近年来复建的庙宇——广福寺，香火颇旺。村庄聚落原始结构完整，保留有大量的毛石砌筑的传统民居，以及拴马石、门头、石墩等携带历史信息的物品，是典型的胶东地区浅山区传统村落。

　　王家疃村现状已具备一定的旅游基础，在周末或者开花季节，威海本地居民会来此处踏青观光；村中也已经有一些旅游配套设施，但规模小，不系统，且空间条件相对较差，业态也以农家乐为主，缺乏层次和影响力。

　　作为里口山区域"美丽乡村"项目的一个重要组成部分，规划中将王家疃村定位为：依托周边自然资源和广福寺人文资源的中国传统文化与休闲体验村落。村庄未来业态将围绕亲子休闲体验、国学文化展开，并以"孔子六艺"（礼乐射御书数）和"君子八雅"（琴棋书画诗酒花茶）为主要经营主题。

　　在工作思路上，设计团队从产业策划入手，到空间节点的设计，再到文化的挖掘，是一个总体性的设计（Gesamt-Design）。

　　具体的规划和建设工作分为几个部分：

　　第一、环境整治，提升风貌，在村庄原有肌理的基础上，对村落

结构进行了梳理，对村庄景观，特别是水系进行了改善和提升，对部分带有典型胶东民居特色的民居进行了整理和修复；

  第二、改造建筑，打造亮点，在村庄中选取多个建筑，根据建筑特点进行改造，形成具有王家疃村独特性格的，具有传播力的空间节点，如拾贰间美学堂、白石酒吧、琴舍、柿园等；根据村庄整体定位，赋予空间节点以合适的使用功能，服务本地居民和外来宾客；

  第三、引入社会资本，多元发展，通过政府前期工作，完善村庄基础设施和节点的方案设计，之后引入社会资本，形成良性互动，完成乡村振兴；

  第四、文创跟进，丰富服务，结合王家疃自身特点，以及本次工作中的建筑改造和未来业态，设计一系列文创产品，提升未来的旅游休闲服务。

广福寺

禅园

国家级登山道／景区步道入口

林间禅堂

王家疃手绘地图

王家疃总体设计鸟瞰效果图

王家疃村空间计划活动之一：拾贰间美学堂

拾贰间美学堂，是王家疃整体工作的重要组成部分，也是"六艺"主题的载体之一。它是一个老建筑改造项目，原建筑是典型的胶东民居形制，瓦顶、毛石外墙，它曾作为乡村小学教室使用，但改造前已经被闲置。因为有十二开间，当地人称之为"十二间房"。原建筑分为三个独立的部分，分别为六开间、三开间和三开间；十二间沿街一字排开，形成了区域的主要街道立面，也定义了村庄的主要风貌。建筑背身毗邻一崖壁，且与崖壁之间形成三角形空地；崖壁山石形态奇峻、自然，很有中国传统美学意境。建筑东侧为村内近年加建的公共厕所，形象欠佳，且使用率不高。

因为建筑地域特征鲜明，且保留完好，建筑质量也较好，所以设计团队希望在保留原有建筑风貌的基础上，对建筑适度改造，使之适应新的使用功能，并具有时代气质。以老为主，老中有新，新老共存是本项目的设计主旨。

在功能方面，新建筑将作为乡村美学堂被使用。原本隔绝的三个空间被打通，整个空间被分为教室、展览区、阅读区三个部分。其中教室区域相对私密，与展览和阅读区域有门分隔；展览区和阅读区是新建筑的公共区域，开放、通透但又有层次，呈现出欢迎公众姿态的同时，又尽量保留原建筑厚重的民居特征。

建筑的流线跟随功能进行重新的梳理，被重新设计和定义的主入口被安排在展示区域，设计师采用了黑色钢板，建构一个半露天的门头，一方面给予了建筑入口标志性，另一方面新旧的对比又进一步提示了两个独立的建造年代。

展览区不大，空间也相对单纯，"白盒子"的处理模式更有利于未来展品的布置和展示，入口的"影壁"既适当阻隔视线，又为前言和展墙提供了依托。展厅北侧外墙开一个洞口，将原来封闭的室内空间与建筑背侧的山石形成对视，材料也使用黑色钢板，与南侧的入口遥相呼应，暗示了新元素的贯穿性，以及设计师希望将人引向建筑背后山石区域的意图。

展览区的一侧是阅读区，两个区域之间由双坡顶建筑剖面形的哑巴口（无门的洞口）分隔。阅读区布置有书架和展桌，用于摆放与区域和国学有关的书籍和文创产品。北侧墙面结合原有的窗户，将书架与座椅一起设计，形成了人、建筑与物品之间的契合关系。原建筑的屋顶被保留，并部分暴露，结合新的室内饰面材料，形成新旧对比和明暗对比。

建筑的外部环境也是改造的重要组成部分。面向街道的一侧，建筑与街道之间的不规则用地被规整，利用高程形成了一个高于路面的平台，使用者可以在平台上闲坐、休息、观看、交谈，却不受交通的干扰。建筑背侧的外部空间是本次设计的一大发现，原本这里是被遗忘的角落，村民在这里养鸡。在踏勘中，设计师发现建筑背后的山石很具审美价值，而且山石和老建筑之间的"缝隙"形成了天然的"内观式"空间，符合中国传统修身的意境。于是设计巧妙利用了这个"背身"，将地面稍作平整，铺设防腐木；山石不做任何改动，只是将其展现在此，作为"面壁"的对景；一个与原建筑垂直的半开放亭子被安置在背后区域的西侧，作为该区域的界限，也为后续使用提供了相对舒适的空间。

原建筑东侧的公共卫生间是设计必须解决的问题之一。不能拆除，但又有碍观瞻，于是设计使用了巧劲，利用方通格栅将公共卫生间罩起来。格栅构建的尺度、形式来自于旁边的"十二间房"的剖面轮廓，于是低矮简陋的公共厕所变身为美学堂的延续。黑色格栅的处理既延续了旁边主体建筑的尺度，也延续了整个项目改造的手法。卫生间与美学堂之间的缝隙被利用起来，一个仅供一人通过的楼梯被安置在此处，一个略微突出建筑立面的小观景台与之相连，为公众提供了一个登高远眺和近距离观察原建筑屋顶的地点；卫生间屋顶也被利用起来

阅读区，部分屋顶保留并暴露，与新材料形成对比

山石和老建筑之间的"缝隙"形成了天然的内观式空间

后亭空间

成为可以暂时驻足的屋顶平台，它与楼梯、观景台一起形成了建筑外部的小趣味。

 王家疃村空间计划活动之二：白石酒吧

　　白石酒吧由王家疃村中的一座普通民房改造而成。建筑本体并没有过多特征，吸引设计师的是它所在的位置和与环境的关系：建筑位于村口附近，周边建筑多为老民居，毛石墙体，厚重朴拙，且建筑与建筑之间彼此连接，密度很高。与老建筑不同，原建筑并不是传统形式，体量不大，一层，最初为平顶，后因为风貌原因加建了坡屋顶；墙面为白色涂料，这与周边厚重的气氛相比显得"格格不入"。建筑和其他建筑不连接，保有一定的距离，具有很好的视距。更为独特的是，建筑依溪流而建，挑出的外挂廊更是跨在水面上，轻松、飘逸，具有很强的识别度。这些特点都给建筑改造提供了灵感，此外，闲置的状态也保证了改造的可实现性。

　　于是，设计师选中了它，并准备将它来个大变身。

　　新建筑的风格不希望复古，相反，设计师说："要是新的！"新建筑应该为老村庄提供不同于以往的新气象，新血液，正如它未来将服务的人群一样——年轻、浪漫，甚至在某些时刻有稍许的躁动和性感，白石酒吧要成为了村口的一道靓丽风景线；同时，它又应是属于王家疃村的，对原建筑重要信息的保留，体量的控制和外观的"平静"，都确保新建筑在另类之余，和老建筑们可以顺畅地对话、共存。

　　原建筑的自建性和原真性是设计团队考虑的第一要素，存在即合理。如何在保持原建筑特征基础上对其进行改造，使其符合当下的功能和形式风貌，是本案设计的关键点。首先是做减法，清理、拆除原建筑加建部分，包含临时搭建的厨房部分及上一轮乡村美化所加建的屋顶，当这些"粉饰品"被彻底清除，显露出来的即是真实的"建筑本质"。然后，是做加法。在乡村的设计实践中，关键的是平衡多方的利益关系，包含居民、政府及运营方。乡村设计需要尊重既有现实，及居民的利益，在改造的过程中不能产生使用面积的减少，从而损害居民的利益。遵循此原则，设计团队在房屋的东西两侧各增加一跨新建筑，从而弥补了拆除厨房损失的面积，同时为建筑的入口创造出一个可供缓冲的灰空间。通过"补齐"的手段，强化原建筑因自建所偶然形成的"现代性"的建筑体块。

在此基础上，设计团队对不同建筑立面进行了深入的讨论：朝向河道的一侧，挑出的阳台成为设计团队关注的重点，四个独立的、橱窗式的"盒子"被插入到阳台和挑檐之间的灰空间中，原建筑的牛腿梁被小心地保留、暴露，与新加入的盒子形成咬合。设计有意地将改造后的建筑立面与现代主义经典建筑相呼应，其实原建筑就很"现代主义"。新形成的四个景片式的展示窗口，与隔河相望的传统民居形成戏剧性的"看与被看"关系。通过建筑对古村的"框景"，及古村对建筑内部的"窥视"，创造出一个新旧交流的"非典型"关系。东侧和西侧立面则采用了半通透的花砖，在特定时间会形成有趣的光影效果；同时，花砖的手法，也是民居与新建筑之间的介质，拉近了彼此的距离。

建筑室内设计延续了"白"的设计元素，采用水磨石、镂空砖、白色钢网、原木为主要空间材质，创造质朴又略显粗砺的空间气氛。白色成为空间的基底，如同留白，为未来创造了多种可能性。"橱窗"地面采用不同色彩油漆，在光线的照射下出现鲜艳的色彩，并反映到白色空间，巧妙地体现出酒吧的活跃气氛。

夜景照明主要以建筑内透光为主，在古村暗环境的笼罩下，内透的方式使建筑内部的活动在主街上很容易被看到，建筑内外活动的看与被看关系得以翻转。这样的处理加强了酒吧这一新业态在古村中的戏剧性和影响力，也使白石酒吧成为古村"夜间生活"的第一聚焦点。

白石酒吧外观

新建筑成为村口一道新的风景

夜景，可以通过不同的照明和色彩模式，形成不同的气氛

改造后的白石酒吧依旧保留甚至强化了自己的"个性"，它与周边植被覆盖、小溪穿行的自然环境，厚重朴实的古村人文环境产生了强烈的反差及对话。如此强烈的视觉冲击力和标志性使得白石酒吧成为了王家疃村对外传播的一道难忘印记，成为助力王家疃乡村旅游的重要节点。同时，设计过程中对于新与旧、看与被看、真实性与装饰性的关系讨论，也针对当下乡村建设中广泛存在的类似建筑的改造和再利用提供了一个小小的参考。

 ## 王家疃村空间计划活动之三：柿园民宿

项目位于前述的中国山东省威海市王家疃村，是一个有百年历史的小村庄。一方面村庄原始格局完好，传统风貌明显，具有较高的文化和旅游价值；另一方面随着农业的衰败，人口的迁出，大量房屋闲置，活力不足。如果在保留乡村风貌和地域特色的前提下，实现提升生活环境质量，拉动乡村产业，激活乡村；在增加收入的同时，又能满足人民精致生活的需要是本项目试图讨论的命题。作为设计师，也许只能通过设计的手段来贡献自己的力量。

如设计团队在王家疃村完成的其他三组建筑一样，"柿园"也是一个民居改造项目。在设计师接手之前，村里已经请人开始改造，而且已经完成了一部分工程，但因为缺乏设计，且效果粗泛，没有达到业主的期望。

认识场地

认识场地是设计的开始。中国古人称之为"相地"。设计师发现要改造的两个院落离道路较远，且院落与道路之间有二十多米的空地，场地中有大量的果树；两个院落中间有一条直通后山的甬道；后山植物茂密，有柿子树和楸树等高大乔木；临近建筑的位置有一小块农民清理出来的空地，用于堆放杂物。

原有建筑为典型的胶东民居：合院形式，但不是标准四合院，一层，只有正房和厢房；深灰色的挂瓦，毛石砌筑的墙体，厚重而华丽。设计师特别喜欢传统砌石工艺带来的手工美感。它与当下粗制滥造的状态形成了鲜明的对比，给人"乡愁"的同时，也唤起了人们对精致生活的遐想。

树、山和石成为场地中建筑之外的重要元素，甚至是更吸引建筑师的元素。山是背景，树是前景和重要的景观元素，而石头，作为一种人与自然的中介，在建造行为中起着至关重要的作用。

北方野园

设计希望创造一种北方乡村的"野园"气息。野是指有乡野气息，不是野外；园，不是院，它要有设计，有一定的"文人气息"。因此，相地过程中发现的树，山和石就变得尤为重要，它们都将在新的空间中被"赏玩"，成为园中的主要造景。

改造中，着重保留了场地中的树木。树木成为设计的起点，成为最初的设计，新加的建筑（民宿的公共配套，包括餐饮和后勤服务）避让树木，进而环绕树木形成一个个独立又串联的院落。房、院、人、树之间形成一种正负、看与被看的关系。但遗憾的是，因为土地产权问题，最初的方案无法落地；新建筑被迫简化，以景观构筑物——亭的方式出现。

"无水不成园"，水可以为空间带来灵气，也可以有效改善小环境的温度和湿度，但北方的冬季寒冷，水景观的处理是个难题。柿园的水景是一片浅水池，大约10cm深，用金属板围边，夏天它是一面静水池，冬天可以放空，铺上沙子变身游戏场地。水景中的树是场地中原有的，水池在这里被掏空，形成两个圆洞，树木从其间伸出，互不干扰，又彼此成就对方。

亭子是设计中新增建的内容，两座，分别位于水池的两端，它们为居住者提供了半户外的使用空间，同时也成为空间中的对景和控制点。亭子并没有简单地套用传统官式形制，而力求当代性和地域性。单坡顶，传统垒石工艺的基座配以木格栅中轴的窗扇，虽没有古的形式，但有乡野味道。

院墙的处理也采用地域传统工艺，垒石和木栅栏。新垒石和老民居墙体的老垒石，以及原来院墙的虎皮石（垒石加水泥勾缝做法）形成了一种传统工艺的时空对话。

建筑背后的山脚下的空地也被整理出来，成为民宿的后院：草地、楸树和秋千，私密、惬意。

空间梳理：场地内保留有原始石砌民居两栋，为近年居民自发新建，比村内传统建筑空间更大，空间布局符合村民自住的格局，建筑师从民宿运营的角度对空间布局及流线进行了重新规划。将原有的两

建筑概览

栋建筑划分为四个独立的民宿套间，每套套间内均设一个大床及加床，能够满足"亲子民宿"的功能定位。

建筑师并没有刻意保留原有民居灶台、火炕等元素；相反，强化了民宿的公共活动空间，增大了起居室（客厅）的面积，增加了独立的卫生间，并将起居室与休息空间巧妙串联。原有民居外观被完整保留，仅仅在入口增加钢制雨棚及休息座椅，以满足新的使用功能要求。

从客厅看卧室

室内环境设计在强调舒适性的基础上，强调了新旧对比和乡土性。总体空间材质以白色的拉毛墙面，灰色水磨石地面，及橡木家具为主，简单、舒适的室内空间与古朴的外部环境形成反差。

在软装陈设上，设计师选取柿子红作为主要色彩基调，呼应了"柿园"的项目主题，红色作为民间喜爱的颜色也带有吉祥、喜庆的意味，为原本素雅的空间带来跳跃的气氛。在家具的选择上，设计师在当地收集了大量的本土旧家具，例如旧桌椅、板凳、顶箱柜及针车等物件，运用到空间布置中，增加了民宿空间与本土文化的连接，体现了"乡土民宿"的主题定位。

好的民宿是人文、空间和服务交织的场所，需要因地制宜，体现当地文化和乡野生活，但是在提供"乡愁"的同时又要求舒适的居住环境，优质的住宿服务。"柿园"作为当地政府为主导的民宿试点，为当地乡村建设提供了一个新的视角，即从"我要什么，我就怎么做"

的建设态度，改变为"你要什么，我要怎么做"，这是在乡村旅游发展道路上的重要转变；在项目建成后引来了不少人来王家疃流转破损农舍进行修复和改造作为自住或经营用途，为王家疃村带来了新的居民。在乡村旅游产业的带动下，曾经破败的农舍正在被一间间修复，曾经破败的乡村正逐步重新展现生机。

王家疃村空间计划活动之四：琴舍

琴舍是一处民宿，由两套具有当地特色的合院修缮改造而成，它是王家疃空间提升计划中第一个完成的，具有住宿功能的节点。

琴舍的前身院落位于王家疃村中部，紧邻村内休闲水系核心节点，原状为毗邻的两个独立合院，西院的年代较为久远，主要墙体材质为青砖，两进院，保留有倒座门头、影壁等典型传统民居元素。东院建于1970年代，为单进院格局，东侧有一平屋顶厢房，原建筑外观为水泥抹灰墙面，与古村落面貌不太协调。

设计团队希望在设计中延续村落总体规划中"六艺•八雅"的主题。于是，"乐"成为这个建筑的主题，古琴则作为"乐"的具体体现。

建筑空间被重新划分：前台接待区、琴房，以及5间拥有独立卫生间的客房被改造出来，形成了一处雅致乡舍。在保留现有院落格局的前提下，设计团队重新梳理了空间流线，在原房屋西北侧新增了轻钢结构的入口空间，有别于厚重的毛石/砖墙立面，新加建部分采用了U型玻璃作为立面材料，既保证了内部空间的采光，又具有适度的私密性。在内透灯光的作用下，空间的内部活动被投射在外立面上，形成迷离的影像，与古朴的原建筑本体产生戏剧化的对比效果。东院的东厢房靠近村落核心景观，设计团队在东厢房顶上增设了观景平台，既满足了使用者的观景和户外活动需求，又增加了空间的高程变化和趣味性。

庭院夜景

室外庭院和屋顶露台，提供丰富的活动空间

琴房，露出原始的三角木桁架，形成粗野而随性的氛围

西院的东侧山墙是建筑的主要立面之一,从村庄全景可以清晰看到这里;但原建筑安放有附近八户居民的电表箱,且强弱电线杂乱,这给新民宿的经营带来了麻烦。最初,设计团队希望将电箱移除,但由于工程影响广泛,不可实施,最终设计团队决定在电箱外侧加设一个钢丝网罩子,对原山墙进行一定的遮挡。然而,实施之后发现遮挡效果仍旧不理想,钢丝网的密度过低使遮蔽效果微乎其微。但设计团队必须在有限的条件内快速做出调整。一个"公共艺术"计划被提了出来:设计师购买了大量的红丝带,请村民们将它们绑在钢丝网罩子上。红丝带既遮挡了后面的负面景观元素,又有祈福的意味,使这里成了村中最受欢迎的"景点",许多游客在这个丝带墙前合影,同时也带动了邻居老伯"同心锁"生意的兴旺。

在室内氛围营造上,设计也对原室内空间进行了调整。在屋面修缮,增加防水保温处理后,设计团队拆除了原室内空间加设的二次装修吊顶,露出了原始建筑极具特色的三角木桁架。空间高度得以增加的同时,舒适度和风貌也得到提升。刻意保留的拆除痕迹,粗糙的黄泥墙面,灰色水泥地面,以及回收的老木料等等元素,构成了略显粗野的空间基底和随性的农舍氛围;与之形成对比的是精细的木作,温暖的壁炉和舒适的家具软装。设计团队希望同时满足使用者视觉和触觉的不同体验:在视觉层面,要随性、野趣;但在人手可触摸的区间内,务必精致、舒适、柔软,给使用者带来良好的体验。这就是琴舍希望给使用者传达的气质。

设计团队在改造过程中尽量保持原建筑本来的面貌,通过"微改造"的设计手法尊重胶东民居的典型文化特征。通过巧妙利用自然环境和原建筑的关系,实现建筑与环境的共生。其所反映的精神内核是,如果说众多现代家庭在假期会选择旅游来休闲,设计师则希望这次王家疃村改造能够为大众带来一场难以忘怀的国学文化之旅,在山水之间放下心事,在文字音乐间忘却自己。

北镇乡村摄影行动

项目名称：北镇乡村摄影行动

发起时间：2018 年

项目地点：辽宁省锦州市北镇市域内乡村

发起机构：北镇市摄影家协会

摄影走进乡村

　　为进一步推动北镇摄影事业发展，促进文化繁荣，加速乡村振兴，北镇在全国首开先河，全面推动"摄影进乡村"工作，组织指导村民用手机拍摄自己身边的人和事，讲述身边故事。北镇市摄影家协会分别在罗罗堡镇、大屯乡等地组织开展了摄影进乡村活动，先后邀请摄影记者、摄影师等，为两个乡镇共计 700 余名村民进行手机摄影培训。在摄影进乡村活动中，北镇市摄影家协会通过建立"微信群"等方式，在全乡（镇）各村组织爱好摄影的村民参加培训。摄影老师从手机摄影的基础操作开讲，深入浅出、生动形象地向广大村民讲解手机摄影知识，面对面地为他们传授摄影经验，手把手地指导手机拍摄技巧。村民们热情高涨，仔细聆听，受益匪浅。

北镇摄影老师指导村民拍摄

获奖村民作品

摄影家镜头里的乡村

　　"北镇乡村摄影行动"让广大群众能够用自己朴素的视角拍摄乡村自然景观和传统文化元素，留住美景、记录历史、传承文化，让摄影真正融入百姓生活、融入乡村振兴的伟大实践，潜移默化地提升了农民的审美水平和幸福指数，为北镇全域旅游和经济社会发展记录下了无数的精彩瞬间，成为展示北镇文化旅游发展新风貌的亮丽名片。

　　北镇市以罗罗堡、石佛村、红石村、大屯等村落为试点，在全市范围内推广摄影进乡村工作，力争达到村村有摄影组织、村村有农民摄影家、村村有影展，让摄影讲述乡村新故事，进一步加快北镇摄影事业发展，促进文化繁荣，加速乡村振兴的步伐。

"摄影进乡村"活动启动

　　2018年8月14日，北镇摄影进乡村活动在罗罗堡镇和大屯乡启动。北镇市摄影家协会主席团成员在培训中，现场对村民们进行教学指导，保证所有参加培训的村民都得到充分的学习。在摄影走进大屯乡的培训讲座上，还设置了摄影知识竞赛、评片等互动环节，精彩的讲座、生动有趣的现场互动引来参加活动村民的阵阵掌声和喝彩声，现场气氛异常火爆。

"摄影进乡村"富屯街道红石村创作

　　2019年4月11日，北镇市摄影家协会组织50名摄协理事及骨干会员，深入到富屯街道红石村，进行杏花摄影采风活动。此次活动，全面深入推进了摄影进乡村工作，是2019年摄影进乡村活动的首次开展，北镇市摄影家协会通过此项工作将全面培养和提升北镇广大市

乡村摄影展览

展览现场

民的影像意识和技术水平。

"村里村外"——北镇富屯街道石佛村乡村摄影展

2019 年 9 月 10 日下午，在第三届中国·辽宁（北镇）国际工业摄影大展期间，"村里村外"——北镇富屯街道石佛村乡村摄影展激情开展。作为中国传统村落之一，石佛村一直是北镇摄影进乡村活动的重点村，近年来，拍摄留存了大量照片，村民的家庭影像也被大量挖掘。展览中既有摄影名家和全国各地摄影人拍摄的北镇乡村影像，也有老百姓用手机拍摄的自己身边的人和事，更有石佛村及村民家中的新老照片，所有的影像见证新时代，讲述乡村新故事。参加展览的领导、中外来宾、各地摄影人和当地村民都对影展表现出极大兴趣。

柳荫计划

项目名称：柳荫计划

发起时间：2018年

项目地点：重庆市北碚区柳荫镇

发起机构：四川美术学院、四川美术学院艺术与乡村研究院

　　"柳荫计划"所属柳荫镇地处重庆市北碚东北部，距北碚行政中心 36 公里，距江北机场 40 公里，距市中心 45 公里；辖区面积 64.17 平方公里，辖 7 村 1 社区，总人口 2.4 万人。柳荫镇前接重庆市两江新区，后有 4A 级景区，随着渝广高速和三环高速建成通车、S108 碚金路彩色油化提档升级，东山和西山旅游环线升级改造，镇域"四横四纵"大交通网络初步形成，交通区位优势逐渐凸显。在柳荫镇总体旅游形象定位"洞林山水·多彩柳荫"之下，秉持柳荫镇"农＋旅＋艺＋学"融合发展思路，共同打造一核两翼"一核——多彩场镇；西山环翼——洞林山水；东山环翼——田园水乡"柳荫全域版图。

　　北碚是中国 20 世纪乡村建设运动的发源地，是当下中国新时代乡村振兴的主战场。柳荫是中国典型乡村农业经济的缩影，是中国腹地山地形态的样板，是 20 世纪乡村中国的完美遗存，也是川美校友的乡土情深。在校地及社会各方资源协同努力下，打造"农＋旅＋艺＋学"融合的中国乡村振兴的柳荫模式。

　　"柳荫计划"是由四川美术学院主办，四川美术学院艺术与乡村研究院统筹校内并联合多方社会力量共同发起的艺术实践项目。

　　柳荫计划以"原生性、开放性、实验性、在地性、共生性、互参性"为六大原则，从"艺术介入、乡村美育、景观营建、话语重塑"四条脉络渐次展开。

　　一是以"当代艺术"之实验性，促动沉睡的乡村，从中国乡土社会中，寻求中国当代艺术发展新的可能；二是以"乡村美育"重启乡村活力，激活乡村空间，凸显乡村价值，彰显乡村文化自信，驱动村民想象力、宽容度，激发村民创造力、开发度，提升村民生活幸福度；三是以乡村"文化景观"的保护、传承、修复与改建，延续乡土文脉，提升乡村生活品质；四是以"话语重塑"从理论与路径两个方面为行动提供行动指南，以话语开启空间与未来，以"村社艺术"为艺术与乡村融合找到一个元话语，重构一个深植中华传统同时链接世界的概念体系。

　　柳荫计划项目模式的核心部分是"艺术+乡村"以及"校地合作"。其中，对"艺术+乡村"的认知要从两个维度或层面展开。一是历时性的维度，面向过去：乡村是中华文明的承载地，艺术助力活化文化传统；立足现在：乡村是我们的精神故土，艺术助力建设精神家园；面向未来：生态是乡村最大的优势，艺术助力建设生态文明。二是功能性层面，塑形：乡村风貌改造、乡村遗产保护；强干：乡村传统活化、创意产业发展；铸魂：文化自信提升，生活品质提升。

　　"校地合作"的模式有着重要的历史使命，其中四川美术学院根植于乡土的学术传统，以新时代成立的艺术与乡村研究院，践行"三贴近"要求，把学科建设、研创工作、人才培养植根在重庆大地上；北碚作为20世纪中国乡村建设发源地，在新时代服务于重庆大城市、大农村、大西部、大开发的发展格局，期待为中国乡村振兴作出新的历史贡献。

**　　校地合作通过以下三种途径实现：**

　　（1）艺术研学。在学校层面，探索基于在地性的以社会需求和问题导向的"社会实验室"人才培养模式改革；在政府层面，探索基于"农+旅+艺+学"融合发展的乡村振兴路径与模式。在柳荫开展了"巴渝原乡　社会设计"国际工坊、"村社艺术　开放形式"国际工坊、"中国渠乡　光与音"国际工坊、"寻乡之径——非遗传承人群在地培训"、"在地生长——非遗传承人群竹编技艺展"、"乡村生态艺术"在地工坊、"乡村文化景观设计"工作营、"2019夏季乡村保护与更新设计"工作营等9个艺术研学与在地工坊，覆盖了大学、中学、小学，包括了英国、法国、波兰、日本、德国、挪威等多个国家的艺术家和师生参与，包括了央美、国美、上海美院、广东工业大学、江西师范大学、四川音乐学院和重庆高校等20余所院校参与。

（2）空间营造。对柳荫镇食堂、电商平台、民居、猪圈、稻田、村口廊桥、戏台、书屋、乡村公厕、小学等闲废弃空间进行设计改造。在学校层面，强化建筑与环境设计学科专业服务国家战略与社会需求的能力与水平；在政府层面，建设具有巴渝原乡特点的美丽乡村风貌与文化。

（3）品牌塑造。通过开展多个具有开创性的柳荫艺术文化活动，打造艺术参与乡建的行动集群与学术高地，提升中国艺术乡建的国际影响。再塑新时代乡村建设中国高地，贡献乡村振兴北碚模式。其中，"大地魔法师：重庆首届艺术研学与乡村美育国际工坊"开启了打造中国艺术研学与乡村美育高地的进程。在本次研学中，重庆一中、两江童心小学、中华路小学、玉带山小学以及法国、德国、波兰等国家的师生和艺术家共 100 余人参与。本次活动，为艺术研学与乡村美育提供了高标准和高品质的案例与样本。"百年百校百村：中国乡村美育行动计划"展览与论坛，水平高、覆盖广、触动深。展览水平高：邀请了许村计划等高水平案例。活动影响广：覆盖了 116 所高校、123 座村落。项目触动深：柳荫在地展览举行了"一户一品"展览，带动了东升村和王家湾近 100 户村民参与，首届水渠艺术节让整个东升村都热闹与沸腾起来。"平衡：新情境与新现实——中波互鉴艺术交流展""节庆与计划：艺术介入社会的中国案例"，将学校与北碚合作的美丽乡村探索，带入了波兰和捷克。通过联合工坊与学术展览，深度联动了波兰的高校，开始触动了波兰的乡村；在捷克的展览，四川美术学院和北碚的"艺术＋乡村"的校地合作探索，受到了高度评价。日本学者福助廉，将学校联动地方的探索介绍到了日本学界。

附：柳荫计划项目组成员构成：

整体策划：黄政　庞茂琨

项目负责：王天祥　项目统筹：王志伟

建筑景观：郭　龙　龙国跃　高小勇
艺术研学：焦兴涛　曾令香　曾　途　靳立鹏　王志伟
影像记录：张　剑　杨　超
视觉设计：王任驰

项目活动一：北碚区美丽乡村示范村
"田园童画·奇彩东升"柳荫东升村创建申报

2018 年 7 至 8 月，王天祥、郭辉等四川美术学院师生协助柳荫镇
人民政府为东升村申报北碚区美丽乡村示范村，并取得同批次第一名。
参与人员还有张剑、王志伟、王亚男、江佳铭、吕思嘉、张念利等人。

项目活动二：中波互鉴与互建：巴渝原乡"开放形式"中波在地工坊

　　"中波互鉴"项目是四川美术学院与波兰华沙美术学院已建立的
重要校际国际合作项目。旨在协作共生，通过多学科的方式交流学习、
创作及探索，积极探索教学、艺术、设计与社会创新的方法论及关系，
发展公共空间中的艺术和设计以促进社会一体化，将设计和艺术发展
为社会知识的源泉，促进中国和波兰年轻一代的共同认知和理解，并
积极促进我院内涵式发展和教学教育的国际化。

　　2018 年 9 月 16 日下午，由四川美术学院、波兰华沙美术学院、
北碚区柳荫镇人民政府共同主办，为期两周、跨学科、跨专业的中波
互鉴与互建：巴渝原乡"开放形式"在地国际工作坊拉开帷幕。本次
中波国际在地工坊，立足开放学术视野，组建跨学科团队；紧密关注
中国现实，聚焦中国乡村亲情与家园主题；注重问题切入，注重成果
落地转化；以开放形式，期待收获多元多维成果，切实为艺术发展转
向、乡村文化振兴贡献力量。

　　在工作坊中，四川美术学院设计艺术学院、波兰华沙美术学院导
师团队带领本硕学生团队，对王家湾区域内乡村环境、村落建筑、公
共空间、村落文化进行调研并提出相应的改造方案。

　　在工作坊的师生交流与讨论阶段，黄耘提出："当下中国的城乡
大环境，特别是农村，正在发生翻天覆地的转变，这对于我们艺术家
和设计师来讲如何去介入是很关键的，这需要我们去思考。这次工作

国际工作坊团队与柳荫镇相
关领导在镇粮站旧址合影

环境艺术组对学堂堡建筑及环境改造图

坊将社会关系放在当地空间去思考，会对当地村落有一定的激发，会有故事的发生，同时也会让学生学到东西，工作坊非常有意义。"曾令香提出："可以从公共艺术方面思考，怎么与当下乡村环境进行融合。"曾途提出："中波设计思路以及对事物的看法存在着差异，希望中波双方发挥彼此的优点，将此次工作坊内容完美完成。"郭辉提出了五个新："新理念：中国的巴渝原乡与欧洲的开放形式相组合；新形式：包括两所东西方知名院校的碰撞对话，以及学院与当地政府的密切合作；新体验：艺术家参加当地村民的生活，与之互动；新成果：将成果可视化，传播出去；新希望：此次工作坊，可以说是一个艺术探索，同时也符合当下乡村振兴的形势，希望以此促进中国乡村建设的实践。"皮永生提出："在城乡融合背景之下，让城市和乡村能够产生一些连接。同时思考中国乡土社会的差序格局，如何在代际分工的情况下，让乡村空心化问题、乡村产业问题、乡村风貌问题、乡村文明问题，通过我们设计介入的方式，得到一个好的方案。"各组学生代表也分别发表对此工作坊的一些想法与建议，表现出学生们的积极性与参与性，与导师们及工作坊成员热情互动。

本次工作坊参与人员有罗伯特·普鲁德拉、王天祥、龙国跃、郭辉、皮永生、曾令香、张剑、王志伟以及四川美术学院本硕学生等。

项目活动三：中波互鉴与互建：巴渝原乡 "村社艺术" 在地创作工作坊

2018年10月，四川美术学院艺术与乡村研究院邀请焦兴涛、Ewa、曾途、曾令香等国内外著名艺术家作为导师带领川美团队在王家湾区域创作了二十余件在地性作品。参与人员有王天祥、焦兴涛、Ewa、曾途、曾令香、王志伟、龙兴语、吴清鹤、汤慧倩以及四川美术学院跨媒介工作室、乡村振兴与民艺活化工作室等。

《节奏与比例》Grzegorz · Kowalski Ewa-Marca · Smigielska

韩洪沟乡村复兴计划

项目名称：韩洪沟复兴计划

发起时间：2019年

项目地点：山西省长治市沁源县沁河镇韩洪沟村

发起人：何崴

　　山西省沁源县韩洪沟老村位于县城东部城郊结合处，距离县城 4 公里。村庄始建于明洪武年间，因村中有一条泄洪沟而得名。韩洪沟老村曾经是抗战时期太岳军区后期部队所在地，全村共有 138 户，人口 488 人。老村现状是绝大部分人口已经迁至新村居住，老村中只有 4 户居民常住。

　　老村与新村毗邻，村庄原始格局完整，自西向东呈多级台地地形；建筑依地形而建，大致分为土墙双坡顶民居、窑洞两种，平地区域多为双坡顶民居，山坡边以窑洞为主。老村建筑传统风貌保持良好，保留有古树、古护坡等历史痕迹，具有较高的文化价值。此外因为是抗战时期太岳区党政军机关后勤部门的所在地，村庄中还留有多处当年红色记忆的旧址，也为韩洪沟村未来发展提供了支点。老村绝大部分房屋属于闲置状态，常年无人居住和年久失修使大部分房屋或多或少存在损坏情况；此外，人口的外迁，缺乏产业支撑，也使韩洪沟老村日渐凋敝。如何在保留村庄传统面貌的同时，植入新的产业，拉动村庄经济，改善环境和村民生活质量，增强村庄活力，最终完成乡村振兴，是本次工作面临的挑战和需要解决的问题。

　　韩洪沟复兴计划由大槐树下的场院和造币局民宿两个项目构成。大槐树下的场院项目的设计团队在仔细阅读场地文脉 context 的基础上，通过加入新的功能，重塑场地的场所精神，使之更符合韩洪沟老村的新产业诉求，以及新乡民的审美和精神需要。在设计手法上，运用当代性的建筑和艺术语言形成新与旧的对话。这种对话并不是对抗性的，也不是混淆时代的信息，而是一种"忘年交"式的共生关系。

　　造币局民宿项目所在的老院子曾经是当时的银行，这为项目平添了几分传奇的色彩。建筑的设计延续了"打通院落，重构空间"的逻辑。正房或被保留修缮，或按照原貌复建，它们在空间中居于显眼的位置，形式的地域性宣告了民宿与场地文脉的关系。原建筑的土坯砖被继承，根据传统工艺新制作的土坯砖墙既唤起历史的记忆，又极具装饰感。

新旧建筑形成对比

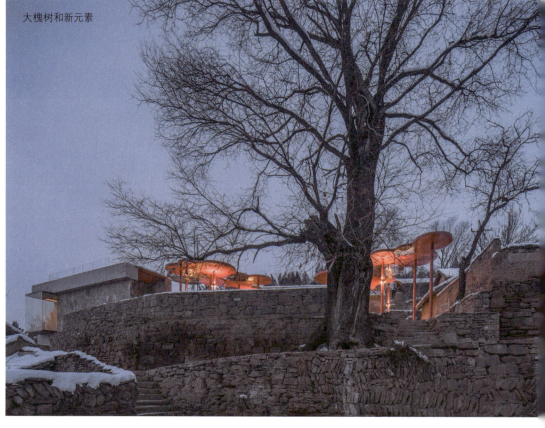

大槐树和新元素

场地现状：老村的公共空间和精神之地

本项目是韩洪沟老村整体复兴计划的一部分，基地是一个三合院，位于韩洪沟老村中部，地势较高。院落中有一个空置的三孔窑洞，现状保持较好，但厢房、倒座、围墙和院门已经坍塌，只剩下基础的石块。场地中最为重要的元素是院外的大槐树。它已经有数百年的树龄，但仍然枝繁叶茂，如同神灵般守护着村庄。听村里老人介绍，大槐树下一直是村民集会的地方，以前是韩洪沟老村重要的公共空间，也是村庄的精神之地。

空间营造：重塑场所精神，给予新的气质

正如韩洪沟老村的现状一样，大槐树也已经物是人非，昔日的熙熙攘攘早已不复存在。如何重新建构乡村公共空间，从而重新塑造场所精神（genius loci）是本次设计的重点。此外，设计师也不希望只是简单地重复历史，毕竟韩洪沟老村已经有了新的产业定位，即：基于地域建筑风貌和红色历史传承的乡村旅游。新的乡民，新的产业定位，需要大槐树和树下空间扮演新的角色。

设计师将新功能设定为乡村记忆馆和小剧场。老窑洞被整修，外观保持原貌，室内空间被重新布置为小型历史展厅，用以展示韩洪沟老村的历史和抗战时期太岳军区的事迹。坍塌的厢房和倒座并没有被恢复，设计师并不希望简单地"修新如旧"，而是希望通过新建筑物的加入，给予场地新的场所精神。

昔日村民聚集在大槐树下，互通有无，互相交流的场景给了设计师灵感。这是一个半开放的公共空间：大树的树冠限定了场所的"边

从场地下面的道路能看到突出的剧场

从入村道路看出挑的剧场

下沉剧场放映厅

界"，树冠、阴影和人的活动构成了场所的气质和场所中的事件。这是一种公共空间的原型。

设计师希望用一种新的、"似是而非"的设计语言，重现这一场景，这一原型。一组伞状的构筑物被设计出来，"伞帽"大小不一，彼此连接，形成由多个圆组成的不规则的"顶"，它覆盖了院落1/4的面积，并隐约成围绕大槐树的半环抱状。院落西侧倒塌厢房的位置，一个室外看台被构建起来，它呈梯形，东低西高，与老窑洞、大槐树，以及伞状构筑物一起，重新定义了场地的空间属性。室外看台一方面为室外剧场提供了观众的座位，另一方面也为俯视村落提供了一个高点。

设计师利用户外看台斜向楼板下的室内空间设计了一个下沉式剧场，可以放映电影或者影像内容，与户外看台功能互补，满足了北方地区冬季的室内活动需求。小剧场西南侧从场地挑出，落地玻璃和石

伞帽细部

墙形成的虚实对比进一步加强了建筑的视觉性，它为进入老村的路径提供了视觉引导。室内剧场、历史展厅和室外空间一起，形成了新的大槐树下公共空间，丰富了乡村的业余生活，为本地人及未来的新村民提供了文艺活动的场地。

艺术介入：既可以是建筑也可以是装置

在这里，设计师还试图"混淆"建筑与艺术装置的边界。室外看台，伞状构筑物被红色覆盖，形成了强烈的，不同于常规建筑学的视觉语言。它更趋近于艺术性的表达，单纯、强烈，甚至略显极端；同时，红色给予了空间一种新的气场：更开放的公共性，戏剧性、叙事性和张力都比建筑语言更简单，更具力量。为了进一步强化这种艺术化语言，设计师在部分圆顶上安装了反射镜面。人站立在伞状构筑物下方，可以从反射镜面中看到自己的影像。自己与自己的对话，使场地更有趣味，更轻松，也更容易引起共鸣。

伞状构筑物的支柱除了让人与空间之间的身体接触更为丰富外，也进一步加强了戏剧的不确定性。这也是设计师的有意而为：支柱的存在让戏剧无法以常规的形式出现，但同时也促使表演和空间之间发生关系。当然，倒座位置的空地还是能保证正常表演的进行。无形中，场地变得更为不确定，不同的使用者，使用情况，可以对场地进行重新定义。这也许正是后工业时代所需要的空间模式。

讲好红色故事：色彩、材质、明暗对比中的娓娓道来

设计师认为建筑及环境既是过去故事的承载体，也可以成为当代

村史馆记录了太岳军区一段革命的历史

故事的叙述者。红色记忆的展示不仅仅是墙面上刻板的展板，更可以是空间体验，甚至是通过戏剧、活动的方式被人们理解和传颂。

空间中采用了大量红色元素以产生特定主题的心理暗示，同时又加入了跳跃的材质（如伞状构筑物下的镜面材质）让整体氛围不至于过分严肃。室内外两个剧场空间产生明暗上的区别，分别对应了观看历史影像和当下表演的不同氛围需求；村史馆窑洞内的低矮空间及土墙材质被完整保留，定制的五星壁灯装置，定义了空间的主题，内部展陈收集了村内的老物件及老照片，使得参观者可以更真切感受到场地所承载的厚重历史。

设计师希望通过建筑及环境的多种空间语言，间接地将场地承载的故事娓娓道来，从而让使用者在使用空间的过程中，产生对红色主题的共鸣。

此项目位于村庄尾部，位置私密、幽静，北侧是山坡，南侧朝向

改造后的民宿鸟瞰

原来的泄洪沟渠，视线相对开阔。原址上有三个并排但独立的院落。院落格局规矩，正房二层，形制是沁源地区典型的三开间，一层住人，二层存放粮食和杂物。厢房一层，因为年久失修，大多数已经破损或倒塌，很难一窥全貌。改造前，三个院落已经闲置多年，原住民早已迁到新村居住，此处产权已经移交给村集体。

布局：打通院落，重构空间

新功能决定原来彼此隔绝的三个院落格局必然会被打散、重组。民宿不同于民居，它需要公共服务区域、前台、客房和后勤部分，且客房要有一定的数量，服务要有便捷性。

设计的策略分为几个步骤：首先，对原有建筑进行评估，对保存

天井成为客房和院落的过渡空间

从屋顶平台看客房和院落

良好，可以继续利用的房屋进行保留、修缮；对已经无法继续使用的建筑进行拆除。然后，拆除3个院落之间的隔墙，将场地连接为一体，重新组织入口和交通流线。再后，根据新场地景观和功能组织，新建单体，与保留建筑一起重构场所。

完成后，原正房与新厢房的空间关系仍然被保留，正房两层，楼高、位置不变，新厢房一层，处于从属地位。但空间格局并不墨守原貌，利用新建的厢房，空间的流线和室外空间得以重构，同时利用现代的形式和新材料，新建和老建筑形成一种戏剧性的对话关系。

建筑：天井、露台，土坯砖、水刷石和瓷砖

入口院落的正房是民宿的前台，后面两个正房是客房。正房二楼

不再是存放杂物的空间，它们被改造为客房使用，但立面的传统格栅形式被保留，回应了沁源地区传统民居的风貌。新厢房采用平顶形式，更抽象、更具现代性，又为民宿提供了更多、更丰富的室外空间（二层平台）。为了保证一楼客房的私密性，新建客房设有属于自己的小院或者天井，建筑朝向小院或天井，开大窗，形成内观的小世界。

　　建筑外立面没有使用乡土的材料，而采用了水刷石。这既是对80年代，也是对建筑师自身回忆的一种表达。灰白的碎石肌理和老建筑的土坯墙形成柔和的对比，不冲突，但有层次。彩色马赛克条带的处理，既是对斯卡帕（Carlo Scarpa）的一种致敬，也对应着乡村瓷砖立面的命题。建筑师希望借此引起对乡村瓷砖立面的一种反思，不是简单的批判，而是理性的思考，是想办法解决。

室内：亦土亦洋

　　从设计逻辑上，室内是建筑的延续。建筑师希望营造一种乡土与时尚并存的感觉，既能反映山西的地域性，又能符合当代人的审美和舒适性要求。

　　客房空间的组织根据客房的面积和定位布置，符合当代度假民宿的需要。新建筑客房天花使用深色界面，让空间退后；地面是灰色的纳米水泥，在保证清洁的基础上，给人一种酷酷的时尚感；墙面为白色，保证了室内的明亮度。

　　老建筑客房天花保留原建筑的天花形制，木质结构暴露；地面是暖色调的实木地板或仿古砖，给人温馨舒适感。墙面为土黄色的定制涂料，给室内氛围增加怀旧感，也符合当地民居特色。

　　床的处理有几种不同的方式，包括：炕、标准的床和地台。老建筑的一层客房中采用炕，二层由储藏空间改造的客房采用标准的床，

二楼大客房
室内

透过玻璃室
内外形成视
线交流

室内局部

而新建的客房则多为地台。这样的处理既满足了不同使用人群的入住体验，地台的使用也便于灵活组织房间的入住形式，在大床、标间之间转换。

在两种"对抗"的室内风格基底上，为了提高设计的整体性，家具和软装选择了相同的风格。毛石、实木、草本编织、粗布等乡土材料被大量使用，但它们又经过精细的挑选、搭配和加工，呈现出一种"粗粮细作"的状态。颜色也直接影响了室内的最终效果，不同的房间使用不同的主题颜色，也与建筑的外观颜色相对应。坐垫、地毯、壁饰等软装，使用了浓郁和鲜艳的色彩，它们作为空间中的跳色，活跃了气氛。

乡村剧场

项目名称：乡村剧场

发起时间：2019年

项目地点：山东威海市环翠区嵩山街道五家疃村

发起人：何崴

　　石窝（露天）剧场的前身是一座小型采石坑，位于威海市环翠区嵩山街道五家疃村。20世纪90年代开始，随着中国城市化的发展，威海各地出现大量的采石场，这里曾经也是其中的一个。近年来，随着国家对环保的重视，几乎所有的采石场都被关闭，此处也逐渐废弃，成为遗迹，当地人称之为"石窝子"。

　　设计团队在考察现场的时候，发现了被废弃的采石坑，也发现了它独有的魅力。采石坑规模不大，形状如同自然弯曲的手，曾经采石的痕迹经历了岁月的侵蚀，呈现出一种"人工自然"的图景，特别是暴露在外的石壁，峥嵘奇峻，给建筑师留下了深刻的印象。如何将曾经破坏环境的采石场变为造福一方百姓的有益场所是本案着重思考的问题。

石壁被完整保留，舞台和看台围绕石壁设置

设计灵感，从互文（Intertextuality）开始

选择这里，但这里的未来是什么？这里将作为什么功能被使用？又为周边带来什么？……古代希腊的剧场，意大利锡耶纳的坎波广场，以及南京中山陵音乐台为建筑师提供了灵感。在早年游学欧洲的时候，希腊的埃庇道鲁斯露天剧场（the Ancient Theatre of Epidaurus）给建筑师留下了深刻的印象，依山而建，面朝远方，人工构筑物与自然融为一体，形成了一种独特人文—自然景观（Cultural-Nature Landscape）。建筑师认为这里的环境虽然和希腊剧场不尽相同，但从空间逻辑上具有互文性（intertextuality）；此外，露天剧场作为一种公共性场域（field），也会给所在的区域带来新的活力和机遇。它可以作为广场使用，为当地人提供公共集会的场所，也可举办音乐节、戏剧节等活动，形成公共交流。建筑师认为这样的处理在单纯美化景观的基础上，增加了文化和产业功能，为此类废弃工业遗存提供了新的解决思路。

建筑，人与自然的中间

从某种意义上讲，这是一个景观性建筑（architecture in landscape）。建筑师希望以一种"轻"的姿态来处理场地，建筑的形态，以及两者之间的关系。

场地中原有的石壁被完整地保留，不做任何处理，成为剧场的背景墙。石壁因为开采石料形成弧形，使其具有很好的声学效果。在建筑师看来，石壁本身就是观演最重要的内容，它不仅是舞台背景，也是演出者本身，石壁的存在决定了整个剧场的性格和气氛，是空

室内的暖光与舞台的灯光形成戏剧性效果

舞台

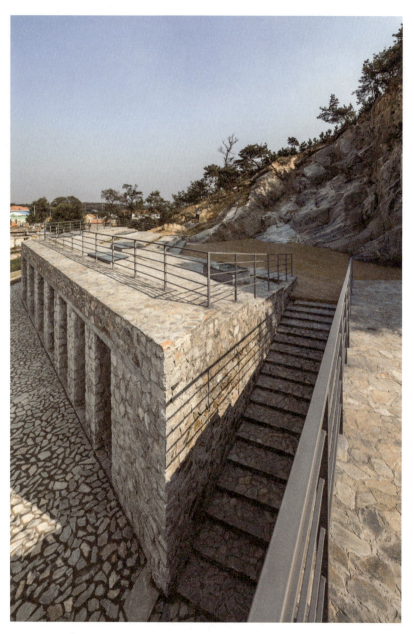

石头台阶联系咖啡厅和舞台

间的起点。

看台环抱石壁设立，从舞台地平面逐渐抬高，与石壁一起形成聚拢的场地。舞台和看台的形状根据原有地形设置，并不追求对称；看台的台阶被设计成自由的折线状态，进一步加强了场地的景观性。

原场地地坪呈从石壁向下的斜坡，与看台的抬起趋势相反。依循这个特征，看台下面被藏入了一个新的建筑体量。它与看台共用支撑结构，在功能上包括储藏、公共卫生间和咖啡厅，可以为剧场提供后勤和公共配套服务。为了不遮挡和抢夺石壁的"主角"地位，建筑高度尽量压低，外形也趋于规整。建筑正立面由一系列落地窗洞组成，窗洞与窗洞之间的墙面厚度被有意强化，建筑师希望给人一种洞穴的感觉，回应场地原有采石坑的历史。建筑两侧设有台阶和坡道，供人们进出舞台区域。台阶和坡道被高大的墙包围，或略显压迫，或曲折，成为进入主区域之前的过渡空间，起到了"欲扬先抑"的效果。建筑材料选用毛石，垒筑，而其中的大部分石块来自于平整场地时候挖掘出的石头。建筑师希望从形式和物理属性上表达建筑是从场地中生长而出的概念。

石头台阶联系咖啡厅和舞台，建筑立面使用地方传统垒石工艺。在此处，景观并不是一个独立存在的内容，建筑也不是。两者之间存在着相互转化的可能性。建筑前的绿地被石头铺装的小径分割成大小不一的区块，与看台的台阶划分形成呼应；进入剧场的流线呈现一个弯曲的弧，人们在登上看台之前，需要绕建筑至少半周，这也强化了场所的仪式感。

室内，略显粗犷的慵懒

建筑的室内空间不大，空间布局相对简单，倾斜的屋顶，不规则

使用中的剧场

建筑室内空
间作为咖啡
厅使用

的天窗暗示了建筑与看台的关系，又加强了室内的戏剧性。建筑师希望空间气氛上给人以热烈、硬朗的感觉：洞穴、矿坑和工业感是室内设计的基本意向。石材、略显粗狂的木材、皮革、金属成为塑造空间的首选材料，工业风的灯具和家具也进一步加强了这种氛围；暴露的光源形成让人迷离的炫光，配合东西两侧墙面的橙黄和天窗内壁的宝石蓝，建筑室内给人一种复古的慵懒感。

在建筑师的想象中，未来的某一时刻，在这里听着民谣，喝着啤酒，仰望星空……生活本就应该如此。

下半部：
南方艺术乡建地图

未定 国界

省、自治区、
直辖市界

特别行政区界

北京

黄 河

黄 海

渤 海

黄 海

东 海

长 江

长 江

南 海

碧山乡建

项目名称：碧山乡建

发起时间：2007 年

项目地点：安徽省黄山市黟县碧阳镇碧山村

发起人与机构：左靖工作室、上海汉室设计管理机构

　　碧山村位于安徽省黄山市黟县碧阳镇，北枕黄山余脉碧山，南临黟县盆地，枧溪河自北向南穿村而过，是一个拥有 1600 多年历史的徽州古村落。村内仍保存有南宋私家园林"培筠园"，明代私塾"耕读园"，清代古塔"云门塔"，以及多个祠堂和徽派民居；村里的人们亦保持着以种稻、养蚕为主，日出而作、日落而息的传统农耕生活方式。

　　2007 年开始，左靖等人发起了一系列针对碧山村的乡村建设活动，是国内最早的文艺乡建案例之一。碧山陆续吸引了全国各地众多艺术家、设计师、知识分子和媒体人的关注，参与空间改造和文化共建，举办了碧山丰年庆、黟县国际摄影节等活动，出版了《碧山》系列的

改造后的碧山工销社

"线索与节点：从黟县百工到碧山工销社"参展广东美术馆

杂志书，意在服务社区、地域印记和连接城乡，往乡村导入城市资源，向城市输出乡村价值。

2011年7月至2013年10月，左靖带领10多位安徽大学的学生历时两年多，经过近10次田野寻访，记录下90项安徽省黟县的民间手工艺（百工）。2014年6月，《黟县百工》由金城出版社出版。在随后的几年时间里，黟县百工项目参加了包括第15届威尼斯国际建筑双年展中国馆、"线索与节点：从黟县百工到碧山工销社"在内的数次国内外展览。从百工的调研、出版到展览，被左靖视为中国民间工艺复兴的最基础的工作，出版和展览属于传播范畴，通过传播搭建桥梁，勾连起设计师与手艺人，提出设计和工艺改进的理念，以及在地化等问题，实现价值的融会与转换。而碧山工销社的落地，则体现了2011年黟县百工调研伊始的应有之义。

碧山工销社位于安徽省黄山市黟县碧阳镇碧山村，原址为建于1964年的碧山供销社，同时也是村祠堂——尚义堂的遗址。2015年

5月，上海汉室设计管理机构正式租赁下这个供销社，并改名为"碧山工销社"，希望能以"百工十条"为理念，保留并激活这座拥有60多年历史的供销社在碧山当代乡村生活中的可持续性的经济、文化和社会功能。碧山工销社所设的各个功能空间，包括并不限于《百工》杂志书社、百工书屋、设计师驻社、讲习所、百工坊、柴窑、百工店、展厅等，还有入驻进来的D&Department黄山店，形成了以"百工"为主题的自调研出版、讲习交流、工坊体验至百工产品的设计、研发、销售与展示的立体全感式体验。体验者不仅有外来游客，还包括入驻设计师、当地手工艺人，乃至工销社的经营管理者。在未来的日子里，碧山工销社将不懈于探索"百工"新生之路，秉承服务之心，贯彻"良品良生"的制作与消费理念，引导可持续的乡村生活。

目前由供销社和尚义堂改建的工销社，由启泰堂改建而成的碧山书局和牛圈咖啡馆，由碧山老油厂改建的猪栏酒吧等文化空间已经成为碧山的新名片，吸引了大批游客慕名参观，同时也带动了村民创办

D & Department 黄山店前店空间

民宿的热情以及与之相关的古民居和文化保护行动。

获得荣誉：

1.《黟县百工》荣获 2014 "中国最美的书"称号；

2. "碧山计划"获《华尔街日报》（中文版）"中国创新人物奖"艺术类奖项；

3. 黟县百工参加第十五届威尼斯国际建筑双年展中国馆的展览；

4. 碧山工销社参加第十六届威尼斯国际建筑双年展中国城市馆的展览；

5. 碧山工销社参加"中国当代艺术年鉴展 2018"展览；

6. 碧山工销社荣获 2019 北京设计奖"传统工艺设计奖"。

我的春晚我的村

项目名称：我的春晚我的村

发起时间：2007 年

项目地点：广东省湛江市徐闻县下洋镇小苏村

发起人：黄礼孩

  一直处在边缘地带又空心化的乡村，它的空洞和无聊更是显而易见，它慢慢成为在城市里日夜打拼着的漂泊离乡人一年一趟旅行的原乡。一个乡村需要自己的文化滋养，就像诗人黄礼孩所说："文化原来是与土地发生紧密联系的，传统价值一直是乡村存在的密码，但随着乡村变成农村，乡绅文化的消失，又随着城市化进程的加快，更多人离开土地，到城市去谋生，农村的老化成为现实。但只要有人生存的地方，都有文化的诉求。当理想之光无法照进边远农村，自我的觉醒就是寻求出路，就是寻求可能的对接，寻找适应本土的文化符号。当一些传统文化慢慢消失，新的文化没有建立起来，我们该去做些什么呢？这是需要去思考并行动起来的话题。"

  边缘的乡土也有自己的文化欲望，而出路在哪里？或许小苏村给了一个它自己的答案：一种自下而上的精神给养。当一天到晚面朝黄土背朝天的农民放下他们手中笨重又粗犷的农具，捧起圣经唱起赞美

村民参与小苏晚会

村民参与小苏晚会

诗，接受神的洗礼的时候，大概就可以想象，他们也一定可以在自己搭建起来的春晚的舞台上舞动起来，大地里劳作的喜悦和舞台上舞动的欢乐都属于生活艺术带来的报酬，只不过形式不同罢了，前者往往被忽视在生存的眼光里。而且出乎他们自己的想象，这一舞就是十年。因为这一舞，他们舞出属于自己村庄的舞台。大年初二看春晚，俨然已经成为小苏村人一种过年的传统。

小苏春晚已经坚持了十三年，已经成为一个小传统。用回到故乡贴钱贴力创办小苏春晚的诗人黄礼孩的话来说，做得好一些或者差一些已经不重要，重要的是突出它的时间性。在时间性里，人们才能看到事物的生命力。作为思考加行动型的诗人黄礼孩，他并不用大城市的纯艺术来要求自己在老家做的春节晚会。他像对待传统一样去理解小苏村的春节晚会，但显然他在大众文化中也加入了现代艺术，使他对传统的理解又有了新的体会。

十余载小苏春晚，是一种传承，也是一种融合，从 2007 年第一届完全由本村村民自编自演的一种自娱自乐，到如今吸引着大量外来观众和媒体的第十年，舞台上的节目从粗糙到精细，从单一到多元，从纯本土到融合外来……

十余载风雨路，村前那块菠萝地里春夏变秋冬，秋冬又回到春夏，小苏堂的祷告声一次次在夜幕中安静下来，又一次次在清晨中醒来。

海岛乡村艺术计划

项目名称：海岛乡村艺术计划

发起时间：2010 年

项目地点：海南省文昌市东郊镇泰山村

发起人：翁奋

2007 年，位于海南岛文昌市东郊镇泰山村周边的部分地区，启动国家商业卫星发射中心建设，由此开始的整个乡村地区和城镇将被规划建成成为一个卫星城。当地乡村土地将被政府与开发商征用，大量村民房屋将被拆除，农作物与耕地、养殖地等将会被征用或拆除。将分别建设商业卫星发射基地、航天主题公园及配套居住区，同时计划由此项目带动未来乡村城镇化建设。当地的村民在这样的规划下，由村民转化为城市社区居民，他们的身份被转化后将要面对的生存与发展问题已经发生了根本性的改变。有感于此，翁奋（家乡在泰山村）和刘军邀请海南大学学生到泰山村进行访问考察；2007—2010 年间翁奋与助手梁艺在此地区进行了一系列的田野考察工作，给当地的村民拍摄家族纪念照（村民的房屋即将被拆除，土地将被征用，土地征用后没有土地置换，仅仅给予每户 100 多平米的房屋供居住，没有土地可耕作与养殖）；进行访谈、文献记录与收集工作；给当地村民进行关于土地、权利等问题的法律解释／谈话／咨询工作。至 2010 年，为了方便这一系列关于艺术介入／参与现实问题的研究、思考、实践工作的展开，翁奋联合马杰、黄学斌、陆运章和刘军，在 2010 年正式创办"拆了旅行社——乡村艺术造访计划"这个访问／研究／讨论／社会实践的非营利性和概念性的旅行机构。"拆了"是指与当地居民相关的物体（包括房屋、日常生活用品、农作物、养殖物等）被拆除的意思；"旅行社"是通过旅行访问的方式，使外来访问者与当地村民进行接触、在地理空间中行走、对当地进行研究和讨论的艺术造访计划。

2010 年至 2015 年间，乡村艺术造访计划的成员们共同进行了多次访问考察和讨论活动，翁奋还独立举行村民会谈活动，家族谱系与祠堂的调查、访谈与研究工作等。其中，2013 年旅居海南的德国籍艺术家文武加入计划。由于 2015 年文武离开海南回德国，所以退出计划；马杰、李军、黄学斌由于兴趣与观点不同也先后离开这个计划。目前，计划由翁奋继续缓慢进行。翁奋的家族就居住在当地（据家族流传，翁姓大家族由福建漳州移民到海南岛万宁县，随后这支家族转居到目前的居住地），约有 10 代左右。翁姓家族与居住于此地的其他姓氏家族的未来都将由于此事件而受到影响，尤其是前者将失去土地和家族之根，这使翁奋开始关注自己的身份问题，以及家乡在现代经济发展与全球发展需求的背景下对于当地的改变，和未来的影响，以及艺术能够做什么？如何介入或者参与到这个特殊时代的转变过程中？这些多元的和复杂的问题能否通过艺术的参与来解决？

作为艺术家，翁奋等人思考的问题是在今天"艺术"为何？是否能够在艺术之外对艺术进行新的概念的确定？艺术如何面对这个地区不可逆转的发展进程，以及凸显出来的关于"个人与集体""个体存在与系统存在""个人权利与系统话语""时间与记忆""地方知识与全球地方性""乡村传统与乡村城镇化""艺术审美与社会工具功能"等诸多问题，为此翁奋在当地展开了在地考察研究与艺术社会实践的行动。"拆了旅行社——乡村艺术造访计划"的工作成员包括许多独立访问和研讨的临时参与者和阶段参与者，他们来自社会各个阶层和不同的职业。

"拆了旅行社——乡村艺术造访计划"以群体活动的方式进行，邀请访问者到当地进行体验式访问。访问内容主要包含以下几个方面："互动式讨论"——访问者与乡村艺术造访计划成员和当地居民以互动式交谈的形式对许多当地村民关注的问题进行随机的／特定的讨论；"游牧式访问"——漫步体验参观村庄民居和椰林，接触当地居民，品尝当地流行的咖啡黑、油炸金堆和具有家族游牧历史的"翁式文昌鸡饭"；"自由领地"——访问铜鼓岭自然保护区建立步行观景点，在"自由领地"步行线路多个观景点安装木板长凳，供游人和下一批访客使用；"精神分析与自我发生"——这是一个针对村民个人"主体回归"的发生计划，目标是通过访问者和乡村艺术造访计划成员与个体／集体村民的深入式具体式谈话，以引导村民的言说欲望，在言说中村民自我发生式地感受自我主体的内在欲望／个体权利在社会系统中的位置、角色、心理、反映行动，从而达到"主体自觉"和"自我发生"的状态；"移动小屋"——这是一个当地流行的移动小屋，作为耕作的土地、果园等的临时居住空间，翁奋把它改建为可移动的阅读与谈话的空间。"我的家园我规划"——这是一个由乡村艺术造访计划和当地村民自愿共同进行的"为何规划？"计划，因此是整体计划的后续行动，是在全体村民产生自觉后的对"我们需要什么"形成共识下的"愿望共同体"的前提下，对村庄未来发展的"自治性"规划与建设的行动（目前只在个体沟通的推动状态，没有能够开始进行）。"乡村艺术造访计划"把每一次访问当地活动和外地展览活动作为一种游牧式的旅行和移动的互动讨论场所，可以把问题带到任何地方，任何问题可以带到乡村艺术造访计划的当地现场，因此是一种基于艺术和社会中展开的具有开放式的／游牧式的／跨边界的特征的计划。

"拆了旅行社——乡村艺术造访计划"的理念是建立在村民作为主体的位置上，村民与村民间，和外来社会与资本关系间形成的一整套合理的"共生性"联合体，不倡导以往的以政府和开发商为主体（主导）商业治理型的发展理念。所以乡村艺术造访计划的工作将从缓慢地面对村民个体和他们关系的问题中展开，首先，从村民家族谱系的研究和讨论开始，以此联系村民，使村民间形成良好的情感与大家庭关系的建构；这个"大家庭"是指所有居住于这个特定的乡村地理空间的家庭，这些家庭来自不同的姓氏；其二，由于家族血缘独特的利害性关系自动连接家族成员，家长制也无形中形成了一种等级控制理念，如何在当代社会中去除这样的等级与血缘维系的家族情感之间去探讨一种具有当代性理念的模式，以适应现代社会发展，而非简单地恢复传统的等级制（父权制）社会结构及其理念及其审美形式。由此，项目希望从教育来实现这些探索，混合传统与现代的新理念的启发，探索一种乡村自然教育和社会连接与共同发展的方式（这个问题有待乡村艺术造访计划的进一步实践）；三，在这种理念养成基础上，大家庭所形成的是一种以乡村为基础的公共的、共同的理念，从而探讨生活与生产的合作关系，这个合作的主体建构起来之后，可以连接外来的社会与资本的共同合作（要警惕那种以政府或资本方为主体意志的自上而下的美丽乡村改造模式）。

"拆了旅行社——乡村艺术造访计划"面对的是当地问题，他们把地方性问题是放在全球性问题内的地方性，认为"全球地方性"，"介入"是一种地方性知识／认识的关键概念，不拿普遍主义知识的视角来看待它们，从而把地方性知识提高到与普遍知识同等的地位；其二，关于"主体与系统话语"，他们强调访问者对当地村民在系统话语下形成的散失自我主体性状态的内部精神深层次的干预与发现过程，因此这个整体的行动类似一个"等待"自我革命发生的自我发生过程；他们把这界定为"等待革命事件"（这个"革命"是自我的革命，这个"事件"是个体转变后的整体形成共同体后的改变行动）。在"等待"中乡村艺术造访计划的访问工作是一个漫长的过程。其三，在"我的村庄我规划"的行动计划中面临的直接问题，是强大的权力机构与外来资本力量的介入，造成当地村民所获利益远远低于外来资本与权力机构，同时伴随着村民个体在自我主体存在层面的缺失，资本的介入是个容易的工作，但是他们期待的是村民在自觉状态中形成的"利益自治共同体"下与资本和权力机构合作的状态，因此他们倡导的是"非对抗"，和"主体间平等合作的伦理与美学"。其四，对闲置房屋的再利用与开发，目标是形成乡村艺术空间和可带动村民生活方式改变的"低商业"模式计划（一种仅仅以村民共同体为主体的与适当的资本合作，利用本地原有旧房屋进行再经营管理的本地经营模式的商业形式）。

"家族照"考察与拍摄计划中的一个家族成员与将要被拆
除的他们居住的祖屋和自家果树林合影的纪念照。

项目历年活动:

2007—2010 年,翁奋和助手梁艺一起进行村民家族考察与家族照
拍摄工作。进行了家庭与房屋、耕地、种植物、养殖物等生活与生产
相关联物体的考察和收集工作;同时进行地理地形环境等方面的考察
研究工作。

通过拍摄纪念照来强调他们的历史存在与唤醒他们的主体自觉意
识。这些是长期与缓慢的工作。

2008—2009 年间,翁奋与村民传播、探讨和研究关于土地与村民
土地权力问题,举行多次不定期的和随机的问答与探讨恳谈会。

2008 年,翁奋与刘军带领海南大学艺术学院学生考察访问当地。

　　2010年,"拆了旅行社——乡村艺术造访计划"成立活动,与"旅游公社"合作举办铜鼓岭—泰山村徒步行,在铜鼓岭建立"自由领地"观景点和设立纪念凳子、体验当地代表景观、椰林行走、访问居民、参观民居、品尝当地食物(文昌鸡饭、咖啡黑、奶茶、煎堆);举办艺术展览活动,参与的艺术家有:陆小克关于一个沉入水中的村庄的摄影作品,陆运章的东郊风景绘画,翁奋的英国乡村访问与研究计划摄影作品,关于卫星基地建立与当地风景的装置作品,以及"家族照"。

　　2011年,进行第五次造访计划:"地理与城市环境的快速发展变化对生活与文化的心理冲突"研讨活动。行动包括访问铜鼓岭"自由领地"和泰山村;访问者与村民参与的研讨会;进行椰林行走;品尝当地文昌鸡饭、咖啡黑、奶茶、煎堆;体验椰林午休。参与者包括外

椰树下的研讨会现场

地访问者与当地居民和"拆了旅行社"成员，访问者有诗人、政府基层官员、设计师、大学教授、美国学者、意大利旅行者等。与会者：王美钦（美国加州州立大学北岭分校艺术史教授）、曾乃方（美国独立平面设计师）、张华立（海南大学建筑学教师，毕业于英国伦敦大学学院 Bartlitt School）、朱昊（金融师）、潘慧敏（雅昌艺术网广东站负责人）、李园丁（律师）、李少君（著名诗人，诗歌活动家）、文武（德裔华人艺术家）、翁书国（当地居民）、黄守富（当地居民）、罗继贞（琼中黎母山乡书记）、拆了旅行社成员（翁奋，刘军，马杰，陆运章，黄学斌）。参与人员计划实施的人员包括詹红艳、石雄、陈浪、翁乙人等。

2012 年，访问村民与村民座谈关于拆迁问题，拍摄记录拆迁过程，以及对村民关于拆迁与赔偿问题的协商过程进行拍摄记录工作。由于政府人员及警察的管理行为，我们的记录行动未完成。期间与部分村

2013 年三亚国际艺术季展览"拆了旅行社"项目现场图

民探讨法律与村民权利问题。

2013 年, "拆了旅行社——乡村艺术造访计划"进入了通过对外宣传的方式来扩大这个地区的影响工作上, 同时带着相关问题与外界各类型人士进行研讨, 我们把这样的讨论方式称为 "游牧式访问与研讨"。

2010 年至 2015 年, 由于成员退出计划, "拆了旅行社"项目的社会行动停顿。翁奋开始转向对于村民个体的考察研究和以此来推动其他村民的主体自觉的发动工作上。考察对象主要集中在村民翁书国、陈垂总、黄守福, 他们是村民的典型和特殊的代表性人物。 2015 年, 邀请广州的策展人和艺术家满宇、海南当地艺术家唐浩多一起访问泰山村, 与村民陈垂总进行深入的探讨其抗争历程, 及关于权利和土地、拆迁与乡村秩序建构问题的讨论。

2016 年, 参加美国中国问题研究学会年会的 "艺术与乡村建设"的研讨, 同举办圣迭戈中国华侨博物馆中的艺术与乡村报告会。与会者包括 "许村计划"的渠岩和 "碧山计划"的左靖。在与会期间共同探讨了相关问题。

2018 年至 2019 年, 由于大量搬迁村民将要搬入政府建设完成的新社区, 我们面临的问题是村民由此转换为社区居民, 这带来了新的问题, 城市社区这个概念是伴随着城市而生的概念, 也可以说是西方语境下的概念, 但是目前的情况下, 却是当代乡村村民面临的重要问题, 联结改革开放以来, 大量的村民（农民工）移动向城市, 而且部分居住在社区, 他们也会像我们一样每年会回到乡村过年, 但是乡村的本质已被改变, 没有了祖宗的土地, 家乡在哪？回不去的乡村成为我们真正的问题。由此, 我们开始关于乡村与城市社区关系的研究与社会行动的展开, 也推动翁奋在 2019 年与唐浩多、张森共同发起 "微型社区实验室"（W-dyen nium su）项目来进行社区艺术研究与行动。

获得荣誉：

2011 年福建海峡卫视"萍水相逢"栏目组造访"拆了旅行社——乡村艺术造访计划"铜鼓岭的"自由领地"与泰山村椰林行走项目，进行采访报道；

2013 年"拆了旅行社——乡村艺术造访计划"项目参与第 55 届威尼斯双年展平行展；

2013 年"拆了旅行社——乡村艺术造访计划"项目参加三亚国际艺术季展览活动。

羊磴艺术合作社

项目名称： 羊磴艺术合作社

发起时间： 2012 年

项目地点： 贵州省遵义市桐梓县羊磴镇

发起人： 焦兴涛

　　羊磴镇位于贵州省遵义市桐梓县北端，东与狮溪镇、水坝塘镇毗邻，南与木瓜镇相连，西与坡渡镇接壤。最高海拔 2100 米，最低海拔 320 米，集镇所在地海拔为 439 米。距桐梓县城 90 公里，距重庆万盛区 55 公里，离重庆市区 150 公里，距兰海高速松坎入口 49 公里，距赶水入口 39 公里，与重庆市万盛区黑山镇黑山谷风景区、石林镇石林风景区相邻。羊磴最大的特点就是并无什么特别。似乎除了一条河之外并没有任何让人欣喜的地方。或者说羊磴最有价值的地方正是来自于它像中国成百上千的镇子一样毫无个性的乏味。而这"平平无奇"却吸引了艺术家焦兴涛的目光。

　　2012 年，焦兴涛在羊磴镇发起了一个综合的艺术项目——"羊磴艺术合作社"。如其所说，羊磴艺术合作社"不是采风，不是体验生活，不是社会学意义上的乡村建设，不是文化公益和艺术慈善，不是当代艺术下乡，不预设目标和计划"。它强调"艺术协商"之下的"各取所需"，作为一个探求独立的艺术工作方法的试验场，尝试将艺术还原为一种"形式化的生活"，并重新投放到具体的现场和空间中，试图在对日常经验进行即时表达的"贴身肉搏"中，"重建艺术和生活的连续性"。羊磴艺术合作社试图避免政治性艺术与简单而庸俗的社会学式的介入，摒弃以道德或政治正确对艺术进行绑架，因此，它一直在避开各种既定的价值体系与美学标准，避开模式化的实施手段和路径，避开文化精英的居高临下，避开"介入"的强制性，试图面对日常本身而不是对既定美学体系的应答。在这个过程中，艺术家避开自上而下的强制的介入模式，他们选择价值中立的立场，不带先入为主的意图，让艺术自由而无所预设地生长在羊磴。以"弱"的姿态与"微观"的视角去建立艺术潜入社会经验的"例外"。羊磴艺术合作社通过一系列的活动展开，从"冯豆花美术馆""西饼屋美术馆""乡村木作""板凳的故事"，到羊磴故事、羊磴人物，再到羊磴钢丝桥驻地工作坊，在近十年的时间里，它几乎触及了羊磴镇居民和生活的所有角落，将艺术家、本地居民、好奇的探秘者共同编制进一场由个体与个体之间的追述、协商、交流、对话、探访和想象所构成的故事里。

羊磴艺术合作社参与人员：

焦兴涛、娄金、张翔、崔旭、杨洪、陆云霞、王玖、李竹、王子云、顾桃、吕侯健、张增增、谢小春、张超、王比、黄家琦、陈伟才、文豪、钟飚、张晓影、郑菁、周彦华、牟俊、童文敏、张海超、徐旷之、蔡艺芸、王婧思、令狐昌元、胡现坤、李大生、张长贵、娄方云、郭开红、冯世强、梁明书、谢至德、冯于良等。

项目活动介绍：

1. 羊磴艺术计划——乡村木作
2. 冯豆花美术馆
3. 羊磴人物郭开红
4. "故事——羊磴40年"艺术游
5. 羊磴钢丝桥驻地工作坊

羊磴艺术合作社活动之一：乡村木作

活动名称：乡村木作

活动时间：2012 年至今

活动地点：贵州省遵义市桐梓县羊磴镇

参与人员：焦兴涛、娄金、杨洪、陆云霞、张翔、崔旭、李竹、刘鹏、娄方云、郭开红、冯世强、梁明书、谢志德、冯于良

活动介绍：

让木匠和艺术家各自从家里、小镇街道中选择一件木制品，根据各自的小组，协同完成一件作品……不是采风，不是社会学意义上的乡村建设，不是"文化扶贫"，不是借木匠之手和技艺来完成自己的东西，甚至也不需要预设一个目标。本部分以日记的形式呈现。

木匠和艺术家共同完成的木制品

2012/11/19 星期一 阴转晴

今天是正式开始"羊蹬艺术合作社"计划的第一天。见到了五个木匠,其中除了老梁(梁明书)和老郭(郭开红)是上次见过之外,另外三位都是第一次见面:娄方云、谢志德和江朝伦,其中江姓木匠天生幽默、狡黠,许多语言让人记忆深刻,一见面就说想到这个"单位"来看看,又说这里没有文化馆只有管文化,张口就来,一个有趣之人。其中老郭因为跟娄金干过很长一段时间,俨然成为这帮木匠的首领,而事实上,他确实表现出令人惊讶的一面,不仅仅是因为工资待遇的高低,而是因为他劝说其他木匠时的用词,专业、投入,很是意外!晚上大家一起喝酒吃饭,气氛融洽,密切的情感是今后放松工作的必须。

晚上,回到房间后进行了相关的讨论,得出的结论是:(1)他们自在地开始工作对于今后至关重要,所以每个组从自己的情况出发自行决定工作目标;(2)摄像和采访一定要有自己的方向。晚上的酒是在老街上打的高粱酒,15块一斤,味道辛辣浓烈,突然想起多年前附中写生去过的贵州西江镇的土酒厂,喝着刚接出来的原度酒被无声无息放倒的场景。

2012/11/20 星期二 阴 有风

一早,寂静的镇子就被时断时续的喇叭声唤醒,杂乱而生气。

我和郭师傅一组,他有在美院待过的经历,而且有自己的想法,我想以他为主来完成一些东西。他是一个标志性的人物,从乡村木匠到现在的状态。他想做一个条桌和六角形的桌子的混合体,我鼓励他说这很好。突然觉得应该回去之后准备一些有意思的木工作品图片,下次把投影仪带来,放给他们看看。

有老乡家里有旧家具要卖,李竹和张翔去看看是否合适。

下午,娄金的同学叶总开车从镇安县过来,因为修路的原因,开了四个多小时,带来了两箱1978年茅台酒厂产的"人民公社"酒,确实难得！他说，我从小就喜欢听推刨推木料的嗞嗞声——真是带感的一句话！

这里木匠众多，应该和这里山林众多有直接的关系。今天给申晓南打了电话，希望他问问有没有在桐梓县的熟人，如果能够自上而下地给当地政府打个招呼，可能会对今后项目的持续有所帮助，至少避免麻烦。在中国，很难有真正的自发和野生，政府和体制深入到每一个人的生活，没有例外，只有大小强弱之分。

崔旭和梁木匠先做了一条桶，这是他最擅长的，在过程中见识了他们利用木工口诀和简单的方法但是极其有效地解决了一些本来十分复杂的技术难题——高手在民间！传统木作上千年积累的经验和方法确实有它的独到之处。

农村木匠习惯了不加思考地进行手中的工作，也习惯了完成一件东西的任务感，很难主动地解决问题，如何享受做活儿的乐趣已经与他们无缘，所以，这个工作就是要逐步地唤起他对手艺的信心和对木工劳作的乐趣，并且能最大可能地唤起他们的创造力。

2012/11/21 星期三 阴 微雨

早上一来，见到郭师傅的几件东西，很惊讶，好玩，拙朴之气让人眼睛一亮。在乡村，他们曾经拥有很高的社会地位和职业自豪感，雇他们做家具的人家排着长队，除工资外，每天好烟好酒敬着，后来时过境迁，板式家具廉价时尚，再也没有人劳心费力花钱请他们了，于是，不得不转行做装修，架电线，开馆子，但是对木匠活儿始终充满留恋和感情。

手艺带给他们尊严。

2012/11/23 星期五 阴

前两天前往武汉参加湖北美术馆一个重要的雕塑展的开幕式和研

讨会，今天回。围绕这个计划的缘起又多了些思考。

中国今天所建立的强力严密的社会组织结构，使过去的政治运动和高速城市化的力量得以充分传递，让过往存在于中国乡村几千年的道德、伦理及以此为核心的纲常，在几十年间土崩瓦解。远离资本主义文明的乡村所具有的中国文化的顽强的根性，正在烟消云散。中国近百年来被人为斩断的历史和文化，注定了寻找所谓的"中国性"只可能是某种精神领域的推理行为，一种企图在文化碎片上寻找某种当代性的危险的拼图游戏。简单而功利的谄媚传统，只能是一厢情愿的刻舟求剑，而散落在传统农业社会中的手工劳作中所具有的，对技艺和材料的执着和坚守，是否具有某种传统精神的特质？所谓"礼失求诸野"。不过，这谁也不能确定，亦或许这种假设压根就不存在，果真如此，证伪也是有价值的！

中国当代雕塑在经历了视觉化和图像化的阶段，进入了一个关注自身语言和物质本体的语言实验时期。在借助"物派""贫困艺术"的语言特征之后，中国当代雕塑的进程和方向注定是一个值得关注的问题。在当代艺术的生产、展览、传播、收藏体系日益制度化权力化的今天，抛开关于艺术的诸多现成定义和框架，去重新吸取新鲜现实的经验，是不是更有趣？嗯，要真干！不要意淫！

2012/11/25 星期天 大风 阴雨降温

晚上六点，终于赶回了羊磴镇。

张翔一组的"雷锋"符号的棺材是一个幽默的点子！他们正在进行的从棺材开始的类似"多宝盒""无限柱"的造型，倒是很让人期待。

杨洪一组打算把谢师傅这辈子最擅长的家具都做出来——只是尺寸小一半，且每件家具要相互连接成为一个独立的架构，木床已经做好，本身并不特别，重要的是后续的作品和它形成怎样的连接构筑关系。

最大的亮点是郭师傅说他想做一个"敌人"——这太令人兴奋了，

对于如何做大家有点眉目了

不仅仅是因为他主动的创作欲望，还因为这样一个主题——我怎么就没想过做一个"坏人"呢？

晚饭时，张翔、崔旭因为和梁师傅打赌输了，被罚了一大杯白酒。

晚上，大家例行地开始讨论。关于项目的意义，相较于曾经由美协主持的"綦江农民版画"，卢杰的长征计划，以及老隋和延安艺人合作的"毛泽东"，不同在于什么呢？或许现在还不太清楚，也可能现在来总结太早。重要的是干！做了再说。如果我们暂时还不知道自己做的是什么，那我们可以从不是什么来着手。我们不是采风，不是社会学意义上的乡村建设，不是"文化扶贫"，不是借木匠之手和技艺来完成自己的东西，我们甚至也不需要预设一个目标。

能否让木匠和艺术家各自从家里、小镇街道中选择一件木制品，根据各自的小组，协同完成一件作品，充分体现项目的未知、现场和日常。娄金提出以物易物，用自造之物换取农家有意思的用具，或者对农家屋内陈设经协商进行重新的安排和呈现。针对杨洪的方案我提出可不可以根据一个高低不平的现场，来做一个一致的平面。

2012/11/27 星期二 小雨 寒冷

可能是阴雨的缘故，虽然是个赶场天，但是镇上的人并不是很多。摄像刘鹏今天一早回重庆并要前往成都。

去相熟的饭店吃了昨晚定下的红糖包子，便立即赶到工作现场。

新来的冯师傅显得机变并且专注，之前他完成的用斧子"临摹"的弯弯曲曲的凳子，显示出他很强的观察力和理解力，不仅仅是仿制凳子奇异的外观，而是要复制形成这种外观和肌理的理由和原因：这一部分的形状是由斧子砍削而成，那么复制一定是同样的方式进行，如果这里像一颗螺丝眼，那么一定要这样进行——只是砍削得过于细致的形状和细节，并没有完全达到我所期待的粗犷感。我叫他只能使用斧子来制作一条板凳，因为这个是最基本的款式，不能设置太大的难度。一天时间，我都在仔细地观察着整个过程，最后，我让他按照他自己斧子的形状用木头砍了一把斧头，这个过程让他新鲜而自信，特别让人满足。午饭后，顺手买了一把塑料凳子，希望他能用木匠的方法和手艺去解决。

晚上一起聊天，提出，如果在下一阶段，设置一些共同参与的项目工作，或许能更好地激发木匠的创造力和我们之间的协作沟通，并可能有更加有意思的东西出现，如：用废弃的家具，改造成各种"稻草人"插在田间地头，并考虑到当地的特点，设置可以背着背篓休息的结构，或者用丢弃的家具做一座小桥，或者风雨亭，这些东西，将进一步构成特色的乡村城镇景观。

日常一定和使用有关，重新回到日常，如果能在现实的日常价值和精神的日常性之间取得某种联系，这种形式或物品一定具有特别的意义和价值。

一定要警惕精致化的倾向，它会引起某种感伤、怀旧和小资化的旅游情怀。

这个项目可能是很多东西：文化下乡、乡村建设、传统复兴、手工再造、教学实践、艺术实验、当代艺术在地化探索、乡镇景观重塑……但是，同时，这一切又都是必须警惕的！晚上的烧水烫脚真是一种久违的享受！

2012/11/28 星期三 阴

有朋友对羊磴的事情很有兴趣，在大致了解之后说，要定点在羊磴镇隔壁的夜郎国（镇）就太好了，有典型性，有太白书院的遗迹，做持续的文化建设样本极佳。我回答说，其实整个桐梓县都属于"夜郎国"，前年，桐梓县本打算改名"夜郎县"，后因种种原因未能改成，所以，我倒是觉得现在这样反而好，羊磴本属桐梓县，属古夜郎的范围，但并不刻意要在某个具体的点上为之，这样反而矫情，更重要的是羊磴的"非典型性"个人觉得更有价值！与历史和夜郎的偶遇与暗合，或许更靠谱。

2012/11/29 星期四 阴

今天从重庆赶回羊磴，从赶水下道经坡度，沿羊磴河前行。一路路况奇差，峡谷风景却迤逦难忘，一弯清澈见底的绿水在峻峭的峰峦之间游走，令人有忘我之感。下午4点到达，看到新的东西，令人兴奋意外。

这把木制的塑料凳真是让人喜欢！

2012/11/30 星期五 阴 微风

今天又仔细看了看郭师傅的"敌人"，一个箱子里面装着一个举手投降的人物，两条腿露在箱子的下面，一把木制的小手枪，顶住箱盖。一个有趣的东西，在日常的使用中表现一个他所理解的概念，非常地具有现场性的作品，此人此时此地！它似乎不能简单地归于"原生态艺术"或是"素人艺术"之类，除了造型本身具有一种质朴的原初，作品其余的部分相当令人玩味，全力以赴但又简单质朴，沿袭传统又另辟蹊径，借尸还魂，以物隐物，总之，需要理解的不只是概念和方法这么简单，这里面或许就是一种态度：尊重并不改变日常性，因为日常一定是某种巨大传统的积累，借用"日常"的梯子，通往超越日常的惊奇，——这个不是魔术式的戏法，而是点化的智慧和技巧。——话说到此处，似乎又变成老生常谈，但是现实的经验似乎远不止于此——可能这就是项目的意义：尊重我们因循守旧的生活方式或许是最为革命的态度的前提。艺术的创造绝不可能是空前绝后的，他是多种相似之间的缝隙——填满它，创造的形状就能显形，它看似从未出现的东西，其实不过是全部传统或现实未能完全覆盖之处的负形。是的，已有经验和传统未能完全覆盖之处的负形。

不明觉厉的"敌人"

　　上午羊磴镇办公室的康主任一起到现场来看，我介绍了我们的工作，重在强调对当地文化和经济的正面影响。当地镇政府的干部是工作十天，休息四天，原因可能是因为他们都住在桐梓县城的缘故。有趣的是，我们反而是住在这镇上的。

　　准备明天的聚会，邀请当地木匠，制作视频，卖花生瓜子糖果，采访，这些仪式感对于当地人来说是一个重要的影响。

　　下午，和娄金一道去拜访了羊磴中学的张校长，也曾经是他的老师。聊了一个多小时，谈到他们中学教师的情况，也谈到我们打算赠送雕塑的事情……晚上，在镇上最好的饭馆请吃饭，喝了两瓶习水大曲，晕乎乎地回到住处继续和大家喝酒瞎聊，又喝了一点高粱酒，1点方睡。

2012/12/1 星期六 阴

　　上午，师傅们基本上完成了手里的工作，杨洪和谢师傅又临时打算做一个板凳，一老一新交叉，我看工作量不大，就叫他们抓紧。

　　刘鹏提醒我：昨天有人提议拍个广告式的片花，要和这次活动和羊磴有关，一组一组地拍，还说我的广告词都想好了，叫什么：工友牌斧头，木工的好朋友，同时挥动我那柄木斧头……我居然全忘了！于是，马上召集各组各自编写台词排演，NG 多次后，终于完成。

　　上午，一早刘鹏专门去了趟学校，专门录制各种广播里的音乐，作为我们剪辑视频里面的声音和音乐，这种现场的音箱会特别的自然。中午和刘鹏一起赶着把这段视频剪辑完成，下午展览的时候需要放映，本打算在户外，但天气原因，也考虑到环境，最终还是决定在屋内进行。一来聚气、暖和，二来光线合适，三是这样一个放映现场本身就非常特别。

　　下午，大家就开始清场布展，很快，一个颇有感觉的现场就呈现了出来。

　　随着村民、张校长、木匠师傅们的亲戚朋友的到场，我们准备的

开展木展

糖果、花生很快被一抢而光。

　　3点的时候突然停电了，视频没办法播放，好在4点钟准时来电，大家兴致勃勃地看着视频，村民木匠们为自己熟悉的人和事哄笑，身边的一草一木因为镜头变得令人兴奋不已——这让他们平淡无奇的生活充满了此时此地的新奇，尤其是几个十岁左右的小孩子，我想这会给他们留下深刻的印象。

　　房东和木匠都要求刻一张DVD给他们，想来对他们而言，同样是新奇的记忆。

　　结束！

　　晚上，自然是一醉方休。

把"作品"当
玩具，安逸

羊蹬艺术合
作社，开张
大吉！

羊磴艺术合作社活动之二：冯豆花美术馆

活动名称：冯豆花美术馆

活动时间：2014 年

活动地点：贵州省遵义市桐梓县羊磴镇

参与人：焦兴涛、王比、娄金、张杰、冯师傅（冯如金）

"冯豆花美术馆"是"羊磴艺术合作社"经过两年多的积累，基于之前与羊磴镇居民的接触和交往后，在 2014 年农历春节期间所进行的项目。

艺术家与木匠冯师傅一直有合作，这个门面即是他自己的家，外边是门面，里面是住处。面积狭小，只能放两张饭桌。

艺术家焦兴涛、王比、娄金、张杰，分别制作的四件作品《钥匙》《贵烟》《碟子》《筷子》，利用店铺中已有的桌子，把此前的桌面用更厚的整块木板换下，并分别是在新的桌面上，按实物大小以 1:1 的比例雕刻而成，原有的桌腿+新做的桌面+与桌面一体的乡村日常用品。既是一件具有一定制作感的"雕塑"同时又是一张可以使用的"桌子"。

以下是"冯豆花美术馆"开幕通知：

全镇广大群众：

在羊磴镇有关领导的悉心关照下，来自重庆的艺术家经过为期一周的工作，"冯豆花美术馆"顺利开张，并举行开馆展览。届时诚邀乡里乡亲，街坊邻居，前来参观、"品尝"，欢迎光临！

开幕时间：2014 年 1 月 25 日，上午 8:00

冯师傅的门面内部

与桌面连成一体的木雕"碟子""贵烟",表面着色

展览地点:"冯豆花美术馆"(羊磴镇新街)

　　冯师傅在羊磴镇卖豆花十余年,我们也常常叫他冯木匠。冯师傅卖的豆花香,木工活也做得好。我们这群来自重庆的艺术家,因此与冯师傅认识。冯师傅在羊磴镇新街有间不大的店铺,两张方桌,几把条凳,乡里乡亲赶场来买豆花,吃豆花,歇歇脚。一年多来,我们三次来到羊磴镇,这一次照样请冯师傅来做木工活,吃饭时会路过冯木匠家的豆花铺。我们与冯师傅商量,在不影响他做买卖的同时,利用店铺的现有条件,做个展览,他笑哈哈地答应了。"冯豆花美术馆"因冯木匠而有,因豆花铺而有,艺术家做的作品,也正是建立在此基础之上。今天在"冯豆花美术馆"展示的东西,是乡亲们经常见到的,用到的,像品尝豆花的香味一样,把玩这些能看却不能用的"小玩意儿"。

不到中午"冯豆花美术馆"中的豆花销售一空。

　　"美术馆"在羊磴这座小镇上一定是与"豆花馆"的日常营业交织在一起的，当乡亲们在一个"豆花馆"看到日常生活中熟悉的"香烟""筷子""碟子""钥匙" 以不同于日常的方式存在，边吃饭边抚弄这些雕刻出来的物件时，眉开眼笑。"美术馆"在此既是生活的一部分，也是人们在乡村生活中的意外和惊喜。

　　美术馆的称谓是艺术作品与豆花馆的重合，是名称上的指代，是一种空间概念的借用。美术馆在城市生活中是一个文化功能区域，而此刻在乡村，冯豆花美术馆展现出另外一种特征，即无界限的平民的艺术体验空间，没有豆花馆的存在就不会有作品意义的存在。

后续项目：冯豆花美术馆——"艺术－物件"项目

　　该项目是以冯豆花美术馆为空间平台展开：将艺术领域内发行的

交换物件和故事

艺术类杂志放到冯豆花美术馆，每一个镇上的居民都可以拿自己家中的物件来交换，根据物件的价值交换一本或多本不定，每一个交换者需要讲出物件曾经被使用的情况或与自己有关的故事。

关于冯师傅：

本名冯如金，1957 年生于桐梓县坡渡镇林子村，1999 年搬至羊磴镇，同年在羊磴镇街上开设豆花馆，交由老婆经营打理。豆花馆的豆花主要由他的老婆制作，也被当地人称为"邓豆花"。冯如金 23 岁学木匠，早年走村入巷给乡里做木工打家具，后来木工这个行当由盛入衰，加之年事已高，很少有人再找冯师傅做木工活。他有四个子女，三个已经成家立业，年龄最小的一个在江西一所高校读书。

羊磴艺术合作社活动之三：羊磴人物郭开红

活动名称：羊磴人物郭开红

活动时间：2017 年

活动地点：贵州省遵义市桐梓县羊磴镇

参与人员：焦兴涛 郭开红 谢晓春 陆云霞 娄金 王子云 黄家琦 张晓影 张超 牟俊

郭开红，家住贵州省遵义市桐梓县羊磴镇。他不"特别"，没有值得媒体售卖的新闻；他很"简单"，一辈子做木匠；他挺"有趣"，总给人惊喜。如果用"平凡"形容他，他双手打出的奇异雕塑或许不会同意；用"天才"，又过于浮夸，一语遮盖了他创作付出的劳动和纠结。郭开红曾在其日记中多次提问"什么是人？"，并附上自己的理解——"人是六级动物，能够创造新世界，能够幻想新生的未来"。

他的生活，践行着"人"的意义，无需太多形容。

　　郭开红是羊磴镇一位土生土长的木匠，二十多岁跟师傅学艺，打造各式日用家具，头脑灵活，手艺出众，为人谦和真诚。一次偶然的机会，郭师傅去往重庆，帮艺术家制作木雕作品，一天傍晚，吃过晚饭的郭师傅在美院的校园闲逛，在黄昏的余晖下，雕塑系路边站立的各种人物雕塑让他心惊肉跳，回到自己租住的小屋，忍不住做了第一件自己的木雕。五年前，一帮艺术家来到羊磴进行的第一个项目"乡村木工"，郭师傅就做了一件令人眼睛一亮脑洞大开的"敌人"。之后，勤于动手的他，在农闲时也开始试着做一些小木雕，情状谐趣的各种动物造型的木雕果盘，奇思妙想的龙头拐杖，让人爱不释手，经常被亲戚朋友讨要。再往后，他一有好的想法就在本子上涂画记录，并逐步抽空慢慢做出来。对郭师傅来说，这是一件愉悦身心的"要事"，不用当饭吃，无需为此投入过多的精力，只需按照心中所想图中所画，顺势雕琢，点到为止，快活收工。当郭师傅将一段段木头变成一件件

布展中的郭师傅

有趣的物件，有一天他告诉我，他想做一个展览。郭师傅在羊蹬的展览放在谢小春家的"小春堂"，地气十足。谢小春是羊蹬镇的名人，开加油站、药房，喜欢画画写字收集故事修家谱，在此间很有些声望。"小春堂"是他用靠河的杂物间改造的文化场所，自己取的名字，在此之前，这里还做过一个"羊蹬十二景"的展览。

正月十五元宵节，大家来到羊蹬"小春堂"，谢小春、郭师傅和艺术家们边讨论边动手，很快把郭师傅的木雕布置得差不多。看见小春收集的弃之不用的、有着高高靠背的法官椅，顺手用来做其中"杂技人"和"勇敢的女人"两件木雕的底座，仪式感很足，透着点戏谑和煞有介事；把正好放在展场里的一张木床，侧着立了起来，拿掉床板，把一串"鸡""猪""鸟"的木雕果盘，一个挨着一个摆放在上面，有趣可爱，小春忍不住把每件木雕侧了一下，"哪只鸡会站得规规矩矩的嘛！"，真是有道理啊！在一张旧旧的小椅子上放上一个烧煤的炉子，再在上面放上一件"美人鱼"木雕，这样的组合几乎无可挑剔。最后，郭师傅把自己做的五根手杖，用鱼线挂成一排，晃晃悠悠，像一排帘子。众人利用现场的各种物件和条件，让郭师傅的作品成为一个"此时此地"的展览。

元宵节的老郭穿得很考究，里面深色衬衣套着有花点的毛衣，外面穿了一件黑色的呢子短大衣，头上戴了一顶灰色的毡帽。我问他："雕塑取名字了吗？"他一笑："说我晓得撒子哟，没想过！""不行不行，就像你生了七八个娃儿，你总要给个名字吧？不能说没想就混过去了嘛。"我笑着打趣。情急之下，他终于说了几个名字，"勇敢的女人"是一个独腿的女人雕塑，"美人鱼"有着光洁的木头鱼身，圆转柔顺的曲线，对应了鱼身下半部的女体造型，用铅笔在刻出来的线条上填色，简单直接，却有意犹未尽的意思。一帮人面对他的有着蘑菇、荷花形象的木雕有些抓耳挠腮，想不出个贴切的名字，老郭也一时没了主意，娄金说就叫"荷仙菇"好不好，一听，都说要得！两个东西都说到，还带点民间的狡黠和幽默。

脑子里，展览的名字突然蹦了出来，就叫"郭开红"吧！他和他的经历，他和他的生活，他和他的木雕，他和我们，才是这个展览真正的内容。

郭师傅把他平时的画稿也带来了，问艺术家要不要看看，真是一个有心人！看到画稿本子上，郭师傅写的一段感言："世间三十二行，行行出状元，只要用心去想，什么东西都可以探秘，勤练付出，明天将会有你的乐趣，将会有你的人生辉煌 ，将会得到甜蜜美好的未来。"一个念头冒出来：把这几句话做成红色的横幅在镇上挂出来！

焦兴涛一直有在羊蹬镇的街道上挂满红色的横幅的想法，不是政府口号的十几条横幅，既非违禁敏感，又要意味深长，很久以来一直在等待一个机缘和理由，郭师傅的这段话态度励志，用词主流，但是，充满"正能量"的词语却有那么一点个人的情绪和改变，也包括语法上的一点"瑕疵"，仔细品味，意味很长。羊蹬的各种空间，一直等待着艺术家用艺术机智地去编织和填充。

随后，让老郭在展厅中选一个位置，拍一张用于展览海报的照片，他站在两件作品中间，摆了个姿势，挺酷！在镇上的打印店反复调色打印，只能打印 A4 的大小，没关系，此时此地的条件就是最好的选择！王子云写了一个稿子，请当地老胡用红纸抄写，红色的前言和作品说明在展厅里喜气洋洋。海报一贴出去，立即有人围观。远远地只能看见"郭开红"三个红字，老郭一定很激动，他是羊蹬的名人了。

第二天下午，顺着土路，开车到高高的山巅，去老郭的家走走。他的房子很特别，蓝色的瓷片被切成三角形，贴在屋檐，半截悬空，垂幔一样整齐。柱子用三色瓷砖贴成旋转上升的图案，想到发廊前面的机关。简单的形式，熟悉的材料，特别的感觉，有着和日常熟悉而怪诞的联系。堂屋是各种信仰和崇拜的混搭，地上的一个无头带胸的

木雕猫与模特

开幕时放鞭炮
庆祝

香炉！一只木雕的猫，简单的刻画，疏疏几笔，十根爪子并成一排，神气完足。把木雕拎到一只猫旁边，它正在晒太阳，懒得躲闪逃避，拍了一张合照。炽热的阳光，让人想起大理。

回到镇上，五条横幅已经做好了，正在一张一张按顺序挂在狭窄的场镇街道上。这些横幅标语在镇上的公共空间没有任何问题，但是缺乏了缘由和上下文的"励志"，突然变得像飘在空中的词语一样，意义和指向变得有些不着边际，漫无目的。

小春说，什么三十二行哟，应该改成七十二行！我说这是郭师傅自己写的，他有他的道理，为什么又不能说三十二行呢？小春给雕塑重新取了一堆名字，很有故事性很有趣，仔细一品味，这种故事性其实就是民间对于艺术的功能和作用很好的注解，放在郭师傅这样的作品上还非常合适，"野猪背磨盘""太监朝拜蟠桃器""车轮扁嘴蛙""美人鱼腾河露羞"，令人叫绝的还有"瓦尔特在羊磴"这样的神名字，民俗文化中鱼龙混搭的想象力，总是出其不意，歪打正着，脑洞大开啊！

郭师傅穿着昨天的那一身衣服，郑重地在街上引燃一串火炮，随后进展厅点燃香蜡，再下河坝把更长的一段鞭炮点燃，噼啪震耳的爆炸声，在羊磴午后的光景上猛地切了一刀，生活于是便有了痕迹和意义。祝贺郭师傅！

隔天，五条横幅被过往的大车挂掉了两条，划破了一条。真是太好了！

如同"冯豆花"桌上雕塑被铲掉后的痕迹，"西饼屋"重新刷白的墙壁，生活再次覆盖了艺术的时候，终于得到了一直想要寻找的形状。

羊磴艺术合作社活动之四：
"故事——羊磴 40 年"艺术游

活动名称："故事——羊磴 40 年"艺术游

活动时间：2018 年 8 月

活动地点：贵州省遵义市桐梓县羊磴镇

参与人：焦兴涛等

    "故事——羊磴 40 年"艺术游是在 2018 年 8 月，由近四十位艺术家及羊磴镇上居民一起参与，共同完成的艺术项目。在羊磴这个普通的现场，以物件、照片、故事、宴请、聚集、事件为叙述媒介，对四十年改变中那些隐藏的情感变化、无奈的生活辗转、不可抗拒的日常变迁予以捕捉呈现。作为策划者和参与艺术家的焦兴涛写下的这篇文字，在表达对"艺术自律"反身出走的同时，提出了以"此时此刻"为前提的"直接现实主义"艺术对于"中国现场"的意义和价值。

    2018 年是"改革开放"四十周年。与集体主义例行的回顾展望，并最终证明某种历史必然性的斩钉截铁不同，今年夏天的"故事——羊磴 40 年"艺术游项目，是时代在羊磴，在"这一个"现场，模糊的"投影"。背景是人的命运和情感的变迁，是并不清晰的"李四""娄五""令狐老幺"闪烁摇曳的微历史剧，是在改变之下的勉力挣扎，是无可奈何的蝼蚁人生所存余的情感温度。

    今天，或者有感于当代艺术创作的制度化生产，或者笃信当代艺术谱系中"前卫"艺术表达的历史逻辑，或者是对"艺术自律"这样的陈词滥调的悖反。"参与式艺术"或者"介入式艺术"这类独立于美术馆画廊体系外的实践方式，成为今天大家关心的话题。

    同时，在国家主流话语的推动下，"公共艺术"突然以颇为高调和"正确"的姿态,得到各方各界的一致追捧,后来居上,一时"显学"。

被土地财政和萎缩困顿的实体经济折磨得焦头烂额的各级各地政府,对杯弓蛇影的艺术市场伤心无奈的艺术机构和艺术家们,神话般的"越后妻有"模式迅速成为各方一拍即合的"艺术介入"的典范。

是的,即或"旧瓶新酒",好歹推陈出新了。

艺术能够直接服务于地方政府基层社会的直接需求,精神之用总算有了形而下的肉身,星火燎原,吐气扬眉。不过,对于当代艺术自身面临的处境来讲,从艺术与真实生活的关系来看,事情似乎要复杂得多。艺术在变得越来越"用"的同时,其内在的美学的规定性在消解。艺术从高高在上飘飘欲仙降落为世俗之物的时候,还需要保持对日常的超越和观照吗?突然想起《天仙配》怎么就不能是一出喜剧呢?

在"故事——羊磴 40 年"的艺术"出演"中,艺术家前期对当地居民进行了随机的走访、交谈、沟通,在彼此充分信任的基础上,通过具体的墙面、床单、蚊帐、电扇、日历、日记、书信、歌本、照片、旅游纪念品、口述、故事、声音为载体,提出具体方案并与居民充分协商讨论,最后形成系列的展览、聚集、活动、宴请、放映、事件。同时,与北京名为"不是美术馆"的机构共同发起"羊磴艺术旅行社",招募对此有着特殊兴趣的旅行者,参与"旅游"活动,共同构成"艺术游"的景观。

名正,才能言顺;师出也就有名了。

在取得镇党委书记的同意之后,首先把河对岸大山之中"坚决打赢脱贫攻坚战"的标语,换成了"羊磴改革开放 40 周年"。每个字 6 米见方,在最后一块广告牌,加上了一个巨大的"!"和"羊磴镇政府 / 羊磴艺术合作社宣"的字样。艺术化身于耳熟能详的标语口号模样,不言自明的合法性毫无违和感地发显于羊磴的山水之间。

1982 年,浙江义乌的县委书记谢高华允许小商贩摆摊经营,从此,"摆摊"这样一种自发而原始的商业形态成为几百万当年个体户的起家之道。牟俊和王玖的"起家"既是对此的回应。为了销售自己印制的以"羊磴十二景"以及与羊磴及羊磴艺术项目有关的符号图片的 T 恤衫。还有这样的"摆摊八法"和"起家"口号。

> "摆摊八法"
> 放面子找定位
> 选时段擅吆喝
> 巧定价快出货
> 盯城管防小偷

> "起家"口号
> 摆摊八法默记诵，
> 勤学苦练不放松。
> 谁道起家不容易，
> 羊磴镇上挣前途。

　　早在几年前，羊磴镇的各种日用消费品就给我留下了深刻的印象。在镇上最大的超市"黔客隆"里面，和大中城市一样各种货品琳琅满目应有尽有，低廉的价格和各种既熟悉又陌生的品牌让人眼红耳热。用 968 元买下了"黔客隆"超市一个货架上的所有物品，放在超市门前。镇上居民在与所选择的商品合影后取走。

　　随着货架上货物的减少，用"拍立得"相机拍摄的照片逐渐占据了货架。物品拿完，货架成了一个露天的肖像展，众人继续围观摩挲辨认，细看指点，打闹嬉笑。生活轻快而满足。"拼多多"上市激起的那些"山寨"与底层正义的话题，在露天的"黔客隆"面前，轻飘飘得像"香飘飘"奶茶。

　　追求形式原创的艺术世界需要一个对手！

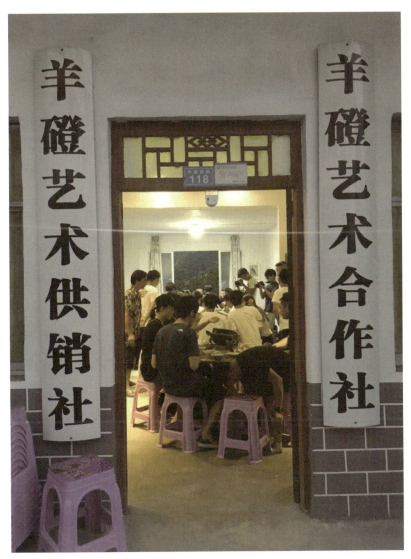

羊磴艺术合作社

这个对手就是生活对于艺术的"此时此刻"的规定！龙兴语、黄奥、龙彬、申通，偶遇到本地居民李安伟。在他家里待了三四天，李安伟和他们喝酒聊天超过十个小时，为了完成他的心愿，艺术家和李安伟把一张残损的老照片扫描放大打印，悬挂在他家房屋临街的一整面墙上。路过的居民认真地停下观看，平静得就像看桥对面的扶贫标语。李安伟满意地抱着自己的孙子在照片前面散步，指着相片中站在第一排最右边的孩子告诉我们，这就是四十年前的自己。

邀请镇上出生于 1978 年的十位当地居民，以举办四十岁生日宴的名义，组织了镇上十几家人各自拿出一个拿手的当地土菜，一起在"合作社"共进晚餐，这是来自福建的汤惠倩和张翔的安排。当场评选"最受欢迎的羊磴菜"，也留下一部"羊磴菜谱"。当晚场面混乱，寿星宾主尽欢。因为恰好四十岁，所以有了顿白吃的晚餐。

在镇上，吴雨航认识了斌斌（和《江湖儿女》的"斌哥"重名）。斌斌自 2007 年开始在打印店拍摄证件照，他很喜欢摄影，但现在只能拍儿童照、证件照。在"斌斌照相馆"的电脑硬盘里面有着海量的无名的证件照，而这些不知名面孔的背后都是沉默的大多数的真实人生，石堆一样平静。于是，斌斌将近些年来所拍摄的 13608 张羊磴人民证件照全部拷贝、整理归档，完成了名为"羊磴人民"的艺术项目。

对于六年前就开始来这里进行艺术活动的陆云霞来说，一切实在是太熟悉了。早晨五点的菜市场漆黑，菜农们已经把从山上背下来的菜在地上摊开来，菜市口的地摊是不必交摊位费的。她找到五位菜农，收购了他们全部的菜，将收购的菜按自己的方式重新摆放后请他们再继续卖。没有了后顾之忧，他们欣然答应。虽然并没有因此卖得更贵也没有更快。这段"美丽"的菜市场视频在上传"抖音"之后，有了 347.4 万的观看，和 20.6 万的点赞。

"时间""地点""人物""事件"真实直率、丝丝入扣的"记叙"才是今天的诗。时间是一个具体的段落和限定，这个"时间"只能是现在，属于一个活的创造物。没有了时间，所有的"故事"都烟消云散。地点是和"时间"相联系的"空间"，是生活的现场和形而下的物质的存在。没有了"地点"的艺术是在动物园铁笼里一动不动的非洲狮，是植物园大棚里没有四季的鲜花。地点是时间的河流中的乱石，激荡起"此时此刻"的水花。没有"人物"就没有对立、没有紧张、没有差异，就没有协商、媾和、交织和共生的关联。没有了"人物"，就失去了直接而朴素的情感的温度。在具体的时间和空间中的人与人的相遇就是一个"事件"，它在此时此刻爆发出所有的惊奇并敞开各种幽秘的通道。中国现实处境的复杂、丰富和刺激早已经远远超越艺术家的"想象力"。"事件"就是今天的"拍案惊奇"。

面对具体的时间、地点、人物、事件进行的，那种即时冲动的、必须的、不得不的、悬置既有知识经验的"直接现实主义"创作，才是针对中国最广大、最深刻的现实和文化的当下的艺术。于是艺术成为镶嵌于生活这只彩盆之中的景泰蓝，成为编织在竹筐中的彩线，一个在散步中偶然遇到的聚集，是日常与生活之中的体会。一旦被注视，就自动成为生活的一部分，就像神话传说中被第一缕阳光击中就瞬间石化的精灵。

白天，陈伟才领着孩子们走过镇前镇后，一边大声朗读着天地山川中的标语文字，一边快乐地吃着棒棒糖，回去每人照例完成了一幅名为《羊磴朗读者》的风景画。

傍晚，在靠近吊桥的河边，严一鹏和冯梦然摆开长卷，河面上投影着动画，一艘简笔画风格的小船和人，徐徐穿行于画面之中。在《小茉莉》的音乐伴随下，镇上的居民和孩子们再次拿起画笔，继续在长卷上涂抹写画。

这天，白云朵朵，天空瓦蓝。

一个叫做"李一"的神秘外乡人，捐赠的石雕"山羊登高"在镇头揭幕，"搞事"。

"羊磴艺术旅行社"的二十位小伙伴与小春、郭师傅、令狐昌元

读标语

一起，在街上饶有兴趣地闲逛。米粉店旁边"奶奶家"洗脸架的镜子上，突然有了亮晶晶的文字。

"送话费，诵亲情"的标语，在移动公司的门口飘扬，围观的人挤满门口。

一辆由面包车改造的"流动广播车"，播放着广播体操的乐曲和鞭炮声，慢腾腾地穿过镇上的老街。街道上空挂着标语。

标语下面，一排算命先生，正在免费为羊磴人民演算未来。

羊磴艺术合作社活动之五：羊磴钢丝桥驻地工作坊

活动名称：羊磴钢丝桥驻地工作坊

活动时间：2020 年 9 月

活动地点：贵州省遵义市桐梓县羊磴镇

参与人：李凝玉、古师傅、薛璇、陈正豪、杨春艳、霍雯、李偲源、杨锋、龙兴语、娄金、李辰、潘乐洋、赵珍、唐苗苗、严杰

  "羊磴钢丝桥驻地工作坊"源于 2020 年 9 月羊磴艺术合作社发起的"圆梦羊磴钢丝桥"众筹项目。本次驻地工作坊通过网络征集的方式报名，共有 15 位艺术家、志愿者前往羊磴，与当地居民共同开展为期一周的驻地考察、交流、创作等。

  在此时此地中国乡镇组织的最末端，防疫就是绝对的命令。当地政府公务员也忙于上山下乡分发口罩以及脱贫攻坚的收官工作，对于我们驻地创作的邀请婉言谢绝。

  这次羊磴钢丝桥的修复与重建的负责人是羊磴的热心人士——娄其林，他是桐梓县山旮旯花椒合作社社长，桐梓县羊磴河渔业资源保护协会常务副会长，贵州建筑劳务有限责任公司董事长，遵义市富全石木业董事长，羊磴抖音艺术合作社副社长。他的多重身份成为我们这次艺术项目中艺术家与当地居民沟通渠道的联络者。他主持修建后的吊桥保留了原钢丝桥的结构与形态，桥体表面被刷上了亮丽的黄色，象征今后的羊磴将会在各方面丰收，晚上的钢丝桥还闪烁着明黄色的彩灯。三五成群的人们来到桥上憩息，本身就成了生活的艺术。现在，抖音的传播加持让此桥成为了羊磴的"网红桥"。

  来到羊磴驻地的第一天，艺术家们和娄其林召集的当地居民与修桥师傅在羊磴山旮旯花椒合作社的会议室共同商议驻地创作，议题是如何实施钢丝桥的驻地艺术活动。经过半晌大家各抒己见，主要有以下几点：（1）谢小春等提议在桥头设立"羊磴钢丝桥功德碑"；（2）古师傅提出桥头亭顶部的琉璃瓦被小孩用石块砸落残缺，需要修补；（3）娄其林希望将桥顶的深红琉璃瓦全部更换为黄色琉璃瓦；（4）在桥体及其附近修建一些功能性的设施。会议上，八十多岁的何德福

新建的羊磴钢丝桥全景

老人详细地讲述了钢丝桥的历史，他家就住在钢丝桥的桥头，地道的羊磴方言和个性化的地方历史信息让很多艺术家一头雾水。研究民俗学的霍雯博士希望以此出发，把这个"模糊"清晰化，通过问卷走访等形式进行调研羊磴钢丝桥的历史，还在桥上发起了寻找羊磴钢丝桥的故事等活动。

第二天天还未亮，赵珍和杨春艳在桥头用摄像机记录下凌晨至早上这段时间的钢丝桥的影像。我带上艺术家傅中望的作品《楔子》在桥上实施，由于木板松动，不慎掉入河中……严杰把提前准备好的作品直接在桥的护栏上展示，其作品蝴蝶的翅膀反射着冬天温暖的阳光，让现场多了一分诗情画意。

对于这座每一位羊磴人都喜爱的吊桥，在安全的保障下多设几个座椅供休息是再好不过了，唐苗苗和薛璇在桥头发现了一个围堵起来且里面填满了许多垃圾的"问题"空间，于是与修桥工人古师傅商量是否可以改修成一对沙发，令狐昌元提供的轮胎内胎为沙发的效果增色不少。

李凝玉、李偲源、潘乐洋有感于羊磴正在推行新的丧葬制度，恰好钢丝桥附近有一户人家正在做白事，跟踪考察的过程中，发现这个政策让这位在羊磴生活了四十多年的逝者无地安葬……

傍晚，陈正豪与龙兴语收集好了羊磴的各种声音，当地胡师傅召集的乐鼓队同事在合作社演奏的声音，现场创作羊磴的实验声音作品，富有特点的声音打动了在场的所有人，令狐昌元和着歌唱的声音翩翩起舞，一起嗨到半夜两三点。

学环艺出身的杨锋希望在绘制电子模型的过程中去构思羊磴钢丝桥及其周遭环境的设计。在驻地的最后一天，杨锋却在桥上发起了"寻找羊磴的星星"活动，在车哥（周长洪）的协助下买来了荧光黄纸，邀请当地的中小学学生一起参与剪纸活动，剪好的"星星"图案就贴在桥身上展示，白天黄色荧光纸与黄色的木栏融为一体，但是晚上桥上的各种"星星"开始微微发光。

其间，我和谢小春、娄其林、霍雯等一起草拟了《圆梦羊磴钢丝桥》的碑文，选址在钢丝桥的桥头七八米高的石坎边上，同时还起到了和公路共享护栏的功能，可谓一举两得，好事一件。刻碑师傅念在我们是做公益，打了6折，刻碑和安装一共给了3825元。另外加上师傅修建座椅的工资，以及交通、食宿、材料等费用，已经远远超出了众

当地小孩在钢丝桥新设计的"皮沙发"上玩耍（设计：薛璇、唐苗苗　协作：令狐昌元、龙兴语、胡师傅等）

艺术家严杰的钢丝桥装置

筹的一万元。娄其林想把整个钢丝桥都变成黄色的想法只有暂时搁置一下，希望下次能圆梦。

在参与的过程中，平行于现实的记录，让我们感受到这些形而上的作品内涵与形而下的社会现实正在融合。我们需要具有个人的问题意识视角，去找到一个合适的"跳板"作为支点，以便抓住这些正在衍生的新形态；我们需要用此刻合适的语言加工打包，呈现在观众面前，从而形成某种共鸣。

青田计划

项目名称：青田计划

发起时间：2015 年

项目地点：广东省佛山市顺德区杏坛镇青田村

发起人与机构：渠岩、广东工业大学艺术与设计学院

　　青田位于广东省佛山市顺德区杏坛镇的西北面，属龙潭村的一个生产小组，地处东经113°，北纬20°50′，距杏坛镇政府5公里、顺德区政府13公里，距佛山禅城30公里，到广州50公里。它东邻高华里、光南组，南与光华村、罗水村接壤，西接南朗村，北靠北岸坊。

　　青田地处珠江三角洲的中心地带，具有悠久的历史传统和丰富的文化遗存，保留了丰富多彩的乡村生产与生活形态，是中华民族的宝贵财富，也是青田村民世世代代传承下来的理想家园。青田的乡村复兴与建设，不只是具有保护这个特定村落的意义，也不仅仅是发展乡村经济和保护乡村物质遗产的价值，而是通过具体的乡村实践，充分印证中国传统文明现代化转型的时代意义。

　　青田实践能得以顺利实施并取得阶段性成果，得益于国家乡村振兴战略的引导，佛山市、顺德区各级领导的关怀，广东工业大学师生的全程介入，以及杏坛镇政府的具体指导。同时也离不开青田村民的积极配合与参与，各类专家学者的智慧与奉献，以及顺德公益组织的爱心投入。

　　青田范式——中国乡村文明的复兴路径：是建立在对青田乡村地方性知识尊重的基础上提出的，强调地方性（特例）的青田范式（经验），并以地方性知识作为主线展开的九条脉络。包括青田的历史、经济、信仰、礼俗、自然、环境、农作、民俗、生活等各个方面，成为完整体系进入青田，每条再以具体的线索作为基础元素展开，作为地方性传统来和时代衔接，并形成新的文化价值与社会形态，建立丰富多彩的"乡村共同体"社会，以期使乡村走出困境并有效解决现实问题。

　　经过多年的持续努力，青田呈现出整体复苏的良好势头，使传统文化中富有生命力的部分得以激活。也看到了青田村民对家乡越来越多的自信与自豪。也对青田的未来越来越充满希望。使介入青田乡村建设的各方力量逐渐达成共识，以"青田范式"理念为基础展开的乡村建设，不但可以促进青田自身的家园建设，还可将民俗文化保护、

青田

礼俗香火的延续、乡村经济的繁荣，生活秩序的复归，村民生活的提高等乡村整体价值全面提升。

"青田水乡艺术季"是当代艺术介入乡村民俗活动的文化行为，它意在以当代艺术家即兴参与活态地方民俗活动的方式——一种注重积极介入、激发及创生的文化传播与创造手段，彰显地方小传统在大众时代的文化自信，及地方传统在文化多元主义时代中应保有的文化自觉。

此外，这一活动还带有艺术家介入乡村所持的文化初衷，即为摆脱中国当代艺术所长期依赖的西方话语，尝试从中国文化传统和现实处境入手，站在历史、现在和未来汇聚的文化现场中，探索符合中国自身历史与文化逻辑的介入之路。换言之，介入乡村的中国当代艺术应被视作在地方和世界间流动的行动方式，它意在探索一种不依赖标靶，不诉诸话语，顺水行舟，从善如流的在地礼拜行为。目的在重建

地方民众同水系生态的情感记忆，重启人水之间的礼物关系，找回人
与自然的神圣秩序。

　　乡村危机不是一天所产生，所以乡村建设也不能一蹴而就，乡村
问题也不可能短时期得到解决。我们乡建团队要做好长期的工作准备
和努力，青田的乡亲们也要为建设自己的家园继续行动起来。在此意
义上，青田的乡村建设实践便超越了一般意义上的乡村改造工程，而
指向用善美的行动修复乡村的共同体精神。

　　获得荣誉：

　　1. 2020 年 10 月 21 日，青田村入选由安仁论坛组委会、搜狐焦
点狐椒文旅和中国青年艺术家美育联盟联合发起的"第二届小镇美学
榜样"。

青田鸟瞰

2.2021 年 5 月，青田计划受邀参加在景德镇江西画院美术馆举办的"乡村建设：建筑、文艺与地方营造实验"展览。

3.2019 年 10 月，青田计划在深圳华侨城举办的"中国艺术乡村建设展·深圳"中展出。

4.2019 年 3 月，"从许村到青田"在北京中华世纪坛艺术馆举办的"2019 中国艺术乡村建设论坛暨中国艺术乡村建设展"中展出。

5.2019 年 1 月，青田乡建入选由中华人民共和国文化和旅游部、广东省人民政府和深圳市人民政府主办的第三届中国设计大展及公共艺术专题展。

乡村中的文化调研

"乡村"是在处世中不断生成的行动者。乡村在不同的历史阶段、情境和互动中，会转变为不同的文化角色，并在这些角色扮演中主动调整其姿态。这即是说，"乡村"是不断生长的文化母体，它涵括文化地理学上的远近内外，又贯通历史意义上的古今中西，同时还转化并兼容来自城市、官方、庙堂、江湖及域外的文化营养与杂质。在此意义上，乡村中的文化能保持异质杂陈的特质，且具备流动、多元与开放的特性。故而，我们不能用本质主义的眼光——"一个乡村一种文化"，或"乡村就是某种文化方式"，来理解乡村中的文化。相反，乡村中的文化，具备网络意义上的开放气质，而乡村在其中或许并不起眼，但在文化意义上却是极为重要的行动。

1. 青田介绍

青田是广东省佛山市顺德区杏坛镇的一个自然村，有着 400 多年的历史。明朝万历年间，太公刘古桥的次子刘瑶泉、幼子刘卓霞从附近五公里的安教片大社坊迁至此地，开辟新村，因这里田野青青，一望无际，遂名青田。这里是名副其实的鱼米之乡。

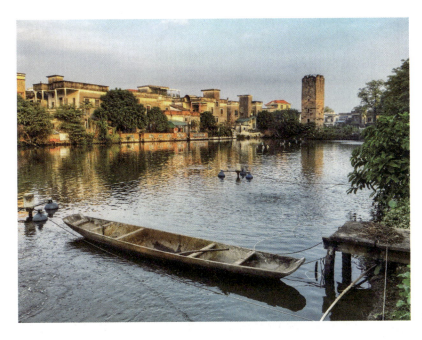

水乡青田

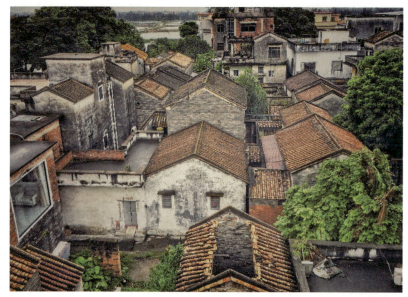

青田民居

鱼塘生产

青田村民 瑞哥

留守青田的村民

青田人的日常生活

2. 天地人神

青田的神祇是丰富多彩的，信仰生活也是身心所需的。青田有丰富的民间信仰和节庆习俗体系。坊中共有关帝神庭一座、社稷神坛三座、土地庙三座，每家每户住宅门口都会供奉私宅土地神。此外，村民家中可能供奉着更多神祇，有些村民家里还供有主神刘关张三兄弟，以及祖先神、龙神、井水神、天官、灶神、门神等。青田民俗节庆中也举办龙母诞、烧番塔、请神送神等活动。

村民在祭拜各种神灵

3. 留守家园

青田的总人口 700 人左右，其中刘姓占了约 5/7。坊中 60 和 60 岁以上的老人分别占总人口的约 20% 和 10%，反映了当地严重的老龄化程度。此外，村中的中青年（15—64 岁）虽然占总人口的 71.5%，但他们普遍在外打工，青田实际人口主要是老人和青少年，因此也面临着"空心化"困境。

4. 乡村自治

广东顺德地区乡村自治的传统延续至今，社会组织力非常活跃，2016 年乡建团队进驻青田以后，一些村民积极响应，并自发地组织了"青田坊慈善基金会"，由新乡贤和有爱心的村民捐款，宗旨是：敬老，扶贫，助学。每年定期组织和举办敬老宴、老人旅游、端午龙舟赛和

青田坊基金会每年负责端午节龙舟活动

2018 年，北京艺术家何崇岳给青田村民拍摄大合影

烧番塔等活动。基金会成员积极参与青田建设活动，并起到表率作用。

5. 进入青田

2015 年 12 月，艺术家渠岩受顺德区农业局邀请，来顺德杏坛镇做乡村考察。2016 年初，渠岩带领广东工业大学城乡艺术建设研究所乡建团队正式进入青田，开始长期与榕树头村居保育公益基金会、顺德杏坛镇政府、青田村民小组、青田慈善基金会等"多主体"进行乡建的"联动"实践。榕树头村居保育公益基金会负责协调基层政府以

渠岩和乡建团队在青田

广东工业大学艺术与设
计学院教师陈晨、刘婷
婷带领学生在青田调研

及具体推动青田各项乡建工作。青田乡村的复兴实践开始启动。

6. 青田规划

2016 年初始：由渠岩率队的广东工业大学城乡艺术建设研究所，组织社会与人类学、建筑与乡村保护团队进行了长达一年的青田前期工作，包括"青田历史调查、村落脉络溯源、建筑民居梳理、链接礼俗文明、熟悉经济生产、村民有效互动 、制定复兴策略"等。

渠岩和村民一起举行中秋烧番塔活动

文化中的乡村建设

乡村被不同的文化所塑造、表述和想象。而此处的"乡村"既涉及观念、价值和意义，又与不同时代话语的实践方式、知识类型及文化主体的诉求相关联。具体而言，今日乡村被不同的文化价值所辐射——比如：传统的礼失求诸野，近现代的封建蒙昧，以及当代的牧歌田园；同时，也被不同的时代话语所笼罩，从经济层面的改革、发

展到今日文化层面的介入及创新……而必须指出的是，文化中的乡村
并非都是想象之物，它还在事实上促成了今日乡村社会关系的失序与
重构，同时也使乡村的主体性变得更加模棱两可与更具争议性。

1. 青田实践

乡村建设中采用的"多主体联动"也就成为青田实践的工作方法，
这个方法在青田实践中经受了考验。这里的多主体指的是村民、新乡
贤（热爱家乡的官员和文人）、村委会（基层政权）、企业家（当地
热爱公益事业的企业家）、学院（学院师生）、政府（当地政府认可

和支持）、艺术家（热心乡村建设的公益艺术家与专家）等。这些主体联动的本质是协商，要最大化调动他们的参与性，任何一方都表达出自己的看法，这也是民主的核心。

2. 青田范式

2017 年 3 月 19 日，渠岩根据自己十年的乡村建设经验，在青田提出中国乡村建设理论，发布《青田范式：中国乡村复兴的文明路径》。青田范式九条如下：

　　（1）刘家祠堂——人与灵魂的关系——（宗族凝聚）

　　（2）青藜书舍——人与圣贤的关系——（耕读传家）

　　（3）关帝庙堂——人与神的关系——（忠义礼信）

　　（4）村落布局——人与环境的关系——（自然风水）

　　（5）礼俗社会——人与人的关系——（乡规民约）

　　（6）老宅修复——人与家的关系——（血脉信仰）

2017 年 3 月 9 日，渠岩在青田发布乡建新理论《青田范式》

（7）桑基鱼塘——人与农作的关系——（生态永续）

（8）物产工坊——人与物的关系——（民艺工造）

（9）经济互助——人与富裕的关系——（丰衣足食）

"青田范式"详细解读如下：

（1）刘家祠堂——人与灵魂的关系——（宗族凝聚）

"礼失求诸野"，"宗祠"振兴的意义是衔接传统习俗和族群凝聚。乡村的显性价值就是祠堂，通过对青田"刘氏宗祠"的修复振兴，重新唤醒地方传统的习俗延续，经过当代性的转换，使宗祠能与今天的生活连接。今日宗祠复兴也是借助传统文化，解决由于乡村凋敝后的族群关系危机，并将其积极融入时代中来。重新凝聚族群并唤起族人，对青田发展将产生重要影响。

（2）青藜书院——人与圣贤的关系——（耕读传家）

青藜书院是青田村塾，是青田传统乡村教育的重要遗存。也是中国传统乡村特有的教育组织，对传统乡村的人才培养起过重要作用。我们将在原址上恢复青藜书院的教育功能，并以此作为青田乡学的现场，成为对外文化与思想交流的平台，形成青田特有的文化影响力，再对青田村民产生文化辐射作用，书院即为"文脉"传续的平台，成为与现实社会衔接的现场。

（3）关帝庙堂——人与神的关系——（忠义礼信）

关公是中国社会重要的信仰偶像，民间祭拜"武圣"出于对忠义仁勇之敬畏。关帝在广东为南财神，与岭南商业文化发达相关联。青田为刘姓，又可衔接刘关张兄弟情义之"文脉"，成为特殊的青田元素，青田村中有关帝庙，每家也都供奉关帝，关帝香火延续至今。我们要在青田使关帝信仰与时代衔接，强调关帝在乡村社会中的公共关怀。

（4）村落布局——人与环境的关系——（自然风水）

青田地属岭南，气候温热，水系环抱，沿村落环绕的河流水系完整。"风水塘"坐落村中，世代护佑青田子孙，形成了安详紧凑、多彩优美的岭南水乡特色，成就了青田独特自然风貌与村落形态。也塑造了青田村独有的生活体系。为了修复和完善遭到现代性破坏的青田村落，我们将依据"水系之力"，治理环境，修复和完善乡村自然风貌和人居环境。

（5）礼俗社会——人与人的关系——（乡规民约）

乡村中隐形价值就是礼俗。礼俗社会崩解，是今日社会道德溃败的原因。传统社会的乡村伦理和社会秩序，是在不断进行的家礼实践中得到申明与强化的，并逐渐构成乡村社会最为核心的价值观和文化传统。要解决社会道德危机，必须从重建礼俗社会开始。也是治疗由治理术下的制约性和惩罚性带来的社会病症。只有在青田重建礼俗，培育美德，美好家园才能成为现实。

（6）老宅修复——人与家的关系——（血脉信仰）

老宅涉及信仰，既是香火延续的空间，也是血脉传承的殿堂，是家族文明的灵魂所在，血脉便由它来承载。叶落归根是归到家，归到老宅，人之所由来的生命根基和支撑平台也是老宅。没有家就不成家乡，也就没有乡愁，老宅在乡村非常重要。在青田修复老宅，是验证刘氏一族血脉的神圣——将子孙现实的生命，与遥远的灵化的生命相连接，构成一条生生不息的生命之河。

（7）桑基鱼塘——人与农作的关系——（生态永续）

桑基鱼塘的生产方式，构成了青田传统的农业生态循环。由于近代乡村功能化和追求高效率的生产方式，破坏了传统自然循环的生态系统。在青田重建"桑基鱼塘博物馆"，不仅是对生态农业的重视，它还链接传统文脉，它超越了生产性并上升为一种乡村文化，以此与时代相衔接，进入更大的社会空间，形成文化辐射力和良性互动，并有助于青田的各项产业发展。

（8）物产工坊——人与物的关系——（民艺工造）

乡村本来是多彩的生活体系，拥有传统百工的繁荣，进入现代化以来，乡村只剩农业，成为计划经济的一环，乡村自民艺消亡后，人也断绝了敬天惜物之心，我们把青田老蚕屋改建成"物产工坊"，修复百工，不只是手工生产孵化平台，也是乡村复活的重要环节，恢复乡村多彩的本性，使乡村获得活力，与现代设计和生产相融合，就可以发展出新型的乡村产业。

（9）经济互助——人与富裕的关系——（丰衣足食）

乡村经济的成功，也是村民生活和生存的基本保证。村民才能丰衣足食、安居乐业。发展经济是乡村能获得持续活力重要的物质基础，在青田帮助村民建立经济互助组和产业协会，由于青田创造出的文化影响，即可开发出自己的产业品牌和当地乡村文创产品，创造出"小乡村，大产业"的奇迹。

3. 初见成果

修复家乡经过乡建团队一年多的努力，青田乡建初步成果得到了村民和当地政府的认同，2017年10月6日，佛山市长朱伟到访青田，对渠岩的"青田范式"理论体系和青田乡建实践十分认同，认为是全市乡村振兴的典范，并提出由市财政支持2000万元用于青田公共建设和乡村保育。杏坛镇政府负责项目统筹和实施，榕树头基金会提供技术咨询，青田队委与村民沟通和释疑，多方努力下，包括污水处理、

"青田计划"中的不同主体相互间的联动关系：

- 村民——在青田村生产和生活的村民
- 新乡贤——热爱家乡的青田官员和文人
- 村委会——青田村基层政权
- 榕树头乡村保育公益基金会——当地热爱公益事业的企业家
- 广东工业大学城乡艺术建设研究所——青田工作坊师生
- 杏坛镇政府——当地政府认可与支持
- 艺术家——热心乡村建设的公益艺术家与专家

青田乡建中的
"多主体联动
关系"

渠岩与村民一
起商讨修复河
涌方案

渠岩和村民一
起商讨修复碉
楼方案

河涌清淤、文物修复、石板路修复在内的系统工程，2019 年 1 月基础建设一期完工，使青田村落面貌和村民的生活环境得到很大的改善。

渠岩在和青田年轻人一起交流，倾听他们对自己家园发展的想法

4. 去旧迎新

为了让村民在真实场景中认识老宅的价值，乡建团队"青田老宅修复"计划首期对三栋空置的老宅进行修复活化。在坚持最少改动的原则下，为建筑注入新的功能。建筑于 2018 年 3 月投入使用，主要作为青田乡建工作者、来访学者、青田村民等工作和交流的空间。也为村民做出了改造修复老宅民居的实践，使村民们认识到通过老宅的修复、设施完善与功能再造，老宅可以实现传统与当代生活的最佳连接与融合。

青田村民纷纷返回家乡，修复荒废多年的老宅

村民刘宝庆在精心修复自己的老宅

青田村民主动邀请渠岩商讨如何修复自家老宅

渠岩在和村民交流修复老宅方案

用修旧如旧的
方法恢复青田
"传经家塾"

修复后的"传
经家塾"变身
乡村图书馆

青田最美的八十年代民居建筑

被外来的商业开发者野蛮破坏

改造后的老宅焕发新貌

改造后的民居

乡村中的艺术行动

　　"乡村"在此作为艺术行动的主体和艺术行为发生的主场而存在。在"乡村"这块文化空间中生长与发生的历史记忆、文化传统、诸神崇拜、日常生活与情景发生的艺术，便是以"乡村"这一复合并生长着的文化空间，以及在地的村民为文化主体之审美互动行为和情感表达来体现。简言之，凡具有促进乡村意义网络中人神、人人与人物情感沟通，以及日常生活交流与世界意义流动的文化行为或审美实践，都可被视作乡村中的艺术。

1. 青田论坛

　　由北京大学人文社会科学研究院、广东工业大学艺术与设计学院、顺德区杏坛镇人民政府以及榕树头村居保育公益基金会联合主办首届"青田论坛：中国南方乡村的变迁与重建"暨顺德乡村考察活动，于2018 年 5 月 18 日—24 日在青田和顺德地区乡村举办。汇集了国内外社会学、人类学、历史学、艺术学以及乡村问题等专家学者围绕"中国南方乡村的变迁与重建"主题展开讨论。青田地处珠江三角洲，是中国最发达的地区之一，市场经济繁荣，而乡村文化传统又有大量遗存，两者之间的关系乃至张力，是观察中国社会变迁最好的视角，能激发出很多重要的理论问题。学者们从青田乡建实践的审视和思考出发，探讨更广泛意义上的乡村问题，也为"青田乡建"提供重要的理论和思想资源。

　　2019 年 12 月 13 日，由广东工业大学艺术与设计学院、广东工业大学城乡艺术建设研究所主办的"第五届两岸公共艺术研讨会"在顺德区杏坛镇龙潭村青田二号院会议室举行。来自中国社科院、上海大

首届"青田论坛：中国南方
乡村的变迁与重建"暨顺德
乡村考察活动的海报

学、上海人民美术出版社、上海视觉艺术学院、西安美术学院、鲁迅美术学院、《公共艺术》杂志、台湾帝门艺术教育基金会、台湾师范大学、高雄师范大学、台中教育大学、铭传大学、香港教育大学、广东工业大学等两岸三地高校和机构的专家学者、学生参加了本次研讨会。会议议题有：一、城市建设的公共艺术思维；二、从艺术参与关系美学。

2. 青藜讲座

"乡村振兴大讲堂"致力于培养和提升顺德乡建工作者和村居基层干部的乡建理念和实践方法。分别邀请国内著名乡建专家和学者讲课，学员们在课堂中重新认识了乡村价值理念和乡村复兴意义，为顺

专家学者在现场展开讨论

"第五届两岸公共艺术研讨会"专家学者合影

德乡村保育工作提供了思想资源和宝贵案例，对顺德地区的乡村振兴工作起到了积极的引领作用。

3. 生态永续

在"青田范式"里，"人与农作物关系"提到青田传统的生产方式：桑基鱼塘。因此复兴"桑基鱼塘"是构成青田传统农业生态循环以及实现乡村复兴的重要一环。

"青田范式"专家组成员、广东省农业科学院廖森泰教授在青田主持恢复"桑基鱼塘"，复兴种桑养蚕、循环养鱼等农业形态。结合桑基鱼塘养殖实际需求，并将根据村民的意愿，通过基塘分离，对基地进行美化，同时设计出具有岭南顺德水乡韵味的塘基工作间。

4. 村民觉醒

由于盲目跟风和诸多因素影响，村民在建设房屋的过程中，普遍追随城市化的节奏和欧陆化的风格，毫不犹豫地拆掉具有传统风格的老宅，盖起西洋建筑风格的楼房，使青田的传统风貌逐渐消失。当村民看到乡建团队尊重传统风貌改造的民居后，逐渐接受和认可了这种乡村保护理念和措施，并主动向乡建团队请教，为他们改造民居提出建议和帮助。一些原来准备拆旧房建洋楼的村民，也逐渐改变了想法，在尊重传统风貌保护民居理念的基础上，自己动手修复家园。

5. 重建家园

青田街巷里与河涌边，经常出现一群熟悉的身影，他们是青田乡建工作的积极参与者与志愿者，他们坚持为青田义务劳动。榜样的力量是无穷的，慢慢地，青田队委加入了，青田村民加入了，社会热心人士加入了，村民对乡村家园的热爱和责任感得到了凝聚，村民的文明素质得到了提升。青田家园行动就是从珍惜家园环境开始做起的、

具有岭南水乡韵味的青田鱼塘

这也是重塑乡村家园的具体行动体现。

艺术中的乡村建设

　　"乡村"在此作为艺术实践的他者而存在，而被放置于"艺术"这一外部且具备一定权威性的话语和实践之中，为"艺术"这一既是话语又是实践的行为及事件所塑，所言及所在；一方面，它带有行动者—艺术家自身的文化抱负、政治诉求和审美理念；另一方面，作为审美对象的乡村背后的时代特性、处境及可能性。在此意义下，那个本体意义上的"乡村"便转化成不同审美主体行动中的滑动能指和欲望符号；同时，还承载着当代艺术介入范式、问题意识及艺术家理想与行为的离散之域。

1. 上善若水

当代艺术龙舟行动将以在地文化的现实处境为前提，用开放且兼顾多面的文化交流样式，既超越地方文化保护主义与民粹情结的方式，又不受单一价值体系支配的自我技术式的实践，来激发地方文化在历史过程与文化碰撞中的能动性。故此次龙舟行动以"上善若水"为主题，目的在于重建地方民众同水系生态的情感记忆，重启人水之间的礼仪关系，找回人与自然的神圣秩序。此外，当代艺术龙舟行动还兼顾时代问题及话语，提出"水系环保"的理念，以引起地方政府对地方环境与文化的重视，并强调他们应负起的责任。

青田艺术龙舟队

2. 青田民谣

青田引

青田青青，有水卷云玉珠为露，鱼翔鸟鸣

榕树下，栀子花落花有情

池塘边，耳语声语长乡音

泥土中，芬芳雨露竞峥嵘

炊烟里，味道我思念至今

天边的薄雾，引游子回望初见

心里的故事，祠堂中祖萌福天

用梦去书写，那些已逝的流传

捧一颗真心，搭建乡愁的宅院

青田青青，春雨秋风听水观榕，何谓乡音

多少往事，垂青水国家园

多少美味，承续百态千年

多少面孔，映照着我的脸

多少乡音，梦中呓语呢喃

榕树下，有我懵懂的童年

池塘边，再听取蛙声一片

泥土中，埋藏了历史慷慨

炊烟里，飘荡着家国情怀

青田青青，凭味识音云烟

飘袅，佑我祖灵

刘智峰整理

2019.4.15 于青田学院

苍鑫行为艺术《敬水仪轨》活动现场

3. 水的赋权

顺德一带有丰富的水资源，"水"也呈现出重要的文化价值。人们的生产和生活都与水发生着密切关联。人们从生计、生育到精神活动，都与河流、鱼塘、雨季、龙王的生命想象缠绕在一起。而由"水"生出来的日子和人生背后，又是围绕"水"而来的信仰风格。然而，不可忽视的现实却是现代工业化生产及生活方式，破坏了地方水系的文化秩序，使原本人、神、水、土间的互惠关系受到阻隔。艺术家苍鑫和吴高钟与青田村民一起用艺术行为表达对水的关切和污染的忧虑。用人与自然的亲近方式表达个体生命和水的关系，提醒人们对当地水资源的爱护和对水污染问题的重视。

4. 成人仪式

"烧番塔"是青田保留下来的地方传统民俗活动，青田烧番塔的文化意义，是乡村青少年的"成人礼"仪式。青少年要潜入河塘挖淤

青田村地方传统民俗活动:"烧番塔"活动现场

"青田学院"揭幕现场

泥垒番塔，中秋天气逐渐变冷，以此考验青少年的身体承受能力，未来能否承担成人的责任和社会担当的勇气。由于近代不断的文化改造与反传统运动，乡村中的民俗活动逐渐抽离其文化内涵。今年中秋节，在北京大学哲学系吴飞教授的指导下，在青田中秋烧番塔民俗活动中重新注入其文化内涵，重现青田成人礼仪式，让村民回到曾经熟悉的礼俗传统中，让社会重新认识礼俗的意义和传统的力量，重建乡土社会道德秩序。

5. 青田学院

"青田学院"是广东工业大学落地青田的艺术乡建研究与教学机构，也是与榕树头村居保育公益基金会的合作乡村建设的学术项目。从"青田乡建"到"青田学院"，将从乡村建设的具体实践转化到乡村未来的知识生产。并承担着艺术乡建的教学、科研、创作与交流任务。青田学院位于青田村北街，将教学融入乡村，用传统文化激活艺术，用在地实践改革艺术教学，用乡村文化激发当代艺术的思维。

茅贡计划

项目名称：茅贡计划

发起时间：2015年

项目地点：贵州省黔东南州黎平县茅贡镇

发起人与机构：左靖工作室、地扪侗族人文生态博物馆、场域建筑

　　茅贡镇是贵州省黔东南州黎平县下辖镇，坐落在黎平县西部。黎平县有"百里侗寨"的说法（以茅贡镇为中心，方圆百里有30多个中国传统村落）。茅贡下属15个行政村，包括地扪村，有10个"中国传统村落"。茅贡镇周边村寨的经济和文化中心，每周村民都会来镇上赶集。

　　地扪村是规模仅次于肇兴的全国第二大侗寨，并入选第一批"中国传统村落"名录。2005年，国内第一个民营生态博物馆在地扪成立，地扪也开始受到各地民俗专家、文化学者的关注。2015年底，在乡建工作者左靖和地扪生态博物馆馆长任和昕的联合推动和地方政府的参与下，共同推出了"茅贡计划"。"茅贡计划"旨在以"乡镇建设"代替"乡村建设"，以茅贡镇作为辐射周围侗寨原生态村落的聚集点，承接前往侗寨旅游的外来人流消费，保护周边的村寨，屏蔽不良资本侵扰。把所有资源都集中在茅贡镇，包括文化的、娱乐的，尤其是把零散在村落的一些产业集中在茅贡镇，让这些商业、产业业态在镇上生发，既能为周边的旅游业进行服务配套，又能够通过发展产业来解决村民的就业问题。

　　茅贡计划中乡镇建设的真正用意在于通过合理规划、发展集体经

改造后的茅贡粮仓艺术中心

茅贡米展全景图

当地小学生参观米展

茅贡镇黎榕公路两侧的米展标识

济，严格控制不良资本进村，保护好村寨的自然生态、社区文脉，以及乡土文化的传承和延续。在此基础上，可以考虑发展可持续的艺术形式，并希望经过若干年的努力，实现传统村落、生态博物馆、创意乡村和公共艺术的价值叠加。其首先的步骤是做空间生产，用物理空间来承载相应的文化内容。对镇上的废弃建筑进行改造，前期是梁井宇设计的粮库艺术中心，后期是陈国栋团队进行的一些公共建筑的改造和新建。这些建筑都成为了乡镇新的文化载体。其中，粮库和周边旧建筑通过屋面翻修及室内改造，整理为以公共艺术研讨、地方手工艺和农产品展示为主的文化艺术空间，包括展厅、书店、创客中心、艺术家工作站、导览中心、文创，以及创客公寓、茶室和餐饮等附属设施。外部采用当地传统做法及材料围合建造一条分隔喧闹的公路与安静的展厅之间的廊道，将现有室外空间划为三个大小、形状、使用目地不同的院落。旧粮库修护、保留大部分旧墙面。新的搭建工艺和材料就地取材，但在某些屋面做法上对传统做法进行了改良。

其次的步骤是文化生产，围绕当地文化进行组织和创作。粮库艺术中心开幕的时候左靖及其团队做了几个展览：一个是"1980 年代的侗族乡土建筑"，展示了李玉祥 1980 年代末到 1990 年代初在湖南、广西和贵州三省交界的侗族地区的村落拍摄的照片。除了李玉祥的照片外，还有侗族木构营造的基本工具、梁井宇团队对侗族建筑——禾仓的解剖与分析的影像记录、同济大学王红军对侗族主要建筑样式的测绘图。有很多村民来看展览，中小学生来得尤其多。同时，在另外一个空间策划了"百里侗寨风物志"，茅贡周围方圆 100 里大概有三十多个中国传统村落，当地政府想打造一个叫作百里侗寨的旅游区，"百里侗寨风物志" 即是对这一地区风物的一个简单梳理。

作为"文化生产"的又一件作品，2017 年 10 月，左靖及其团队清理干净茅贡镇一座已经废弃了的供销社，在此策划了"米展"。从 2015 年第六届国际 CSA（社区支持农业）大会的"米展"论坛，到

2016 年的米展特刊《碧山 09：米》，再到 2017 年的茅贡米展，左靖及其团队大致梳理了黔东南地区的稻米文化，并通过各种艺术形式进行传达。米展的户外部分，邀请了古文字学者朱琺和设计师厉致谦设计制作了 88 个"米"偏旁的字，在茅贡镇的过境公路上做了蔓延百米的米字道旗，效果非常好。

如今穿镇而过的 302 省道黎榕公路，连接着粮库艺术中心、乡创孵化中心、百村百工中心、百工文化中心以及建设中的木构工场等等，这些作为茅贡镇新节点的公共空间正在陆续落成。基于其中的文化和产品的生产也在逐一发生。

获得荣誉：
茅贡计划参加了第十五届威尼斯国际建筑双年展中国国家馆的展览

向阳乡建

项目名称：向阳乡建

发起时间：2015 年

项目地点：福建省泉州市南安市向阳乡

发起人与机构：张明珍、东南乡建团队

　　东南乡建是由建筑师张明珍发起的致力于东南地区乡村发展的专业团队，提供乡村规划、古村落保护、乡村旅游发展、民宿设计运营、乡村环境治理、合作社组建的咨询及落地实施服务。东南乡建团队从五大板块建设新时代的乡村：

　　（1）乡村的格局——规划篇，以村社构建、乡土整治、文化修复、市场培育为重要任务；

　　（2）乡村的个性——设计篇，以旧房改造、民居设计、公共空间、农场景观为关键词；

　　（3）乡村的传承——保护篇，以古建测绘、修缮设计、保护开发、传承发展为主要理念；

　　（4）乡村的发展——运营篇，以民宿示范、乡建培训、乡土物产、品牌运营为主体业务；

　　（5）乡村的文明——传播篇，以村志族谱、民俗传承、山水奇构、文本编撰为核心价值。

东南乡建团队目前已在福建省永泰县古庄寨、古村落，泉州市南安市、德化县、安溪县、永春县，以及宁德市福安市等多个乡村开展相关工作。近些年，由东南乡建协助，永泰县在申报福建省级传统村落、历史文化名村和中国传统村落取得了阶段性成果，并且参与"中国乡村复兴论坛·永泰庄寨峰会"的活动筹备、规划设计实施及乡村农民合作社的组建及乡村运营相关事宜。

东南乡建团队完成的向阳乡建项目，其最初的实施地位于向阳乡美丽乡村坑头村。坑头村散落着十几间古厝，这些古厝保留着精湛的民间建筑技艺，在建筑格局上讲究房屋整体的错落有致，是村里最古老的记忆。随着时代发展，在村里瓷砖房日益增多的今天，这些古厝逐渐被埋没了。但是这些红砖古厝，却是村里最古老最有价值的记忆。而向阳古厝的改造，在保留原有的建筑格局的前提下，修复破损的地方，同时增加舒适的现代居住功能，将其改造成民宿，通过坑头村这个平台传出去，促进当地的旅游业发展。并且把传统与现代结合起来，

让历史悠久古厝的人文精神得到进一步的提升，并在传承中焕发出新的生命。

2016 年 3 月 11 日，东南乡建主持的古厝民宿改造示范户正式启动。第一家改造的古厝是坑头村路内 16 号，该房屋是红砖屋，占地 200 多平方米，改造后将分为 4 个家庭间和其他多人间，最多可容纳 22 个人。多人间里有书吧、庭院、榻榻米等，家庭间有独立阁楼、厕所等。此类家庭房的改造保留原有结构，下层为大人住宿，配置有独立卫生间，1.8 米大床、书桌、柜子等，入口处有楼梯可上至二层供小孩住宿，天窗可操作控制。卫生间红砖勾缝，斜屋顶，使其在房间内显得温馨协调。

中山古镇田野计划

项目名称：中山古镇田野计划

发起时间：2015年

项目地点：重庆市江津区中山古镇

发起人：曾令香

中山古镇曾经是西南非常有名的一个码头，历史非常悠久。从南宋时期就有记载，但现在这个依河而建、一公里多的狭长古镇，变成仅有一百多家门面和很多空巢老人的地方。四川美术学院曾令香副教授和四川美术学院 14 级本科生以中山古镇为第一个举行田野创作的初始地，对当地现场空间进行仔细的观察与分析，以"一根线""身份互换"进行练习，运用当地随处可见的材料在自己感兴趣的空间里做一根线。经过练习，大家很快就融入空间中进行在地创作，如作品《流动美术馆》《缘》《微茶馆》等。

其中，唐敏、穆念礼、向玉兰、汪雪莲合作了《中山古镇流动美术馆——老物件儿》。他们调查了整个古镇街巷家庭中珍贵的老物件，用他们的方式让物件成为展品，让老物件所在的家庭房间成为美术馆。

"身份互换"练习

《缘》

然后认真地手写邀请函，张贴海报，引得所有的游人和当地的居民来寻找、参观。他们巧妙地运用了"流动美术馆"这个概念及形式，促成人们重置一个古镇的感性经验，并揭示了开放式、参与式古镇场所特性，同时作者在美术馆志愿者的身份扮演过程中，完成了他们对现今快餐式旅游的一种轻松的批判。

欧靖雯、陈霄、林炜镟、唐雪、彭孝琳几位"女汉子"顶着烈日，打造了一个喜庆的作品《缘》。她们讨来红绸布将当地最古老的石桥捆扎了起来，桥面上巧妙地做成了许多漂亮的绣球结（婚俗里常用）。这样的覆盖显现了视觉上的张力以及体积形态，并在厚重的河石区域重建了一个轻盈柔软的形体。突出的红色与潺潺流水、青翠河岸形成强烈的对比，又让作品充满了令人探究的仪式感和巨大的视觉能量。这种恰到好处的方式改变了石桥存在的形式，似乎是将石桥置放于一种临时性的保护状态中，也像是在等待一种迁移。或者说，这种"形

"一根线"练习

"一根线"练习

体化"的行为正在探究古老的石桥潜在与显现的双重意义。作品虽然
融合了当地每年七月初七 99 对新人走过该古石桥的风俗文化元素，
却以包裹艺术的形式，异化了我们日常经验、凸显了桥的多重隐喻。

《微茶馆》源自于刘练、王茹月、王敏、陈秋佟几位作者对中山
古镇深入的田野调查。他们录制了当地传统茶馆的评书，以精微的手
艺在树洞里做了一个微缩的茶馆一角，当地评书滚动播放，灯影斑驳，
岁月静好。就地取材、微观化的剧场形式，视觉与听觉的相得益彰，
让它们看起来既熟悉又陌生，刺激着观者的好奇心，不断吸引人去围
观。这件作品唤醒了人们对于古镇文化的记忆，并且让一个残破的树
洞变成彰显古镇及其居民历史的窗口，乃至成为收集古镇文化标志的
一个契机。

中山古镇田野创作以社会介入的一种方式进行公共艺术创作，让
当代公共艺术介入西南腹地，不仅是以物化的艺术形态对物理空间的
改变，还以事件化的艺术形态展开与人、与社群的对话，向社会提问。
从艺术创作上响应习近平总书记所说的"望得见山、看得见水、记得
住乡愁"，切合我国重要的时代命题。

源美术馆

项目名称：源美术馆

发起时间：2016年

项目地点：广东省广州市从化区良口镇乐明村

发起人：陈晓阳、银坎保

　　乐明于广州市北部流溪河山区，地处政府的水源保护区，与拥有特色资源的乡村相比，这里是没有什么特殊资源和物产的"普通乡村"，只有朴素的农耕农业，简朴但无特殊影响力的传统民俗，这类乡村仅剩的大多是"好山好水好无聊"，存在着较严重的贫困和空心化问题。虽然村民们理解保护环境和水源非常重要，也有部分村民已经开始了生态种植的尝试，但是不够丰富的农产品的来源，还是限制着当地村民的经济收入和发展可能。

　　源美术馆坐落于乐明村的山野村落之间，周围遍布溪流稻田竹林，在绿芽乡村妇女发展基金会的多年扶助下，村里的妇女们开始参与生态种植，经营社区厨房，开发生态农产品加工，参与自然教育导赏服务等活动，从价值理念到日常行动都展现出不一样的活力。因为绿芽基金会和村民自身的邀请，源美术馆团队组织学者、艺术家、公益人士和各类型专家从 2016 年开始，以公益艺术行动的方式参与到这个

源美术馆所在的山谷地貌

活化乡村的实践中来。源美术馆建筑空间的两个部分基本完成，"龙眼工坊"由村中的原生民居建筑"龙眼屋"改造而成，面积280平方米，作为源美术馆的公共教育空间，具有手作工坊和公共艺术教育的功能，配备了全套的现代木工设备，可以进行竹木类材料的手工艺加工制作，开设10—20人左右的手工艺教学课程；旁边的"龙眼空间"是一个简洁的现代展厅，面积160平方米，方便展出相关文创手工艺品，也可以展出与当地传统文化、生态种植及艺术家们在当地创作的作品，可以为流溪河山区各种城乡互动的文化交流活动提供活动空间。

源美术馆这个参与式项目从讨论项目框架、筹款、策划驻地方案、组织在地展览、传播，以及相关研究的开展，都由多方专业背景的人从不同角度讨论、协商及参与，而没有拥有绝对权威的人可以决定争议。除了学者、艺术家、公益人士和各类型专家，社区里村民从开始也是主角之一，"他们"和"我们"一起在进行这个很不容易的任务——没有依赖大规模的资金投入，而是以众人的微薄之力建设这座坐落于田野中的美术馆，除了项目核心的十余位参与者，出资的"甲方"捐赠人则多达三千余人。经过三年的实践以后，源美术馆已组织了两次成效显著的驻地创作，并开始规划未来与社区有关联的展览，也有作品长期在社区中延续，还开始整理研究当地的民间文化与手工艺，为村民开设手工艺课程，隐约已有了一个社区美术馆的雏形。

可以说，"源美术馆"不只是一个美术馆，而是一个公益艺术行动项目，也是一个在乡村再造公共文化生活的社会实验。

源美术馆以公益艺术行动的方式，与相关公益基金会一起参与探索乡土自然与文化艺术之源的工作。在经历两次艰难而卓有成效的驻地艺术创作之后，这个项目已经从最初的参与式的公益艺术行动平台推进到一个持续开放的参与式乡村美术馆建设阶段，开始规划未来与社区有关联的展览，并着手整理研究当地的民间文化与手工艺，为村民开设手工艺课程"龙眼驻地计划"。

李晓阳·银坎保

DRAGON IN FIELD

"龙眼"驻地计划艺术展
暨源美术馆改造计划启动仪式

启动时间：2016.12.19下午2:30
地址：广州市从化区乐明村
主办：源美术馆、广东省绿芽乡村妇女发展基金会
协办：乐明村村委、同照投资、阿拉善SEE珠江项目中心、广汽本田

溪流域

Local Flow

作品展
Exhibition of works

2018.12.24
1:00 PM

源美术馆
YUAN MUSEUM

2018
驻地计划

龙眼
Dragon eyes

2018
Site Specific Program

驻地艺术家：胡尹萍、季怡雯、康靖、王澈和莽原项目、吴青峰、文皆俊杰
Artists-in-Residence: Hu Yinping, Ji Yiwen, Kang Jing, Wang Che and Wildlands, Wu Qingfeng, Wenjie Junjie

策划：银坎保 王澈
Curator: Yin kanbao、Wang Che

艺术总监：樊林
联合发起人：陈晓阳 银坎保
主办：源美术馆
协办：广东省绿芽乡村妇女发展基金会、乐明村委会
支持：广东省和的慈善基金会（和艺术基金资助项目）
演出嘉宾：西三歌队（蔡所、刘浩）
驻地志愿者：孙璐、孟倩仪、左思韵

时间：2018.12.24
地址：广东从化区良口镇乐明村

Art Supervisor: Fan Lin
Co-sponsors: Chen Xiaoyang, Yin Kanbao
Organizer: Yuan Museum
Co-organizer: Rural Women Development Foundation Guangdong, Official Committee of LeMing Village
Sponsor: Youth Public Art Program from 2018 He Art Fund of He Foundation
Performance guests: XISAN Chorus (Cai Suo, Liu Hao)
Volunteers-in-Residence: Sun Lu、Meng Qianyi、Zuo Siyun

Opening: 2018-Dec. 24th
Address: LeMing Village, LiangKou Town, Conghua District, Guangzhou City

和的慈善基金会
HE FOUNDATION

龙眼驻地计划"见龙在田"海报 2016　　　　　　龙眼驻地计划"溪流域"海报 2018

驻地艺术家李响、玛丽的
作品《牛屎粪墟》以物易
物的作品后来成为村民生
活中的日常用品 2016

"龙眼驻地计划"是源美术馆推出的长期驻地项目，由银坎保工作室主要负责，是一个面向国内及国际新生代艺术家的驻地创作活动。参与活动的艺术家们，通过在村中生活，理解当地自然与人文素材，在山野和村落中自由选择灵感和生动空间创作独立作品，并可邀约村中有天分及兴趣村民一起参与创作制作，配合源美术馆其他在地工作与村民逐步建立起深层次的交流和互助。已在2016年、2018年发起两期驻地活动，先后邀请13位艺术家、5位志愿者参与了驻地活动。其中李响、玛丽、普耘、银坎保、游其、胡尹萍、吴青峰、西三歌队等艺术家的作品都在社区及村民中产生一定的影响力，其中西三歌队根据乐明山歌改编创作的作品和表演，直接促使了中断二十多年的乐明山歌传统在村落中迅速恢复。

龙眼角柜

2016年第一次驻地期间，几位项目发起人在村里行走，发现了一个废弃的角柜。角柜并不是普通农村家庭必需的家具，角柜上丰富的色彩和精巧的装饰部件以及当地人四十年前对角落空间的观照，震撼了发现者对20世纪八十年代普通乡村日常生活的想象，于是开始对它产生了强烈的好奇。后来通过田野调研追溯了角柜的由来，了解到在传统乡村中，原木手工家具从木材原料到加工制作到最终废弃都保持着生态循环的属性，决定用当代艺术作品的形式要将这个源流述说出来，也希望用现代木工艺术将其复刻出来，并通过参与式设计的方式，邀请过程中对这个角柜有感受的爱好者参与再创造出新的不同配色。这个乐明村鸡窝里发现的角柜后来登堂入室，被策展人刘庆元以"另一种设计"的观察视角邀请到省城的广东美术馆和深圳的华美术馆展出，并继续接受感兴趣的收藏者参与进来继续创作其他设计。之

参与式设计的新角柜 2018

后，村民们每当发现有废弃的好看的木家具，就不再当柴火烧掉，而是来问源美术馆要不要，这就成为后来龙眼夜校课程以及流溪河山区原生手工家具展的缘由，通过这些系列活动和传播，让外界了解乐明作为传统乡村朴素优雅的侧面。

龙眼小说

2017 年至 2018 年，源美术馆的在地工作部分因为忙于龙眼工坊改造和龙眼空间建设的情况，开设了一个不依赖地点的龙眼小说项目，2017 年 12 月 10 日—2018 年 10 月 28 日为第一期，共邀请了 24 位全国各地的年轻艺术家参与龙眼小说的书写与网络发表，并于 2019 年 5 月结集印刷成册，成为超越空间的艺术生产推动力。

龙眼工坊

源美术馆以乐明村中一栋位于村边田中央的当地特色生土民居建

为村民开设木工课 2018

开馆展上呈现了项目参与者的名录和年表 2019

筑龙眼屋为基础空间，在 RBSf 柏济中心指导下加固改造，作为源美术馆的公共教育空间，具有手作工坊和公共艺术教育的功能。这个公共空间主要服务于源美术馆的公共教育项目，包括木工工作坊、竹编工作坊、陶艺工作坊等与可能在当地落地生根的手工艺培育有关的教育或交流项目，这些工作坊同时面对城市里来的爱好者和村民，无论老幼，让他们拥有更多接触不同技能和知识的机会，连接不同的观念和对话。该空间同样可以提供给村民日常的其他公共文化活动，比如戏曲、锣鼓等当地村民喜闻乐见的民间艺术活动。

　　源美术馆还将在龙眼屋旁建设一个新空间来补充展览空间功能的需求，这个临时的建筑将成为传播和连接在地创作和项目工作成果的纽带，让更多关心公益关心乡村关心艺术的人们通过一个现代空间的转译和推介，更好地理解我们工作的意义，以及参与连接城市与乡村的工作中来。设计建设中的源美术馆新馆，计划 2018 年秋季开馆。龙眼空间建筑方案由钱缨建筑师工作组设计，RBSf 柏济中心提供结构设计，取"隐于山野"的意境，以向龙眼屋致敬的心态，谦逊地用现代建筑的玻璃和钢结构材料建构一个极简空间。这个空间使用时有很多组合方式，方便多类型的展览和公共活动需求。后期还可以根据在地的气候情况和展览需求，增加相应的植物和部分活动装置。

景迈山计划

项目名称：景迈山计划

发起时间：2017 年

项目地点：云南省澜沧拉祜族自治县惠民镇景迈山

发起人与机构：左靖工作室、场域建筑

　　景迈山，位于云南省普洱市澜沧拉祜族自治县惠民镇。景迈山拥有着世界上年代最久、保存最好、面积最大的人工栽培型古茶林；千百年来，傣族、布朗族、哈尼族、佤族和汉族共同居住于此。2012年11月，景迈山入选《中国世界文化遗产预备名录》。景迈山上有14个传统村落，分属景迈村、芒景村两个行政村。

　　左靖团队与云南省澜沧县景迈山古茶林保护管理局自2016年下半年达成合作，为景迈山糯岗、翁基、芒景上下寨、芒洪等中国传统村落进行展陈策划、建筑与空间设计和集体经济升级转型研究等工作。

景迈山民居
改造

"今日翁基"展海报　　　　　　　　　"今日翁基"展

本项目系属景迈山古茶林申遗工作的分支。展陈内容与方式以当地居民为主要受众，同时服务于外来游客。建筑与空间设计包括文化展示中心、游客服务中心、社区教育中心及工作站等。

景迈山计划的关键词是"乡土教材"。在景迈山的乡村建设实践中，左靖团队将景迈山的展陈设定为对地方性知识的通俗的视听再现，也即"乡土教材"式的展览。通过展陈，让村民，尤其是孩子了解自己村寨的历史和文化，通过这种方式实现乡村教育的功能。

2017年10月，作为景迈山计划的阶段性成果，"今日翁基"展在景迈山翁基村开幕。针对当地村民受教育程度不高的情况，展览主要采用绘本、图表和影像等表现形式。2018年，景迈山项目参加了由刘庆元和谢安宇策划的深圳华·美术馆"另一种设计"展，让城市的观众了解到在中国的极边之地还有这样的一些村落，他们的生产和生活方式，独具民族特色的建筑、茶的历史和产业等等。通过这样的展示让城市的观众直观地了解景迈山的原住民和当地的生活。2019年，人类学家方李莉老师在北京策划了"中国艺术乡村建设展"，选取了中国艺术乡建的三个案例，其中就有景迈山计划。

景迈山计划体现了乡村工作的三个原则：第一是服务社区，即为当地的居民服务；第二是地域印记，指的是项目与地方文化的紧密联系；第三是城乡联结，勾连起城市和乡村的物质与精神需求。具体路径就是往乡村导入城市资源,向城市输出乡村价值。在方法上,先调研,然后经过展览、出版、讲座进行传播,其他的可能性视合作程度而定。在有限条件下,推动创造性的工作,而不仅是把乡村文化作为标本来展示。

"中国艺术乡村建设展·景迈山"现场

洪江国际艺术计划

项目名称： 洪江国际艺术计划

发起时间： 2017年

项目地点： 贵州省黔南州荔波县朝阳镇洪江村

发起人：李向明等

　　洪江国际艺术计划，发起于贵州省黔南州荔波县朝阳镇洪江村。全村共有九个寨子，分十个村民组。三百七十多户，一千五百口人。布依族、苗族、水族三个少数民族构成人口主体，布依族人口占全村人口百分之八十。2019 年之前，洪江村是全国一类贫困村。而由于村民新修房屋或搬迁进城，洪江村遗留了大小破旧房屋以及残垣断壁的老宅基 40 余栋（处），散落在村寨的背后，常年沉睡，年久失修，自然坍塌，渐渐演变成废墟。抢救修缮这些老宅，让其重现光辉，再生价值，成为艺术家介入乡建的一个契机。

　　通过发动艺术家认购的方式，逐步有三十多位艺术家分别认购，进入修缮。艺术家们又提出了"老房移活"的理念，发动十几位艺术家参与，成功"移活"老房十套，并进行了合理的现代性融合改造，构成了一道文化新村的风景，引来观光学习的各地人流走进洪江。从

洪江俯瞰图

"土语南居"外部原貌

老房复活到老房移活，历时三年多时间，在没有任何资金资助的情况下，艺术家们自筹资金，总投资累计约 5000 万元，已经完成了或基本完成文化空间 40 余座，占地面积约 30 多亩，建筑面积约 12000 平方米。其中，土语南居、老邻居、雁西书院、西来苑、童话谷、乡拉岜、牛圈画室、巴荒空间等，都以创作、教育、交流等功能助推着乡村整体的提升。

艺术家李向明认购了洪江村的夯土老宅，并改造为"土语南居"。他对这座布依族传统民居的修复，不是简单的复原，而是对原住民建筑的优劣与现代钢混结构建筑做了较为深入的对比研究后才作出修建方案的。李向明的方案规避了原建筑在空间、结构、功能以及坚固性上存在的缺陷，保留了原建筑的夯土墙与木制框架的形式美感，结合北方民居的一些技术方法，使得整个修建的过程变成了一个课题研究的过程；同时也是体现他的"补丁美学"概念的空间化、功能化的实践与尝试。

洪江村的老房修复与移活激活了乡村闲置资源，发现了荒屋废墟的价值，在推崇生态文明理念的同时，留住了乡愁记忆，助力乡村发展。

中国—东盟教育交流周 2020 洪江论坛
——当代艺术与中国乡村暨对话·洪江当代艺术邀请展

学术主持：贾方舟

策　　划：李向明

活动统筹：曾洪波、马丽华

会议时间：2020 年 10 月 24 至 26 日

会议地点：洪江国际艺术村交流中心

指导单位：中国—东盟教育交流周组委会秘书处

出席论坛发言的嘉宾（以下所有姓名不分前后）：贾方舟、马丽华、曾洪波、李向明、陆志成、孙振华、一山、房木生、雁西、葛秀之、

艺术家李向明在对原住民建筑的优劣与现代钢混结构建筑做了深入的对比后，对传统的布依族夯土老宅进行了修复。

陈孝信、王林、岛子、王端廷、管郁达、帅好、屈行甫、李振伟等。

提交论文的嘉宾：渠岩、于硕（法）、Daniela Zhang Czirakova（捷克）、杨卫、梁毅等。

参展艺术家和进驻洪江村的部分艺术家：杨萍、奉家丽、刘嵩田、李佳、李庆文、马赛克（美）、黄卓君、崔国泰、魏丽蓉、刘海滨、巴荒、孙学敏、李勇、李向明、刘杰、王宝明、李春生等。

提交出版资料的还有：刘玉君、朱雁光、贾穹等。

论坛主旨：

首届洪江论坛，将洪江等多个艺术乡建案例置于百年中国乡村发展的格局中进行梳理，为深化乡村发展提供理论依据和经验参照。特别是洪江已经进驻的来自北京及全国各地的理论家、艺术家、作家、诗人等群体，都对洪江及荔波区域的发展，满怀热情，充满期待。策划举办这样的论坛及展览，将当代中国艺术介入乡村建设的最新方式和实践进行交流，促进和推动黔南及中国西部的艺术乡村建设。

展览部分以"对话"的方式，践行当代艺术激活边远村落为目的，展示艺术家植入乡村以来，与乡村有关的新思考新作品。以当代艺术主动介入乡村的形式，激励和触动低迷的乡村现状，通过激活，达到改变和发展。

当代艺术介入乡村，在这个从地理关系上远离政治文化中心的黔南洪江，已经显示出或正在凸显其特别的价值与意义。并逐步开启中国乡村文化、教育、经济等综合治理的新篇章；同时，寻觅探讨当代艺术的新格局。

目前，正在完成出版《当代艺术与乡建·洪江论坛文集》及《当代艺术与乡建·洪江论坛文献集》。

论坛嘉宾到"土语南居"参观

束河古镇田野计划

项目名称：束河古镇田野计划

发起时间：2016 年

项目地点：云南省丽江市束河古镇

发起人：曾令香

在地创作《东巴家园》

束河古镇是纳西先民在丽江坝子中最早的聚居地之一，是茶马古道上保存完好的重要集镇，也是纳西先民从农耕文明向商业文明过渡的活标本，是对外开放和马帮活动形成的集镇建设典范。它处于丽江所有景区的核心部位，是游览丽江古城、玉龙雪山、泸沽湖、长江第一湾和三江并流风景区的枢纽点。

由四川美术学院副教授曾令香和学生共同构成的团队在束河古镇进行的两次创作（2016、2017 年），通过田野观察法对束河古镇当地场所进行观察、分析，并结合在地性物质开展一系列的在地创作，如《东巴家园》《一粮架的繁华商品》《入侵的漂亮行李箱》《"圆"练习》等，对现场空间、材料、社群、人、场所传统文化、问题等较全面地了解后，获取在地创作的重要基础和契机。最终通过艺术创作，转化为人人都可以感知的艺术作品，引发公众思考商业、旅游业入侵古镇的现状。

2016 年田野创作作品

1.《东巴家园》

《东巴家园》是曾令香策划的一个开放性公共事件作品。我们通过五天的古镇走访调查，诧异地发现：铺天盖地的网络媒体塑造的美好的经验世界与这里真实的现状大相径庭。它的经济结构、建筑特色、文化记忆、人群结构等正发生着巨变。商业经济的力量强大，像一把无情的大刀。原住民（纳西族人）已淡出了束河古镇，迁徙到很远的"安置区"，所谓"皮艺之乡"的全部内容，如今不过是留在茶马古道历史博物馆中的一间小屋里的展览，曾经的皮艺、粮架、"三多节"已不复存在。来自全国各地老板们络绎不绝地来到了这里，租下房子，改造，做生意。在古镇旅游区边缘的一片开发失败的湿地公园的角落，我们发现了一些纳西族老人，用因古镇改建而丢弃的旧家具临时搭建了一个火塘。他们虽然住在古镇外的"安置区"，却依然每天走很远的路聚到这里烤火、吹牛、摆龙门阵。相比之下古镇各处却洋溢着"景点"的繁华气息，游客和客栈几乎占据了整个古镇。

2.《入侵的漂亮行李箱》

刘继莹、皮成鹏等作者的装置作品《入侵的漂亮行李箱》利用大量的行李箱在古镇各处"添堵"，营造出荒诞、突兀的气氛。"添堵"异化了古镇原有的空间构造，同时也是对束河古镇原生质朴的文化生态的一场幻念。旅游在包装和放大纳西地域文化的同时，也会转化新的景观将其真实的过去掩盖，另外过度的旅游开发正考验着我们环境的承受力。

3.《一粮架的繁华商品》

《一粮架的繁华商品》运用了纳西族农耕文化的图腾标志——青稞粮架，像收获季节晒粮食一样，密密麻麻挂满了从古镇各个角落收捡而来的各种便捷消费品空壳。它们在丽江干净的天空背景下，色彩鲜艳夺目，很是热闹，成为当地人和游客络绎参观的风景。汪维阳、刘佳、任鹏瑾、杨鱼江等几位作者以一种景观化的方式完成一次对纳

挂满了各种便捷消
费品的青稞粮架

用红豆表现出的纳西文"爱"字的圆

在地创作作品之一

西族传统农耕文化的追溯和完型想象。

2017 年田野创作作品

《"圆"练习》

艺术家先以"圆"为题开展了对古镇空间、地域文化、社群结构、业态现状等方面的田野调查和在地创作小练习。有人收集了束河古镇所有圆形的物，用观念摄影的方式形成圆，也有人用当地红豆表现出纳西文"爱"字的圆，还有让休闲茶桌的圆形镜面成为丽江的"舞台"，用延时摄影的方式记录了丽江地理特色、蓝天白云的曼妙变幻和古镇旧景。两天的田野调查与小练习后，艺术家提交严谨的调查报告，深入推演田野创作的方案。

溪南乡村公益图书馆

项目名称：溪南乡村公益图书馆

发起时间：2017 年

项目地点：广东省普宁市梅塘镇溪南古村

发起人与机构：溪南公益理事会、姜小竹、詹涛、周钦珊溪南乡村公益图书馆位于广东省普宁市梅塘镇溪南古村内，建设改造时间为两年（2017—2019），由溪南公益理事会、独立教育实践者姜小竹、建筑师詹涛和艺术家周钦珊共同营建。公益理事会负责出资和协调工作，姜小竹负责运营、詹涛和周钦珊负责设计改造。改造设计采用微干预和艺术介入的原则重塑空间和环境的关系，着力构建人作为行为主体与环境互动时的美好状态和情景。

溪南乡村公益图书馆借助外来力量发起，运作过程注重本地单位和机构的支持，发展培养当地人作为全职工作人员，后期建立志愿者支持系统及长效的资源支持系统，保证持续运作。成为一个平台，连接过去与未来，回观村庄的历史文化，走进大自然，走进书本，让教育回归生活。

乡村的传统文化与自然环境为乡村教育提供了丰厚的土壤，溪南乡村公益图书馆作为一个独立的社区公共空间，动员社区内外的力量，共同参与溪南公益教育，让教育的过程扎根到土壤，让儿童的成长与溪南村近 700 年的历史文化和生活的自然环境相连接。

溪南乡村公益图书馆 2017 年 6 月发起筹建至今，发展历程分为三个阶段。其中，2017 年 6 月至 2019 年 1 月为第一阶段，在这个阶段完成场馆选址、设计、施工。与场馆的选址改造并行，以整个溪南作为"图书馆"，链接溪南当地和外界资源，组织各类型的活动。2019 年 1 月至 2019 年 7 月为第二阶段。在 2019 年元旦，溪南公益图书馆正式开馆，举行了由设计团队、房主、项目运营人员、溪南公益理事会副秘书长、前期活动志愿者共同参与的开馆仪式，深度交流参与图书馆建设的想法和体会，开始以场馆运营为核心的阶段。2019 年 7 月至今为第三个阶段。基于溪南古村没有阅读氛围，有阅读习惯的儿童很少，有培养儿童阅读意识并有方法的家长更少，以及图书馆一两个专职工作人员的能力精力都有限的现状。在这个阶段，溪南公益图书馆在活动、筹款方面，开始与外面机构进行短期、长期合作。

溪南乡村公益图书馆在每年的寒暑假举办冬令营、夏令营，招募志愿者参与设计营期的具体活动，以祠堂、学校、篮球场、志愿者居住的房屋为中心点，建筑、木雕、竹器、饮食、歌谣、花草树木为题材，设计游戏、兴趣课程、社区探索等活动。每年国庆举办为期三天的阅读营，集体阅读、自由阅读及书本阅读延伸活动，培养儿童阅读兴趣。

附：项目成果和活动介绍

2017 年 6 月至 2019 年 1 月为第一阶段

2017 年 6 月 19 日，小竹在个人公众号发出文章《我为什么要做乡村公益图书馆，我为什么选择来溪南》，溪南公益图书馆发起筹建。

2017 年 7 月 5 日，夏令营预热活动，用稻草和玉米皮做材料，发挥想象力创造力，头脑风暴材料的用途，团队合作，制作出一个长胳膊的外星人、一个稻草人、一个皇冠、一个花环，编成绳子，搭建城堡。

2017 年 7 月 6 日，统计出第一个月 89 人月捐，月捐持续至今，保证了图书馆两年的运营资金，为参与者提供了一个支持身边的公益的渠道，参与者三分之二是溪南人，三分之一是关注乡村发展的各界人士。

2017 年 7 月 12 日—2017 年 7 月 14 日，来自全国各地的 12 名志愿者，用三天的时间认识了彼此，共同协作，设计出夏令营实施方案。2017 年 7 月 17 日—2017 年 7 月 29 日，举办"2017 溪南古村夏令营"，有体育、种植、画画、尤克里里、自然笔记、旧衣新生、泡泡画、塑料危害、环保、零废弃野炊、美食节等课程和活动。2017 年 8 月 28 日，用稻草和纸皮装裱夏令营的作品。夏令营为以后的活动奠定了基调：当地外地志愿者共同参与，以当地历史文化和自身教育与被教育的经验相结合设计夏令营活动，重视家长参与，选择自然的或者废弃的材料。

2017 年 10 月 2 日—2017 年 10 月 5 日，第一届国庆阅读营，在还未改造的图书馆举行，从开始 10 分钟需要不断地换书，到最后每天半个小时自由阅读时间都不够。条件是一些喜欢看的书、一起阅读的小伙伴、陪伴的大人和一个空间。

2017 年 10 月 6 日，设计团队第一次到现场。

2017 年 11 月—2018 年 1 月，走进溪南南星小学四年级（1）班，从画画可以是一种表达到垃圾的产生与去向，用 9 节美术课和孩子们探讨身边的环保问题。

2017 年 12 月—2019 年 5 月，协助南华小学学生管理图书馆，协助小学生开会讨论图书馆的管理、布置、开放制度，总结问题解决问题，在学校举办阅读相关活动。

2018 年 1 月 27 日—1 月 28 日，12 名志愿者经过三天，设计出以环境保护、自然教育、传统文化为主题的三组冬令营课程，尝试回应现代生活里垃圾围困、自然缺失、传统断裂的问题。

2018 年 1 月 29 日—2018 年 2 月 4 日，为期一周，三个组的志愿者分别带小朋友走到溪南的各个地方，探索自然、传统、环境与我们的关系，最后一天合大组结营。

2018 年 3 月—2018 年 7 月，南华小学三年级美术课，通过引导孩子们大胆地画一些生活中的主题，发现喜欢的那个自己；2018 年 3 月—2018 年 7 月，南星小学四年级（1）班美术课，与陈秋豌豆合作，以环保和自然为题，增加了名作赏析的内容；2018 年 4 月—2018 年 7 月，南华小学学前班绘本阅读课，学前班的可塑性很强，阅读习惯的培养也比较容易。

2018 年 5 月—2018 年 11 月，图书馆施工改造，因中间土地产权问题、施工方案的调整，停工一段时间复工，11 月底全部完工。

2018 年 6 月 5 日，设计师第二次到现场。

2018 年 7 月 24 日—2018 年 7 月 31 日，第二届夏令营，在开心快乐地认识了解自己家乡之外，创造一种在团体中的经验，一份开心

组织学生了解家乡文化
——2018 第二届夏令营

元旦开馆仪式——2019 图书馆试运营

快乐的记忆。

2018 年 10 月 2 日—2018 年 10 月 5 日，整整一年后，在未完工的图书馆举办第二届国庆阅读营。

2018 年 12 月，揭阳团市委与揭阳移动合作的青年移动书屋其中一个落地溪南，根据书单配备 1000 册图书。

2018 年 12 月 18 日—2019 年 1 月 1 日，图书馆试运营，一件新奇的事情，吸引了很多孩子，尝试用游戏的方式，把活动的空间从图书馆扩展到大树下、篮球场。

乡村小学师资缺乏，溪南小学五所分校共 1500 名左右学生，美术课、兴趣课为我们进行美术、阅读活动提供了空间。小学图书馆无专人管理，呈半开放状态，选择其中一所小学培养高年级的孩子管理运营学校图书馆。给了一年半足够的时间，让溪南乡村公益图书馆的概念在这些活动课程及与学校的合作中先落地。

2019 年 1 月至 2019 年 7 月为第二阶段

2019 年 1 月 19 日，开始每周六晚电影放映，至今已播放 34 部，电影选择适合孩子观看的题材，部分应节日，比如清明节播放《天堂回信》。就像一本好的书，一部好的电影也能滋养生命。一本书、一部电影或者里面的一句话，可能会影响一生。

2019 年 2 月 9 日，邀请月捐人及其他有兴趣的人举行月捐人座谈会，探讨图书馆的现状和可改进的地方，提出了很好的建议和实施方法。

2019 年 2 月 20 日，图书馆加入第二位全职工作人员，培养当地的家长成为工作人员，是图书馆可持续运行的保证。

2019 年 3 月 10 日，开始每周末绘本故事，小曼老师通过微信公众号了解到图书馆，愿意尝试绘本故事，没有特殊情况的周末会从普宁二中到溪南来给孩子们讲故事。

小曼老师讲绘本故事 2019

2019 年 4 月 13 日，开始画画小组，跟四个五年级一个二年级孩子，约定每周六下午 2:30 到 4:30 画画，时间长度由她们自己来确定的。

2019 年 5 月 11 日，六一活动策划会，邀请孩子们作为筹备组成员，图书馆工作人员协作引导，产出六一活动的主题及形式。

2019 年 5 月 15 日—2019 年 5 月 30 日，开展第一期共八节亲子共学小组课程。孩子们通过游戏、图画故事、画画、手工等活动，学习跟小伙伴交往，学习等待，学习独立。家长们发现每个孩子的不同，互相支持学习。

2019 年 5 月 19 日，每周日下午 2:30 到 3:30，开始尤克里里小组学习。

2019 年 6 月 1 日，六一儿童节活动。孩子用自己的参与和行动，让大人看到"我们可以"。孩子们参与的能力需要一个平台，需要大人们的相信，也需要在参与这样一次次的活动中培养，溪南公益图书馆开馆后的第一个六一儿童节，便是一个开始。

2019 年 6 月 5 日，梅峰初级中学陈培乐老师应邀设计图书馆 Logo。当地的老师是支持图书馆非常重要的力量。

在这个阶段，图书的筹集、管理与借阅是溪南公益图书馆的基础工作，目前共 3500 册左右的图书，图书馆管理小程序统计数据中，401 位注册读者，3077 次历史借阅总量。这个数据在 3 万人口、本地就读中小学生 2000 人的溪南村，微不足道。基于阅读不限于阅读，周末电影、绘本阅读课、尤克里里小组、绘画小组、节日主题活动等等的形式，让更多的孩子能够走进图书馆，在活动中互动，发现和拓展图书馆的功能。

2019 年 7 月至今为第三个阶段

2019 年 7 月 20 日—2019 年 8 月 16 日，由绿芽基金会、微辣青年主办的榴莲夏令营其中一个点在溪南，由 12 位来自全国各地的大学生开展。以"儿童友好、儿童参与、儿童为本"为理念，用"自然乡土""性教育"等课程，支持孩子看见自己、看见他人、探索世界，从而内心充盈、毫无惧色地拥抱未来。

2019 年 8 月 13 日，千和社区基金会潮汕游学团最后一站到达溪南，与参访人员走访古村，介绍溪南公益图书馆的发展历程，谈及以后可能的合作机会。

2019 年 8 月 30 日，汕头童的图书馆联合苏宁广场捐赠图书，开展蝴蝶主题涂鸦活动。

2019 年 9 月 7 日—2019 年 9 月 9 日，申请广东省绿芽基金会半乡学堂项目，99 公益日在腾讯平台上线筹款。以寻找 300 人发起每人捐 10 元参与的方式筹款，顺利完成筹款目标，捐款人绝大多数为溪南本地人。

孩子们在运动——2019 榴莲夏令营（上图）

大学生与孩子们在篮球场
组织活动——2019 榴莲夏令营

2019 年 9 月 13 日，中秋制作灯笼赏月活动，白天用纸皮、A4 纸、淘汰的书、黏合胶制作灯笼，晚上拿着灯笼去图书馆天台赏月聊天。

2019 年 9 月 12 日，每周四去后巷学校，带学前班画画课、一年级音乐课、二年级和四年级兴趣课。

徐岙底项目

项目名称：徐岙底项目

发起时间：2018 年

项目地点：浙江省温州市泰顺县筱村镇徐岙底村

发起人与机构：左靖工作室等

　　徐岙底古村落位于浙江省温州市泰顺县筱村镇，是泰顺保存得最完整的古村落之一。宋端平三年（1236年）吴氏先祖吴来迁居此地，自此开始了吴氏族人在此近八百年繁衍生息的历史。徐岙底具有深厚的文化积淀，有乌衣红粬、提线木偶、襄神节三项入选非物质文化遗产代表性名录。村落形态小而完整，古朴自然，卵石巷道蜿蜒，民居错落有致，多为清代木构建筑或近代夯土建筑。目前村民已大部分外迁，搬入新居，村内仅剩十余位老人，但农田仍在，生活场景和乡土文化仍在，宛若一座失落的桃花源。

　　2018年，泰顺县人民政府与墟里共同签约，墟里、左靖团队成员陆续入驻徐岙底古村落，开展了为期一年的乡土文化挖掘和再生工作，包括乌衣红粬等非遗考现、筱村童谣的影像记录、清代以来契约文书的收集整理、方志小说的在地创作等等。2019年7月8日（农历六月初六），正值当地传统节日襄神节之际，由浙江省古建筑研究院和多相建筑设计事务所改造、当地工匠修建的红粬展馆竣工，"红地起乌

张艺影作品
《归去来
兮？》录像

廊桥模型在"红地起乌衣"红釉主题展展示

清乾隆时期至民国时期徐岙底村各类文书的展柜

衣——红粬主题展"正式开幕，展陈从内容到形式都以当地村民为主
要受众，同时服务于外来观光客。展览的核心内容是乌衣红粬文化和
老建筑改造。乌衣红粬文化是本次展览的核心主题。乌衣红粬制作以
大米为原料，经接种粬母培养而成。用红粬酿成的酒称为红粬酒，它
具有色泽鲜艳，酒味醇厚的特点。

老建筑改造是乡建中的必备元素，徐岙底村的建筑改造集中展示
了红粬工坊和红粬展馆，它们和廊桥都被制成精致的模型呈现在展览
中。红粬展馆原是一座荒废多年的木结构老宅，墟里团队最初看中了
这座大宅朴实无华、舒展开朗的气质，富有"宋的感觉"。在建筑改
造中，建筑师在尊重原建筑的格局下，加入了视觉通廊，提升室内空
间高度，扩大采光面积。观众穿行在静谧的木板房内，漫山幽竹映入
格窗，古意油然而生。在功能上，以堂屋为界，将博物馆分为西侧展
示区和东侧体验区，体验区照明和陈列是质朴、家常和慢节奏的，人
们可以在这里品红粬、读书、做手工、喝茶聊天，或坐于榻上，观赏
溪边翠竹，聆听瓦檐滴雨。

"红地起乌衣——红粬主题展"不仅仅是单个狭小地域的非遗展
示，还包括整个团队初步的建筑改造、民俗记录、文书档案整理、童
谣收集等。展览更期望观者走出展馆，把审视或欣赏的目光放到整个
村庄，用行走，而不是用地图，来了解它的道路、古迹、民居、工坊、
水系和田地，人们的劳作和生活，还有村庄之外连接村与镇的公路、
新的居民点和村镇社区。

获得荣誉：
"徐岙底札记"参加中国艺术乡村建设展览（深圳站）

犁桥国际艺术计划

项目名称：犁桥国际艺术计划

发起时间：2018 年

项目地点：安徽省铜陵市义安区犁桥村

发起人：梁克刚

犁桥国际艺术计划发起于铜陵市义安区以北的犁桥村，该地属圩区，亚热带季风气候，四季分明，素有"梦里水乡古韵犁桥"之称。犁桥国际艺术计划的总策划梁克刚带领团队以及邀请来的艺术界、设计界、文化界的朋友，带着公益之心以艺术赋能乡村振兴。他们都是有社会理想和家国情怀的知识分子，近年来他们不再满足于把自己的研究与工作停留在象牙塔里，其人文情怀与铜陵乡村振兴的美好愿景结合在一起，最终在犁桥村落地实验，取得了初步的成果。

艺术介入下的犁桥由明塘文化艺术村、古韵犁桥、生态人文体验区、田原艺术区、生态观光民宿区、田园乡村体验区、水乡渔家体验区、高效农业示范区等组成。犁桥国际艺术计划创造性实施"艺术振兴乡村"工程，从 2018 年 11 月开始至今已成功举办两届"中国·铜陵田原艺术季"，邀请艺术家、建筑师、室内设计师、诗人、原创音乐人等，

安徽省铜陵市义安区犁桥村

犁桥明塘

通过戏剧、音乐、诗歌、公共艺术创作、网红建筑、精品民宿、装置与雕塑、美术馆、稻舞台、稻剧场等依次呈现，以独特形式迅速在全国文化艺术界传开了，打响了"犁桥艺术村"和"田原艺术季"的品牌。

铜陵田原艺术季秉持"重点突破、持续生长、连片发展、闻名全国"的理念，借助艺术家、建筑师、设计师、文艺大咖的创造力、脑洞和审美品位为乡村振兴赋能。艺术乡建的整体改造计划以一场有近百位国内文化艺术界大咖出席的、总计500人规模的"稻田宴"和"稻田艺术汇演"拉开帷幕，标志着铜陵田原艺术季和犁桥的艺术乡建计划全面启动。

首届中国·铜陵田原艺术季（2018.11.3—2019.5.17）

从2018年11月3日到2019年5月17日，整整半年的时光，在3位建筑师、6位设计师、40多位艺术家、30多位诗人、20多位音乐人、近百位文化艺术界的大咖莅临以及梁克刚核心工作团队十余人的

片刻的记忆

共同协作下，通过策划戏剧、音乐、诗歌、公共艺术创作、精品民宿、公共艺术、装置与雕塑、水上美术馆、稻舞台、稻剧场、湖畔艺术图书馆等一系列活动及场所营造使得首届中国·铜陵田原艺术季在义安区西联镇犁桥村完美呈现。而首届中国艺术乡建论坛于2019 年5月16、17日在铜陵成功举办。

这个没有名胜古迹，没有百年老屋，没有非遗传承的普通江南小村庄犁桥，在首届艺术季的举办过程中，一跃成为了全安徽曝光率最高传播量最大的村庄。"艺术赋能乡村"已成为新时期乡村振兴与文旅融合的一条破题创新路径。

第二届中国·铜陵田原艺术季（2019.11.5—2020.11.28）

第二届中国·铜陵田原艺术季稻田宴于2019年11月9日举办，其间受全国新冠疫情暴发和汛期的影响暂停了几个月，2020年5月全面恢复新的改造项目启动，11月底第二届中国·铜陵田原艺术季完美

中国艺术乡建地图

艺术振兴乡村

蒙娜丽莎彩
色稻田画

收官。

第二季田园艺术季又有数十位艺术家和设计师积极参与打造出了"美式稻餐车""最大蒙娜丽莎稻田画""小金阁茶亭""白夜精品民宿""犁桥印象土菜馆""艺术村接待中心""梵高来写生""米勒拾穗者"等网红建筑与公共艺术作品,继续丰富了犁桥片区的艺术景观。政府也启动了犁桥村的一期灯光亮化工程,周边的水道整治与改造也已提到议事日程上来。艺术村的改造计划并非一蹴而就,而是通过每年的积累增加艺术、设计及文化景点,逐步带动整个片区的氛围打造。

获得荣誉:

1. 梨桥国际艺术村入选文化和旅游部第二批"全国乡村旅游重点村",获得国家 3A 级景区认证,首批"全国美丽宜居村庄"示范,全国"美丽乡村"创建试点乡村,全国第四届"文明村镇","中国人居环境范例奖",安徽省优秀旅游乡村,安徽省乡村旅游百强村等荣誉称号。

2. "犁桥美术馆"荣获凹凸设计奖金奖和最佳乡村文化建筑奖。梨桥国际艺术村 Logo 标志设计还获得了"CGDA2019 视觉传达设计奖"专业组品牌形象的铜奖,该奖项由注册于香港的致力于推动推介全球华人、亚太地区设计师与设计机构发展的 CDGA 中国平面设计协会主办。

3. 第一届中国·铜陵田原艺术季改造的"明塘故事""居有竹""钟桥里"三家精品民宿获得"安徽 2019 年度百家精品民宿"称号。

乡村重塑——莫干山再行动

项目名称： 乡村重塑——莫干山再行动

发起时间： 2018年

项目地点： 浙江湖州市德清县莫干山

发起机构： 上海大学上海美术学院、德清莫干山国际旅游度假区管理委员会、德清县莫干山民宿行业协会

　　莫干山位于浙江省北部的德清县，地处沪、宁、杭金三角中心，环山景区数百平方公里，形成了国家风景名胜区。绿荫如海的修竹、清澈不竭的山泉、星罗棋布的别墅、四季各异的江南风光，吸引过众多的历史名人，更为莫干山留下了多样的别墅建筑群。在时代发展中，莫干山逐渐发展成为以民宿行业为主的休闲度假区。富有创意的建筑、充满情调的设计，艺术点缀其间，生活在这里的三万村民，与热爱自然的游客们，共同生活在这片静静的竹海里。

　　城市化进程使生产和生活方式发生了巨大的变迁。尤其是在东部经济较为发达的地区，城乡一体化的进程十分迅猛，也为城市与乡村、自然与人文等各种关系的发展带来挑战。艺术可以以自己特有的方式

莫干山的竹林清风

竹源于自然

参与这一进程：以艺术的智慧参与乡村文化实践，通过艺术活动和服务参与乡村公共文化体系的重塑，从而实现当代社会的乡村文化治理。

以莫干山为现场，将上海大学上海美术学院的智力资源引进莫干山，在拓展美术院校社会实践的同时，探讨艺术如何参与乡村文化振兴。以艺术院校为纽带，连接艺术学、社会学、人类学、科学技术等多学科的研究和创作资源，通过在地艺术实践，丰富公共艺术服务产品，并以此为基础展开理论研究，使艺术的创意力量转化为文化的价值力量，助推自然莫干山向人文莫干山的转变。

在莫干山镇人民政府、莫干山国际旅游度假区管理委员会的支持下，上海美术学院在莫干山建立了硕博工作站和国际公共艺术创意园，在这个过程中，来自全国各地美术院校的教授和年轻艺术家们应上海美术学院的邀请，在莫干山进行实地调研，围绕莫干山当地的自然和人文环境进行驻地创作，异彩纷呈，硕果累累，在地创作了装置、影像、数码交互、行为艺术等不同形式的作品，形成了各地美术院校参与乡村建设的协同合作机制。同时，通过"文创赋能与乡村振兴"论坛，将不同的文创产业，文旅产业的专家聚到一起，献计献策，聚合能量，助力莫干山文化经济发展，形成更加丰富的文化生态。

2016 年的初步尝试

开展莫干山竹创作工作营，邀请荷兰、新西兰、阿根廷等地的艺术院校、艺术家与莫干山当地的手工师傅，以竹为资源，创作公共空间作品和创意产品，赢得了当地各界的认同。

建立莫干山硕博工作站 & 国际公共艺术创意园

2018 年 6—7 月，在莫干山筏头老街建立莫干山国际公共艺术创意园、上海美术学院莫干山硕博工作站，作为美术学院乡村艺术实践的基地。师生们将课堂搬到莫干山，在乡村进行现场教学，感受乡村

中国竹编非遗技艺

中国竹扇工艺

的生活和工作方式。莫干山硕博工作站充分利用上海美术学院的教学、创作、研究以及国内外资源。共同开展艺术创作、艺术教育活动。

长江上下：公共艺术行动计划暨首届莫干山国际民宿艺术节

2018 年 8 月，莫干山迎来了四川美术学院的师生，与上海美术学院师生共同开展"长江上下：公共艺术国际行动计划"（莫干山站）创作活动。举办首届莫干山国际民宿艺术节，以竹为主要元素，与民宿、当地手工艺者、居民共同创作艺术作品，将艺术活动融入当地业态。此次活动根植于莫干山镇筏头村的乡村语境，以参与式观察为主要途径，以图像系谱化的艺术手法跟踪，记录并表达观察的主题和成果，通过不同的艺术形式和语言对乡村振兴议题的视觉转化，使更多的人参与乡村的重塑。艺术节上展示了《鸟》《礼物》《蜻掠清梦》《永续剧场·放簖故事》等创新现代艺术作品，这些作品以莫干山自然山水和特色民宿为展台，使观众在坐观莫干山历史文化与艺术的同时，不忘背后莫干山独特的自然风景，当观览自然风光之时，亦不忘背后莫干山特有的历史文化与艺术，从而体味莫干山独特的诗情意趣。

莫干山公共艺术计划·秋季行动

2018 年 10—11 月，邀请全国各大美院前来莫干山共同开展莫干山秋季行动，初步整合成全国乡村公共艺术联合体，发挥各地美院的教学和创作优势，将不同的经验和智慧安放在这片土壤上。来自天津美术学院、广州美术学院、湖北美术学院、四川美术学院、西安美术学院、中国美术学院的师生陆续在莫干山驻地调研，与莫干山自然文化资源的深度对接，走访民宿，与民宿业主和各类从业人员深入交谈和沟通，并在此基础上，进行在地创作。创作作品在 11 月 26 日举行的"乡村重塑 莫干山再行动——莫干山公共艺术计划·秋季行动"开幕式上展出。

阿根廷公共艺术家费德罗在竹林中感悟中国竹文化

  开展莫干山乡村公共艺术实践活动，是希望通过不断的交流和对话，建立起公共艺术共同行动的机制，用艺术的方式浸润乡村社会发展。邀请各地艺术力量的参与，是为了在对照中找到差异，寻求共识，以问题为导向，跨界、跨区域合作，形成交融叠合的力量，在实践和理论上梳理和传播中国经验，挖掘乡村艺术实践的道路。而众多青年学子的加入，不仅可使公共艺术的发展持续下去，集聚更多青年人才，还能利用他们对乡村的认知和经验为未来城乡一体化发展打下基础。

  "乡村重塑——莫干山再行动"还举办了其他活动。在2017年，与莫干山镇人民政府、莫干山国际旅游度假区管理委员会达成合作协议，开展公共艺术行动，丰富莫干山的文化生活；2018年5月，上海大学上海美术学院的师生们来到莫干山，走访村民与民宿业主，思考艺术参与乡村建设的主体：生活在这片土地上的老百姓；2018年9月，上海大学上海美术学院的师生们应邀前往重庆北碚，与四川美术学院的师生继续实施"长江上下：公共艺术国际行动计划"（北碚站）行

荷兰设计师 Yvonne Laurysen 与中国竹扇厂技师共同创作

动计划。在西南腹地感受中国另一种乡村场景,同时参加四川美院"复归"艺术节,连接长江上下游的艺术教学和创作力量;2019 年 1—5 月,参与以莫干山民宿行业协会主持的乡村市集活动,展出手工制品,为公众提供手工体验课程。

延平乡村艺术季

项目名称：延平乡村艺术季

发起时间：2018 年

项目地点：福建省南平市延平区巨口乡

发起机构：上海阮仪三城市遗产保护基金会、上海 ofoto 画廊、延平区人民政府、巨口乡人民政府、九龙村村委会

　　延平乡村艺术季是由一个非艺术机构——上海阮仪三城市遗产保护基金会发起的以保护地方传统文化遗产为出发点的乡村艺术季。目前巨口乡有四个村子参与了艺术季，分别是九龙、谷园、岭根和馀庆；其中九龙村是艺术季的发起之一，也是第一期的唯一现场，留下最多的作品。第二届和第三届艺术季的重心转移到谷园村和其他两个村。这是一个关注乡村遗产和乡村未来的艺术季，艺术家的作品不仅讨论乡村的过去，也讨论乡村的未来；整个活动从乡村遗产保护出发，希望保护的成果有益于未来的发展。唤醒的不但是乡村的人们，也唤醒城里人，去学习、理解和尊重农耕生活的智慧，即"他乡是故乡"。

　　艺术家的创作来自于驻地的真实体验，其中有些艺术家就是福建本地人，有些则是对乡村、对闽北完全陌生的城里人或外国人，最新鲜的刺激促使他们将这些灵感迅速地化为具体的作品，这次的创作是

俯瞰福建省南平市延平区巨口乡九龙村

《龙跃》艺术家郭棚作品

开放的,不但创作的环境、对象是开放的,创作过程也是开放的,因为每位村民每天都在关注。所以很多艺术家选择与村民互动的方式来进行创作,有的特别关注村里的孩子们,邀请他们一起成为作品的创作者,有的作品则是艺术家与当地手工艺人的合作结晶,艺术家大胆的设想为逐渐消失的传统手工艺增强了信心,虽然艺术家和村民沟通不畅的情况时有发生,但艺术就是语言,最终让所有人达成了默契,让作品在这么短的时间诞生。

2017年7月,经福建省文保中心推荐,上海阮仪三城市遗产保护基金会邀请西交利物浦大学建筑系的师生一起,第一次来到巨口乡作资源调查,发现这里依然保存有大量的风貌完整的传统村落。土厝、木厝比比皆是,但大多空置,无人看管任其腐朽。这里的村民80%以上都已移居城市,村里也少见孩子们的身影,假如没有主动干预的话,传统风貌的消失应该就是眼前的事,村庄的未来也极其堪忧。

2018年3月,经过一年的酝酿,福建省南平市延平区政府、上海阮仪三城市遗产保护基金会合作启动了巨口计划，旨在"保护遗产，振兴乡村"。乡村艺术季作为先锋项目，希望通过艺术家的创作，点亮藏于深山中的传统村落，让村民和城里人重新发现这片土地的价值，发现那些土厝和木厝的价值，发现乡村生活之美。

经过连续三年三届艺术季的举行，有近60位艺术家和艺术院校、艺术团体来到巨口乡驻地创造，在4个村落留下近100个作品作常年的展出。通过艺术季，原本松散的乡村因为艺术驻地和艺术品的制作而产生了公共话题，而与此配套的传统建筑保护与环境整治的修缮工程更是让村民对自己祖宗留下的遗产有了新的认识，也是第一次感受到那些原本破败的老房子居然可以成为全村的骄傲，而纷至沓来的艺术家、学者、院校学生、游客和参观者，也让村民感受到自己村庄对于外部世界的公共性价值。

在三年的时间里，艺术季的举行推动了整个巨口乡的环境整治和遗产保护工作，在国家财政部农村综合整治示范区的项目资金资助下，

2018 年延平艺术季招贴　　　　2019 年延平艺术季招贴　　　　2020 年延平艺术季招贴

完成了 4 个艺术季村庄的整体环境整治和历史建筑修缮，设立了民宿修建的奖补制度，吸引多个外部投资和村里乡贤回村投资项目，回乡的村民逐年增加，老宅得到村民自己的修缮和管理；另外，基金会还组织年轻规划师、建筑师到巨口乡驻地工作，帮助村里完成了一些基础调查、建筑改造设计等工作，并通过在乡村工作的机会，与村民互动，宣传遗产保护的理念。另外，艺术季还邀请和组织其他院校一起到乡村工作，包括西交利物浦大学建筑学院、上海大学中欧学院、福建工程学院和巴黎马尔盖建筑学院和同济大学创意学院，这些院校参与巨口历史建筑调研、乡村复兴工作坊、乡村复兴课程设计等项目，取得了很多成果，有一些还有望在未来实施出来。延平乡村艺术季的初衷是在乡村创造遗产保护与振兴的共享空间，其主要途径和方法有：

（1）自下而上的乡村保护路径，建立村落的自主保护意识

进入巨口乡进行遗产保护的路径有别于以往受政府委托制定保护规划开始，而是先和村一级建立合作关系，在取得村书记、主任和村委会支持的基础上，再和乡、区一级的政府沟通讨论，自下而上推动和制定适合当地的传统村落保护计划；保护过程中，也是经常性地驻扎在村里，和村民直接面对面，艺术季筹备期间艺术家都是驻村创作，艺术作品的创作空间就是村民的生活劳作空间，最接地气。这样的工作方法，有效地让保护成为村民村里共同的话题，共同关注和参与的公共事务，很多村民都积极回乡修老房子，或是回乡寻找创业的机会，在地方上形成了一个遗产保护的舆论空间。村民通过艺术季的举行，原本偏远封闭的小山村向世界打开了，各地各界人士的到来，让村民建立了自信和骄傲，认识到这些被忽视的老房子的价值，也初步建立起保护的意识，而这种保护意识的建立是最可贵的，只有村民开始主动地保护自己的村庄，那么才是传统村落可持续保护的真正开始。在这个过程中，艺术季起到了非常重要的作用。

九龙村

（2）跨领域跨专业合作的创意路径，扩大保护的开放度和透明性

　　避免以往历史城镇保护过程中，只有规划建筑技术人员与当地政府合作的单一封闭模式，在巨口乡的实践中，基金会与艺术家和艺术机构合作，通过驻地艺术作品，推动传统村落保护和振兴；还邀请多个院校多学科一起参与，包括城乡规划、建筑学、人类学、环境工程学和设计学等专业的师生和专家都为了巨口乡的传统村落保护和乡村振兴一起工作，多维度地为传统村落贡献智慧，提出创造性的意见，并通过调研、工作坊、展览、论坛和讲座等形式，积极地与当地政府和村民沟通交流宣传，形成一个讨论的公共领域，共同推动保护工作。

（3）区域性联动的传统聚落保护路径，建立大文化区的传统村落保护群落

　　进入巨口乡的第一个村庄是九龙村，第一届艺术季也在九龙召开，

九龙村古驿道

但艺术季策展团队确立最初的工作方法就是希望通过"以点带面，区域视野"的原则，通过第二届第三届艺术季在其他 3 个村开展，整个巨口乡 11 个行政村都受到了很大的刺激和鼓舞，正在制定的整个乡的传统村落保护规划也是把传统村落保护推向整个区域。同时，还有周边乡镇，包括黄田、赤门和樟湖等也纷纷开始行动，在更大的范围内，保护和振兴的风气正在慢慢酝酿形成，甚至有蔓延到南平市其他区县的可能。

（4）城乡互动的保护路径

基金会和策展团队利用驻地上海的优势，通过在上海、厦门、福州等大城市开展与巨口乡村艺术季有关的活动，沙龙、展览和讲座等，吸引城市中相关人群的目光，活动中还邀请村民来到城市的现场，通过视频连线、邀请参观等方式让城乡的人直接发生联系和交流；另外通过微信公众号的推送，吸引更多城里人去参观艺术季；另外，招募年轻的志愿者入驻乡村参与保护工作，并与法国遗产保护机构 Rempart 合作，在村里开设了两次遗产保护志愿者工作营，修复传统民居。

传统村落保护是一个村庄的新的公共事务，是一个所有村民都需要参与的社会公共领域，在闽北地区，宗族文化的浓厚传统为村落的公共事务管理提供了很好的基础，三年来中心在巨口的工作，正是希望把传统村落保护变成村落宗族事务的一部分，在政府的统一领导下，村委会和村民能够合力保护自己的家乡，振兴自己的家乡，而艺术季的举行无疑是整个地区保护复兴的灵魂工程，可能会贯穿整个未来发展，成为一个别具特色的地区发展案例。

婺源漳村田野计划

项目名称： 婺源漳村田野计划

发起时间： 2018 年

项目地点： 江西省上饶市婺源县漳村

发起人： 曾令香

婺源村落民居

项目团队走访漳村村民

婺源漳村，作为一个具有深厚传统文化、良好地理资源和地缘肌理的古村落，在现代化过程中，也难逃资本化、技术化、城市化、全球化与景观化乡村转型的命运挑战。

2018 年 5 月 6 日至 20 日，在多方力量的支持下西南田野创作社在此先后了一系列田野创作项目。四川美术学院副教授曾令香带领学员们先后走访了婺源博物馆（了解婺源的历史）、王村、漳村县城、大鄣乡卧龙谷（了解古法造纸术等民艺状况）、大鄣乡黄村（了解保存较完整的村落现状）等，以社会调查和田野观察的方法，从生产、生活与文化三个视角展开系列调查，分组形成详尽调研报告，并在调研报告的基础上，开展了在地创作形成系列针对漳村的田野创作方案。这些实践不刻意进行环境美化、功能设计，它似乎呈现一种游离的状态，带着游牧精神。这些田野创作是一种真挚的对话方式，是与漳村地域文化、公共空间、百姓、视觉审美展开的对话；它们在转型期的乡村现场中透露着一种思辨的公共价值与公共精神。

项目团队对漳村及周边村落、历史名胜、人文景观进行了深入的调研，走访了漳村、王村的村民，了解和考察了黄村的手工造纸工艺、婺源的紫阳书院。更重要的是开展了在地的美术课教学，吸引了漳村的孩子们积极参与，展示出他们的童真和创作灵感。

黄村的手工造纸工艺

微型社区实验室

项目名称：微型社区实验室

发起时间：2019年

项目地点：海南省海口市龙华区滨濂新村五队社区

发起人：翁奋、张森、唐浩多

2019 年 9 月 28 日微型社区实验室（W-dyen nium su）在海口市滨濂新村五队社区正式启动，项目参与者有来自广州、北京和美国，及当地的艺术家和各领域的工作者。

W-dyen nium su 是 wei hieng die hi-dyen nium su（"微型社区实验室"海南话发音音标）的简称，它是一个非营利性质的社区艺术行动、研究项目及空间计划。W-dyen nium su 关注在全球化资本与父权结构的系统社会控制下人的困境问题。W-dyen nium su 强调多领域研究模式的参与行动，艺术对于个体存在和社区社会的积极作用；注重艺术作为一种社会总体生活的新方式，即由艺术家、居民共同调动起来的各种盘根错节的因素所构建起来的生活现场。在这个社区现场发生过程中，产生出特殊性和多重偶然性的因素，并由此带来多面向发展的可能。W-dyen nium su 提出的"uyi dwun wuei die ewa/艺术为生活 /Art for life"理念着眼于两个层面。首先，当下全球化资本和父权结构，都具有社会等级与分工的特征；个体在其控制下始终处于"工作生活"的状态；这是个体困境的来源，也是本项目探讨和批判的目标。其次，W-dyen nium su 推动居民在工作生活之外的时间，实践一种逃逸（lines of flight）的生活策略。项目的最终目标，是促成"艺术生活"的发生，并围绕其理念展开一系列研究与实践行动。W-dyen nium su 通过多种方式进行，包括在地考察研究、思想研讨、玩乐游戏、身体运动和人际接触，并赋予其艺术创新性。这种方式与被"资本"和"父权"控制下人的工作生活状态是根本相悖的理念。W-dyen nium su 还试图突破流行的当代艺术生产，及其包含的视觉习惯、审美趣味、资本与生产关系在内的艺术体系困境。让艺术通过接触具体的人，形成一种新的"生活接触美学"。在社会关系、经济关系、政治关系联合建构的对于个体的控制下，居民对于这种紧张而享乐的状态已习以为常。基于这一点，项目致力于推动居民个体，积极进入到拥有"主体性"的生活中；使艺术真正参与到连接人和形成人与人的链接中，以建构"资本"和"父权"之外的，一种新的生活美学。

微型社区实验室（W-dyen nium su）空间黄色的外墙颜色与左边红色（来自糕点店招牌原有的颜色）的"麦香源"糕点店，右边蓝色（来自发廊旋转标志的固定色）的"JY形象设计"发廊间形成一种相互插入的链接关系，我们将以此作为开始社区具体居民进行接触与互动的行动和隐喻。

项目理念的关键点：tdi fang/ 地方、waun de/ 发生、dyen nium su/ 实验室。tdi fang/ 地方：W-dyen nium su 对于这个特定的微型社区相关联的居民个体，以及复杂的社会状况进行田野考察与研究工作，以地方实验性的艺术行动来探索个体在特定社会系统下的身体与心理的存在状态，强调地方语境下的特殊社会化学反应特征，W-dyen nium su 强调混合运用地方言说、语言、表述与认知，以地方知识的工作方式，去面对这个特殊的微型社区。我们的行动是以一种"忘掉已有知识"的模式进行实验，具体而言，忘却那些已有的唯知识、经验，重新回到个体的现场；以身体的接触、话语交流与艺术实践去感知具体的人和事物，重新发现地方话语与认知混合的特殊性与普遍性。

waun de/ 发生：w-dyen nium su 强调"waun de ／发生"的行动作用与意义，期待在地艺术实践中产生多向度的可能性，及同时影响个体的存在状态，超越被"工作生活"所控制的存在模式。

dyen nium su/ 实验室：这个强调在地研究模式和接触行动的实验室（w-dyen nium su）如同一个存储了多重信息的U盘，将其插入社区，连接具体的人、物与事件；由于所连接的对象存在差异，"U盘"链接的广泛性，进一步加剧了"化学反应"的多样性。促使居民找到适宜的方式，逃逸被工作生活控制的状态，达成艺术生活的最终目标。微型社区实验室（W-dyen nium su）邀请来自本地和国内外的艺术家、跨领域的学者与实践者、艺术爱好者、当地居民，以及资助者共同参与研究、讨论与接触项目，于2019—2020年度展开和实施了以下项目。

社区种植：村村雨雨——滨濂新村社区种植调研与行动

项目由艺术家徐坦倡导，由植物学家、园艺家、农学学生、当地居民、城市规划师等各类人士参与。

调研目标：社区居民及其种植研究方向：

1. 居民自发的种植情况，阳台种植，室内种植，以及公共空间的种植情况。

2. 居民的社区环境意识，包含绿化、自然、生存环境等概念，以及生活与"社会性的自然环境"的关系，社会性生存环境等问题的意识。（包含了社会意识的调查，这是很重要的一点）

3. 种植及植物文化的认识，比如为什么要种，以及植物之于信念，（例如粤语中的"桔"和"吉"的关系）等。

4. 对于科学的认识，科技对我们未来城市生活关系的认识。

5. 对于种植何种物种的愿望，这和后面的工作相关，也就是我们了解了他们的愿望，之后我们将要预先培育何种植物。

调研的方式：

组织年轻志愿者，一起设法进入社区，建立和社区居民亲密关系，调研由青年志愿者为主体，将在近期开始，会邀请社会学、人类学方面的教师，以及在社会调研中富有经验的人士，来做一些基本的知识讲授和指导。

开设"关键词学校"，进行关于社会调查的基础性方式的课程。重要的另外一面，在社区营造过程中，我们一定要把对社会性的研究带入到项目里，我计划在社区种植研究的同时，开展城市环境设计的研究。会邀请一些城市设计方面的专家共同工作，研究环境和植被方面的问题。邀请专家们过来做工作坊。

今年秋季开始，将和青年志愿者们一起工作，开始初期的调查。之后将展开中期调研，即，在初期调研基础上，选择一些研究对象，进行深入调研。之后再进行研究和写作阶段的后期工作，这些不同期间的工作是互相渗透的。

在对社区进行调研工作的同时，还要对海南其他地方的社会文化状况进行学习和研究，包括农村的种植与文化状况做调研，对本地植物，植被情况学习研究，以及向海南本地专家、专业人士请教，建立沟通。

在调研了解了社区对于植物和种植愿望之后，开始培育植物幼苗。可以邀请社区的人们共同开展种植育苗的工作。在这个基础上，组织更多的工作坊，组织邀请专家，讲述植物生命的科学原理，以及本地及引进物种的特性等。同时包括环境维护方面的科学技术人士来讲述，环境和未来的关系的具体可能性。

邀请专家、苗圃工作者，以及有丰富种植经验的居民做工作坊，讲授指导如何种植，进行种植基本课程的讲授。建立种植居民和有种植经验的人士之间的联系，安排上门帮助，和解答种植过程中遇到的困难，并且进行实践经验的交流活动。组织人文工作坊，邀请居民和文化和艺术圈人士，谈及植物和人类精神、美学，以及意识方面互相依存的经验（包括神话、佛教、道教的经验）等内容。

可见的风连接我们

美国艺术家 Greg Leshe 的这个项目，由社区居民与参与者共同实现和完成。它是一个利用印有艺术家、居民和参与者的话语字词的风向标来实现的"接触式"的动感社区空间装置项目。这些风向标计划安装在这个特定的城市社区空间和区域。该项目的社区区域由多个混合用途的街区组成，包括住宅和商业店铺、狭窄的街道、小巷。该工作使用传统的形式与明亮的安全颜色图形的商用航空风标，它们将安装在社区空间内不同朝向的各种建筑配置物上。风向标作为一种视觉和言说工具，通过指示风的方向和速度来起作用。多达 300 个这样的风向标融入社区空间。一些将被放置在杆子上，安装在建筑物的屋顶上，其他的建筑将以重复的形式排列。一部分风向标由横跨街道和小巷的建筑物之间的电缆连接。其他的组合安装在地面的柱子上，重复的形式连接起来，并上升到区域内更高的建筑空间。这些不同形式的安装的目的将是在艺术作品存在的过程中，集体赋予一种秩序感和随机性，并在社区空间内进行互动。这一策略还将具体化和反映天气的共同经验，以及当地居民的想法，其既可预测又高度多变。"可见的风连接我们"是一个艺术项目，旨在运用形式化和超可视化的风，非视觉力作为一种现象学的遭遇和体验。它试图在特定的、活跃的社区空间中与当地居民建立联系，以提高人们相互连接和接触的一种可能性方式，及对风作为一种被低估的资源和未来气候相关性的认识。这个项目的工作希望通过突出风的视觉和接触效果，在一个基本的层面上参与到社区活动，通过在社区空间的移动，以及风的触摸或视觉联系的简单理念，在我们共同的人性和共同的环境中，人人平等，一切平等。通过延展空气、风和大气的意识，使一种非视觉的力量更加有形，并在视觉上呈现——通过一个风向标的形状的动画的聚集。

无墙幼儿园

"无墙幼儿园"是"拌拌杂货铺"社会实践体所连结和延展出来的社区实践项目，由蔡开宇、唐浩多和王家玮联合发起。2018 年，王家玮和唐浩多由"宾主—买卖"关系连结发展为"伙伴－合作"关系，并于当年对辍学儿童钟艳丽开展了陪伴式的帮扶教育计划。2019 年初，计划由针对个体扩展为面对群体的"无墙幼儿园"社区儿童教育实践项目，并作为公益性独立项目挂靠于海南天涯心理应用研究所（所长为蔡开宇，他同时作为项目的心理顾问）。

目前加入项目的成员有蔡开宇、陈有龙、陈秋晓、邓华超、党红婷（连结的顾客）、林茜、李彦臻、符妤全、唐浩多、肖泽选、王家玮和王林章等人。成员来自社会不同领域，其中有心理咨询师、歌手、记者、艺术家、公司职员、幼儿教师、中学教师、创意人、设计师和大学教授等。项目主要面向常住海口滨濂新村社区的"流动儿童"和"困境儿童"开展儿童教育和家庭建设工作。目前项目连集了来自幼儿园、小学及辍学的十多名儿童。项目工作地点主要以"拌拌杂货铺"、家庭空间和社区公共空间为主。每周定期为社区儿童进行家庭式（无时间限制、无空间限制、无模式限制）的陪伴和教育活动，特别对一些受过较大心理创伤的儿童，进行长期的跟踪及深度工作。工作重点是常规教育机构常常缺失的部分，涉及家庭教育、生命认知、规则认知、逻辑、美术、音乐、书法、棋艺、劳动、语言（包括外语）、写作、心理建设和公民意识等诸多方面的儿童通识启蒙教育实践。此外，我们通过每一位儿童的关系与其家庭建立联结，与家长建立生活化的长期性的互动、交往及合作。项目以一种沉浸式的社区实践，试图探索及梳理出社区儿童教育的新的可能，期望能作为社会的一种案例参考和行动推广。

诗

"诗"计划强调社区的独特现场所具有的地方语言逻辑生成的言说与字词关系，以及演化而成的诗逻辑问题的研究，和诗的创作行动。由居住在纽约的艺术家田挥和居住在海口的诗人蒋浩主导，当地店铺，

社区居民共同参与的诗歌广告项目。田辉截取和挪用来自西方著名政
治家、哲学家、经济学家、银行家、政府官员等的关于资本主义困境
的警句箴言，混合成为诗的形式；蒋浩通过接触当地居民，把自己的
诗句与居民的话语截句混合成为诗；W-dyen nium su 的参与者与当地
多个商铺合作创作的广告诗，内容以店铺广告词混合组成的诗句。这
些诗以招贴广告和霓虹灯广告方式安置在社区的街头巷尾。

奶茶、水果茶、甜品（米斯汀）

一茶一时光（小茶日记）

用心做好每一杯茶（小茶妹）

烧鸭、快餐（璇城餐饮店）

现卷烤鸭（京师傅）顶呱呱火锅（火美人）

舌尖上的中国川菜、陕菜（川陕人家）

台式手作源萃茶（乌茶邦）

烟草专卖、冻椰子（咸越商行冷饮吧）

房屋出租（烟酒水便利店）

小初高学科辅导、艺术课程、早教（魔方教育中心）

给生活多一点甜蜜，多一点快乐（蚂蚁爱吃甜）

有时候我很想犯罪（拌拌杂货铺）

　　——社区商铺 + w-dyen nium su 参与者

人们天生就具有道德感

正如

他们天生具有美

或

和谐的固有观念一样（亚当·斯密）

人的本质

并不是单个人所固有的抽象物

它

是一切社会关系的总和（卡尔·马克思）

困难

不在于发展新观念

而

在于逃避旧观念（约翰·凯恩斯）

——田挥

物

　　项目由艺术家阿肖、何崇岳、王宁和张广先与当地居民共同参与实施的建筑外墙社区人物涂鸦、图像招贴项目。阿肖作为年轻的海南艺术家，其"阿肖画海南"在当地的网络媒体上广为人知。阿肖与社区的居民互动沟通，并教会他们与他一起绘制居民自己的肖像，这些肖像图像不断出现在社区建筑物的墙壁上。摄影艺术家何崇岳将与社区居民沟通交流之后进行肖像拍摄，这些人物肖像图片将制作成招贴粘贴在社区建筑外墙上。张广先将居民生活肖像涂鸦于大型商品包装箱瓦楞纸上，将这些瓦楞纸上的生活肖像涂鸦安装在社区的多处位置，和将这些部分生活肖像的图像涂鸦在社区建筑物上。王宁的居民生活场景剪纸以传统的美学样式来接触当地居民，和居民一起探讨如何用剪纸图画融入他们的生活现场。这个社区的小巷、街道与角落将出现许多当地居民的肖像图像和他们的生活场景的涂鸦。"Nang Fwun/人物"项目强调社区的每个"yagn bua Nang"（海南地方话，一般人）

社区巷道的涂鸦作品

都是一个"Nang Fwun/ 人物",在海南地方语言中"Nang Fwun"（"人物"的海南话发音）的概念是对于一个人的社会性肯定,我们强调每个居民都是"人物",通过阿肖的墙上居民肖像涂鸦,何崇岳的居民肖像招贴,张广先的生活图像,以及王宁的剪纸生活场景图像在社区建筑外墙上不断地呈现出来,显现了对于居民的主体性自觉的肯定。

女性日常

关于女性主义的概念,早已明确了女权主义是女性主义的初级阶段。男女平等,在我国早已实现。但现实生活中,中国五千年的文化传统下的父权社会体系中，我们的男女真的平等了吗？男女平权了吗？女性的话语权又有多少？性别歧视等等问题在城市、在社区、在乡村又是怎样一个现状？

项目关注女性在当代社会中的处境、她们的经历、她们的选择、她们的心理以及她们的行动等等一切女性的所有问题。

本项目记录社区女性日常生活，通过与社区女性的深度交流发掘不同年龄和生活背景下的女性对自身的定位；她们对日常现状的态度与构想。项目下设影像记录、对谈，以及日记写作实践等分支项目，展示社区女性的自我勾画，考察社区女性在地域以及流行文化影响下的个人想象。

项目发起者：张森、罗庆珉、林茜、富粒粒

项目实践的主要环节：

1. 影像记录：社区女性的日常生活

2. 对谈：

（1）女性个体家族、婚嫁以及迁徙历程的考察

（2）对社区女性在生活中的焦虑与需要的调查

（3）考察社区女性对影视作品中女性形象的看法

3. 写作实践：

（1）受访者以社区生活为背景自主设计一个关于女性故事的框架

（2）社区女性的写作实践——女性日记

参与项目的社区女性为本项目的共同实施者和创作者

项目实施时间：长期

知识药店

把知识比作"药"，研究知识的"药性"和"药理学"问题。强

通往 W-dyen nium su 小空间的楼梯过道墙壁，以海南话书写的"艺术为生活"

W-dyen nium 空间内项目介绍展现场图，此处地面有以海南话、普通话、英语书写的"艺术为生活"

调反思与批判在席卷全球的资本与技术，以及父权社会体系的多重压迫下人的困境问题。用现代方式解决现代文化所生成的困局，便落入这个时代面临的文化逻辑的悖论。这个城市微型社区是传统与现代文化交汇的现场，也是"地方知识"与"正规知识"的交融点。以此为社区实验室，并纳入传统的祠堂文化、中国传统医学等文化元素，以及现代文化元素，共同构成多元主体文化形态，成为跨文化的平台，消解单一正规知识的毒性。

在这个社区实验室形成的讨论、研究与实践工作，体现了艺术的渗透力与融合力，是解构与重构的实验载体。用"艺术的生活"解构"工作的生活"，即重构现代困境中人的"生活艺术综合体"。

研究将触及包括：社会阶层、民族、年龄、语言、文化、个体身份、工作、地域差异等因素下形成的知识差异、知识在现实社会困境下所形成的药理反应、正规知识与地方知识的交集等相关的问题。项目的研讨将由这个特定的社区游牧到其他的现场与领域，通过建立起丰富的多样性连接来建立一种长期有效的实践体模式。这是一个长期的研究和实践项目。

项目发起者：翁奋、贾冬阳、王长百

参与者：李音（文学学者）、林建（太极运动实践者）、颜清辉（哲学学者）等

项目将不断汇集多领域的研究者与实践者和社区居民加入讨论、研究与实践工作。

母亲的院子

项目名称：母亲的院子

发起时间：2019 年

项目地点：福建省泉州市安溪县金谷镇金谷村店仔尾

发起人：陈文令

陈文令母亲独坐家门口眺望远山

陈文令母亲在家门口种菜

　　早些年，母亲喜欢在北京和我生活在一起。前年她对我说：我82岁了，对北京的水土有点不适应了，人要落叶归根，入土为安，日后我在老家长居好了。

　　她回乡后，平日的傍晚时分，她喜欢独坐在家门口眺望远山，可能是她思念天边的父亲和想念北京的我的一种朴素方式。

　　如今她人老眼花了，看不清远山了。于是我用青石雕刻成远山的造型，永久安置在母亲门口做围墙。

　　我心想天下的母爱也都是恩重如山。今天我离开家乡了，此时的母亲应该在看着我为她造的母爱之山。

　　我老妈一生爱劳作身体也很健康。回老家后，她说很想去山边，空气好种点菜，我说："您老了，别去，我把山边的菜地都请到家门口来，同时在菜地里做些我的蔬果雕塑陪伴您。"我用在地性的方式为母亲营造了一个饱含深情的"母亲的院子"。

蔬菜雕塑

一埠家园复兴计划

项目名称：一埠家园复兴计划

发起时间：2020 年

项目地点：广东省佛山市顺德区龙江镇南坑村一埠

发起人：渠岩

　　"一埠计划"是新时期乡村建设的转型，并尝试以"去城市规划与暴力改造"的方式对一埠乡村进行文化重建。利用当代艺术手段，找回失落的民俗，再续历史的文脉，链接艺术的活力，让古老文明焕发出新的生机，使一埠的自然环境恢复其原有的灵气。当代艺术具有超强的时代引导性和广泛的文化辐射性，"艺术创意就是生产力"这一概念已经为国际社会普遍认同。艺术创意元素一旦渗透到传统生活中，就等于为其注入精神和灵魂，使传统文化中富有生命力的部分得以激活。具有灵魂和生命力的创意，不但可以提升本地的文化价值，还可以有效地带动与延伸相关的文化产业链，并将民俗文化保护、文化旅游、有机农业、休闲度假等一系列经济产业联系起来，二者互相带动，互为发展，形成乡村文化和旅游经济完整的产业体系。在这个体系中，艺术是源头，创意是核心，而在完善产业链的过程中，增加产业文化与艺术的含量，则是关键所在。只有这样，才能取得更大的经济效益和社会效益。

一埠村落空间调研分析

王 萍 屈行甫

一、村落空间形态的演变与发展

我们推测古一埠村民最初居住于山腰，受山上资源有限、山下滩涂逐渐拓宽和对外交通不便等因素影响，村民逐步从红花山到狮子山山腰山脚一带往滩涂迁移，直至里海涌沿岸。村落雏形大致呈现出由一埠街的古埠口、第一埠闸门、龙停二闸门、陇西闸门、七星井、古闸门六个节点串联展开的"Y"字形道路空间。

根据村民口述和碑文记载，我们对现存的清至民国时期公共建筑进行归纳。庙宇、宗祠、大社基本都位于原始干道上，我们初步判断村落建筑在原先"Y"形石板路和滴水泉流下的两侧展开，民居再以两侧基础上往外拓展。并且村落建筑分为李氏民居靠南，邓氏民居靠北。

一埠村在逐步迁移下山过程中，村民依靠挖掘鱼塘边的淤泥堆砌筑基，以此逐步拓宽村落的面积。同时，村民在修筑道路以方便对外联系的过程中，也会加强运输和生产途径的建设。譬如：在修筑迁移下山的洪圣王庙时，注重挖掘鱼塘淤泥，筑基出后期的石板路，从而出现洪圣宫渡头。此时的村落形态已形成"Y"形道路展开的"山水环抱"团块状。得益于此地理环境，一埠村在抗战时期得到较好的保护。

二、一埠现状空间分析与总结

（一）空间格局与肌理

1. 总体空间格局

一埠村整体呈现出块状为主体，散点为补充，村落民居组团背山面水，整体布局错落有致，砖木结构的老建筑与山、水融为一体，共同组成村落格局。村落东南方向山林环抱、西北望鱼塘河涌。

村内基本保持着较完整的村落形态——古井、石板路、埠口、榕树、民居、宗祠、庙宇、鱼塘等。村口是茂密的大榕树，寄托着人丁兴旺、枝繁叶茂的美好愿望，与村内的庙宇、祠堂、池塘以及水埠相互映衬；古朴方闸门、新建的驿站、桥梁、酒庄也组成了一道美丽的风景线。一埠的东南桥从清康熙年间修建至今，是一埠村对外交流的重要路径。石板铺设的主干道（一埠街）延续了旧时水渠的位置，一起串联村落不同层次的交通。

2. 水系图

水系的自然形态特征不仅能直接影响村落选址、功能布局和临水空间节点等的形成，还是形成居民居住观念的基本物质要素条件，能满足居民生存、心理及安全等多方面的需求。里海涌自西北向东南横穿南坑村而后汇入甘竹溪，最终流入西江。南坑村西临英雄河，最终与西江交汇。该河涌沿岸村落依水而建，呈现辐射状。具有观赏性和实用性的水系成为了南坑村重要的构成要素，整体环境因水而充满"地气"和"生气"。

一埠村由里海涌往大金山冲积而逐渐形成，整体呈现平地＋水网形态，村落大体集中在平地，部分民宅依水而建，沿水而居，形成村落－水网－鱼塘的组合模式。

3. 埠头

一埠村曾以"河"为对外交通渠道，以"舟"为主要交通工具，表现出岭南传统水乡古村落的特征。村落因水而生，因埠而名，水与埠头成为一埠村传统生活方式的核心元素和符号，村民的居住、出行、休憩等都离不开二者。但随着现代文明的演进，村民的生活方式与"水"的关系有所疏远，"埠头"也逐渐失去了本有的功能。

一埠村现仍然保存两个水埠头：一埠埠头（洪圣宫渡头）、一埠大埠头。水埠头皆由大青石板修筑而成，与入村石板路相连。一埠村的脉络以埠头为起点，沿着牌坊、风水塘、一埠街直至包公庙和李氏家庙结束。一埠桥重修前，水埠头主要用于供人们上货落货，上落外出的踩脚点，还作村民挑水、洗衣、沐浴和水祭之用。一埠桥建成后，船只往来随着陆路运输代替水路运输而日益减少。同时，因为水质受到污染，村民逐渐放弃里海涌的水作为生活用水，目前水埠头仅用于龙舟节下河使用。

（二）现状建筑整体评估与分析

1. 建筑分类

建筑是巷道、河道等线形空间的主要围合元素。一埠村中的建筑可分为宗祠建筑、庙宇建筑、公共建筑、民居建筑。建筑群体构成了村落的实体部分，为村落外部空间提供了多样化的空间界面和层次丰富的天际线。

2. 建筑质量

一埠街为一埠村最初建设的街巷，这里民居建筑密度高，修筑时间最为久远。也因此，村中质量较差的建筑多为该街巷两侧的民居。近年部分旧宅得以重建，一埠街两边的零星旧宅也有翻新的痕迹。以一埠街为中线，东西两巷的民居由于翻新时间较近，其建筑质量优于一埠街两侧民居的建筑质量。

3. 代表性建筑具体调研分析

3.1 宗族建筑【邓氏宗祠（清代）】

航拍邓氏宗祠

（1）房屋架构形式

邓氏宗祠为砖木结构，硬山式屋顶，镬耳山墙，墙面为青砖，屋架的梁、檩构件为木材，上铺瓦片。

（2）建筑室内外布局

邓氏宗祠是一栋两进三间式的建筑，有面向池塘的深敞式前门。中庭两侧各有走廊，天井由青石制成。宗祠前的小广场是半封闭式结构，前面有一个池塘，两侧的墙体与宗祠相连并延伸到池塘，为进入祠堂前的广场留出了空间。第二进的正殿里有一个祭坛。祠堂内的砖、木、石保留着古时的特色，展现了岭南水乡祠堂建筑的古朴特色和艺术风格。

（3）建筑材料

宗祠的门、窗棂、檩、梁、柱、托檐板及斜撑为木构；墙体为青砖；主入口台阶及基础为石砌，宗祠内装饰以石雕为主，苍劲有力。

一层屋檐共绘有 21 条金龙，在阳光的照耀下显得金碧辉煌。

3.2 庙宇建筑【六姓公所（清代）】

（1）房屋架构形式

六姓公所为硬山顶结构，面积约为 6—7 平方米。

（2）建筑室内外布局

建筑布局方正，只有 1 个开间，是先前邓、李、廖、黄、梁、张六姓合约商议和办公的地方，后人在此摆设香炉纪念先人。

（3）建筑材料

入宅正门的建筑材料以青砖为主，青石板为辅，灰瓦墙砖的灰色作为主色调。

（4）建筑装饰

门匾写有六姓公所字样，装饰主要以早期彩绘为主。

3.3 公共建筑【一埠小学】

六姓公所正面

（1）房屋架构形式

砖木结构，硬山式屋顶，建筑承重主要为青砖墙面以及走廊的柱子，屋架的梁、檩构件为木材，上铺阴阳瓦片。

（2）建筑室内外布局

建筑布局为对称的矩形，大门两侧厢房分别为食堂和教务处；中间是开敞的矩形院落空间，左右两侧分隔开的空间可放置桌椅，为主要教学空间。后面的厢房是学生宿舍以及校务处。

（3）建筑材料

建筑材料为砖混结构，梁、柱、托檐板及斜撑为木构，墙体为青砖，主入口台阶及院子中央铺装厚石板。

（4）建筑装饰

建筑整体是以青砖为主的简朴风格，门口牌坊上有以青砖错落排序变化的装饰纹样。

3.4 民居建筑【一埠街三巷 2 号（清代）】

（1）房屋架构形式

砖木结构，硬山屋顶，墙体由青砖石构成，墙体起主要承重作用。

（2）建筑室内外布局

入门是小天井，东侧为居住用房，共两层。一楼的布局为前厅后房，上落的楼梯设置在主厅北侧，阁楼目前不能使用；西侧为商业用房，共一层，原为小卖部。小卖部正对街道开门。屋檐朝着天井倾斜，寓意"聚财"。

（3）建筑材料

建筑材料以青砖为主，门口台阶与基础均为石砌，灰瓦砖墙为主色调。

（4）建筑装饰

主入口檐下为木质托檐，结合木雕额枋，纹样为几何图案与花卉植物图案相结合的样式。

一埠乡村文明复兴发展策略

渠 岩

一、乡村复兴之意义

（1）项目意义

我们在对一埠地方性知识尊重的基础上，在追寻一埠文化传统脉络的线索中，在思考与今日社会链接的前提下，做出了"一埠复兴计划"的思考和建构，希望以此来构建一埠乡村文明的复兴之路。实现对一埠乡村文明的全面复归，解决今日乡村的社会危机与现实困境。

（2）行动宗旨

我们从一埠出发，促进"中国乡村建设"的整体转型。从一埠村接续依稀可辨的历史文脉开始，慢慢点燃奄奄一息的中华文明余烬。

多主体的在地社会实践中，是我们尝试重建中华精神文明的乡村现场。"一埠乡建"是新时期乡村建设的转型，它尝试以"找回乡村生活，建设理想家园"的方式，对一埠村进行改造重建。这里包含对"工程乡建"的批评性反思，要杜绝脱离乡土社会文化脉络与主体诉求的"工程建设"（如"美丽乡村"等被现代景观技术侵袭的话语和脱嵌地方文脉的政治治理术），它使"乡建"丢失基于乡土"文化"和"生活"建设的内核。

所以，一埠乡建实则是一场基于当代中国乡土文化修复和生活重建的多主体实践，它是社会，文化与感知觉"三位一体"的整体实践。

不论是作为政府决策者、乡建工作者、知识分子还是地方精英，都需要积极地渗入到当地人的文化知识体系之中，尊重乡土文明和历史文脉，重视地方人表达情感的媒介，以及与陌生世界建立沟通的渴望，即对"人神""人人"以及"人物"的沟通与想象，基于此"多主体"联动的在地实践，才不会剥夺或取消地方主体在时空、话语和资本层面上的自主性。

二、一埠发展之策略

（1）核心理念

1. 一埠复兴，从乡村生活开始乡村复兴要从村民返回家园开始，重建乡村的生活空间。乡村如果没有生活形态，乡村振兴就无从谈起。近代工业革命以后乡村逐渐衰落。在工业革命以前，虽然农业生产力水平并不高，但乡村生活是多姿多彩的，乡村的经济活动与乡村生活紧密融合在一起。乡村的人口不仅仅是从事农业生产的农民，乡村还包括乡村知识分子、退休的官吏、商人及手工艺匠和民间艺人。不同的人群在乡村生活中发挥着不同的作用，共同构成了乡村生活的主体；其次，乡村的生产活动是多样的，农业只是乡村经济活动的一部分，在农民生产农业产品的同时，手工艺匠也生产了许多手工业产品，乡村知识分子和民间艺人也生产了大量文化产品；在乡村的日常生活中，乡村的生活和教育，文化、规范和知识在代际间传递，也向周围城镇蔓延与流动，从而维持了长期以来的乡村生活。

2. 重建一埠乡村的生活空间

一埠振兴需要重建一埠乡村的生活空间，让一埠成为村民生活的地方，而不仅仅是农业生产的空间，为此需要促进一埠产业发展，使一埠在外的人回归乡村，从而推动乡村的组织振兴和文化振兴。乡村

修复后的一埠文化生活会馆

　　振兴需要人口回流，但是这不同于逆城市化。西方国家在经历了快速城市化以后出现了逆城市化的现象，许多人放弃了城市生活选择到乡村生活，继而出现了乡村人口回流的现象。但是这种回流仅仅是城市人到乡下去居住、享受乡村的生态环境而没有成为乡村生活的一部分，更不是村民回到自己生于斯长于斯的家园。如果想要让村民有理由回到家园，就要使一埠增加乡村的生活魅力，具备乡村生活不亚于城市的基本条件，使乡村成为城市人羡慕的生活目的地。

　　一埠有新鲜的空气、有机的食品和舒缓的生活节奏，可以给在城市打拼并承受巨大压力的村民建设好后花园。生态宜居让回流的人口有舒适的居住环境，真正安心地留下来，然后吸引不受空间限制的自由职业者到乡村居住办公，为乡村增添年轻的知识活力，实现人才振兴，有了人口的回流与人才的乡村，才能让乡村生活空间重现丰富的生活场景，传统文化方能找到载体，实现文化振兴。

（2）一埠乡村的建设理念

1. 一埠乡村建设是一个完整的系统工程

规划必须先行。为避免陷入新一轮"保护性破坏"的漩涡中，专家为村落把脉规划和实施改造。因此，我们必须遵循整体保护原则，坚持有机更新，保持村落的历史可读性和永续经营性。

2. 突出特色，保护原真

对有价值的和标志性的公共建筑进行重点保护修缮。比如村落风水、神殿庙宇、祠堂书院、民居家宅等。拆除一些不协调建筑，恢复村落的原生环境，保持它的历史可读性以及它的"原汁原味"和历史沧桑感。在修复的过程中，一定不能破坏建筑和街道的轮廓线和外立面，尊重历史。

3. 恢复鲜活的乡村生活和美德传承

保持乡村村民生活的自然生活状态，以及当地居民具有的传统社会风尚和淳朴厚道的自然秉性，不能斩断历史的线索和割裂村民生活的形态，这才是成功的村落修复发展模式。

4. 保持一埠乡村的景观价值和历史记忆

在一埠村落内不应建设新的建设项目和旅游设施，不能破坏原汁原味的自然和历史形态，否则会大大损毁了它的民俗特色和文化价值，以自然村落的肌理为主调恢复纯朴乡村的绿色风貌，要紧紧抓住一埠村特有的水系河冲、水村相依的特色，继续加大对村庄的绿化，使之成为乡村的绿色背景。

（3）一埠民校的再生方案

1964 年，南坑民校一埠分校、同兴分校整改为"南坑小学"，原址是李氏四房祠，建材都源于李氏家庙。大约同一时间，又在一埠兴建了里海"九村小学"属下的一个分校，名为"一埠小学"，一埠村民也称"四联民校"。其主要是为了减轻主校的压力和满足附近入读的需要，培养低、中、高年级学生。该校舍至今尚存，目前开始启动重修。

一埠文化生活
会馆图书馆

　　将破旧濒临坍塌的老民校修旧如旧，变身为一埠乡村文创生活馆，把乡村资源和文创成功结合，既可以收集整理一埠乡村的民俗文化、吸引一埠的村民回乡生活就业，又可吸引访客。乡村的文创基地可以作为乡村的文化客厅和生活家园，让沉寂已久的一埠乡村变得热闹起来，又能践行乡村生活样式的复兴。一埠乡村文创生活馆的建立，为顺德地区的乡村振兴树立了一个新的标杆和方向，是乡村复兴标志性的转向。

　　乡村要想恢复人气和魅力，必须从整理当地的民间工艺开始。当代的创意和设计有效促进和补充乡村经济的发展也是乡村能获得持续活力的重要举措。在一埠创造出文化影响，开发出自己的产业品牌和当地乡村文创产品，创造出"小乡村，大产业"的奇迹。

　　一埠乡村学堂作为中国传统文化精神的形成之地，书院正以一股不可小觑的力量助力中国传统文化复兴，一埠民校就是当代书院。一埠民校是一埠近代乡村教育的重要遗存，也是中国传统乡村特有的教育组织，对近代乡村的人才培养起过重要作用。我们将在原址上恢复"一埠乡村学堂"的教育功能，并以此作为恢复乡学的现场。一埠乡村学堂不但体现书院在传统的教育功能，而且要成为今日一埠对外文化与思想交流的平台。

在一埠民校原址上乡村恢复"一埠乡村学堂"意义深远，这将把一埠与中华传统文明链接，使一埠增加文化含量与历史底蕴。"一埠乡村学堂"是一埠连接历史与传统的最佳方式，也是尊重一埠村民情感，唤醒村民记忆的绝佳方式。"一埠乡村学堂"在顺德地区起到促进和复兴中华民族传统文明及传统教育的示范作用。

后 记

  后疫情时代给我们带来的不仅仅是感知觉上的教导，而且在"媒介""链接""流动""交染"及"混搭"的界面上，让我们重新思索乡村世界的多样与可能。而这将意味着，我们不能只考虑"乡村"在历史过程中的复杂性，还得将过往那固守于农耕文化圈中的保守视野，调转到一个令我们更加难以预料的混杂未来。

  乡村作为历史文化秩序的载体，在急速的时代变迁中它的变化充满了偶然性、异质性、流动性与不确定性的历史过程，乡村建设者们也在不同地域秩序的历史进程中进行文化实践，包括各种群体和各种身份以及各类不同的实践方式，先后展开对中国乡村建设的在地实践的不懈追求。

  我不但是一个乡村建设的研究者和观察者，同时也参与了近二十年长期的乡村具体实践，其时间的周期和实践的跨度也成为了我艺术与生命的重要部分。同时，在同一时代不同地域，众多艺术家也先后踊跃地参与到这场波澜壮阔的乡村建设运动中来。艺术家介入乡村建设实践，已经成为一个不可忽视其力量的群体，并受到广泛关注和持续讨论，最终的结果如何，这当然要时间检验，但无论如何其成效已初见端倪，乡村由此延缓了被城市化牺牲和罢免的可能。艺术乡建也是艺术实践中最难的事情，绝不是一件作品和一次事件可以盘桓和衡量的，艺术家在乡村建设实践中艰难跋涉，冷暖自知。这不仅需要情怀和责任心，还要有坚定的毅力和持之以恒的努力，以及跨学科的涉猎借鉴和多主体的持续互动。

  本书择选出的案例中，直接介入的艺术家、建筑师以及诗人学者，大多是我熟悉的艺术同仁和学者朋友，由于他们多年持续不懈的努力，才形成中国蔚为壮观的艺术乡建局面和地理格局。艺术家也成为除政府推动的"乡村治理"和资本投入的"旅游开发"之外，第三条乡村建设道路的开路者。它区别于以上两种强硬的治理运动和赤裸裸的开发模式，不是大刀阔斧的社会推动，也区别于剪刀手式自上而下的运动。艺术家采用温暖和温情的方式介入乡村，艺术是以融合的方式实现人和自然、人和社会、人和世界的和解。艺术的方式融合乡村，与强硬的方式相反，艺术的方式展开，首先是人和人面对面的互动往来，开启的是人心与人心之间的感动和相惜，也就是说艺术修复社会的方式，是构建多肢体协商机制和共赢的融合方式。 同时，艺术家还要放下一直高高在上的姿态和身段，到一个陌生的天地和世界，做一个谦虚的在地学徒，学习地方性知识，然后再慢慢融入当地的生活，积极寻找能够解决乡村具体问题的方法和路径，重建乡村的审美世界和当代的生活方式。尽管艺术家会受到很多质疑和误解，但艺术家怀抱着一种热忱的态度和道德良知，做出了积极的尝试和贡献。

　　由于本书篇幅有限和资讯的局限，还有很多艺术乡建的项目和乡村介入的作品未能收录，再次表示遗憾。我们也将持续地关注和记录。由此也希望中国更多的艺术家介入到乡村建设中来。感谢上海三联书店黄韬总编辑对本书的大力支持，感谢广东工业大学艺术与设计学院对乡建项目的支持，也感谢广东工业大学城乡艺术建设研究所团队成员屈行甫、王雪云为整理和编辑此书做了大量繁琐和细致的工作，感谢20级硕士生彭晓芳为此书绘制了艺术乡建地图。也对多年支持我做乡建工作的朋友们在此一并感谢。

2022.3.20 于北京桥梓艺术公社

本书为广州市人文社科重点研究基地
"粤港澳设计文化与战略研究中心"成果

图书在版编目（CIP）数据

中国艺术乡建地图 / 渠岩，屈行甫编著． —上海：上海三联书店，2024.5
ISBN 978-7-5426-8338-0

Ⅰ.①中… Ⅱ.①渠… ②屈… Ⅲ.①艺术－作用－农村－社会主义建设－研究－中国 Ⅳ.①F320.3

中国国家版本馆CIP数据核字（2023）第245667号

地图审图号：GS（2024）1280号

中国艺术乡建地图

编 著 / 渠 岩 屈行甫
责任编辑 / 董毓玭
装帧设计 / 徐 徐
监 制 / 姚 军
责任校对 / 王凌霄
出版发行 / 上海三联书店

（200041）中国上海市静安区威海路755号30楼

邮 箱 / sdxsanlian@sina.com
联系电话 / 编辑部：021-22895517
            编辑部：021-22895559
印 刷 / 商务印书馆上海印刷有限公司

版 次 / 2024年5月第1版
印 次 / 2024年5月第1次印刷
开 本 / 710mm×1000mm 1/16
字 数 / 400 千字
印 张 / 33
书 号 / ISBN 978-7-5426-8338-0 / C·639
定 价 / 168.00元

敬启读者，如发现本书有印装质量问题，请与印刷厂联系021-56324200